中等职业教育财经商贸类教材
会计事务专业"岗课赛证"融通创新成果

企业会计实务

QIYE KUAIJI SHIWU

主　编◎杨国春

参　编◎彭成华　胡晓阳　李　稳　吴　琼
　　　　任秀珍　徐中池　刘　新　郭鹏翔
　　　　张　明　贺晓宁　王　磊　程春梅
　　　　朱　晨　高一凡　谢　鑫

北京师范大学出版集团
BEIJING NORMAL UNIVERSITY PUBLISHING GROUP
北京师范大学出版社

图书在版编目（CIP）数据

企业会计实务 / 杨国春主编 . —北京：北京师范大学
出版社，2025.1
　ISBN 978-7-303-29923-2

　Ⅰ . ①企…　Ⅱ . ①杨…　Ⅲ . ①企业管理 – 会计 – 中等
专业学校 – 教材　Ⅳ . ① F275.2

　中国国家版本馆CIP数据核字（2024）第107147号

QIYE KUAIJI SHIWU

出版发行：北京师范大学出版社 www.bnupg.com
　　　　　北京市西城区新街口外大街 12–3 号
　　　　　邮政编码：100088
印　　刷：天津旭非印刷有限公司
经　　销：全国新华书店
开　　本：889 mm × 1194 mm　1/16
印　　张：17
字　　数：450 千字
版　　次：2025 年 1 月第 1 版
印　　次：2025 年 1 月第 1 次印刷
定　　价：39.80元

策划编辑：鲁晓双　　　　　　　责任编辑：薛　萌
美术编辑：焦　丽　　　　　　　装帧设计：焦　丽
责任校对：陈　民　　　　　　　责任印制：赵　龙

前　言

党的二十大报告中提到要"办好人民满意的教育，统筹职业教育、高等教育、继续教育协同创新，推进职普融通、产教融合、科教融汇，优化职业教育类型定位"，明确了职业教育的重要地位和产教融合这一职业教育办学模式的重要作用，进一步为职业教育发展指明了前进方向。为了落实全国职业教育工作会议关于加快发展现代职业教育的重大部署，凸显中职学校的办学特点和培养目标，以新税制和新会计准则为依据，我们编写了这本《企业会计实务》教材。

"企业会计实务"是财经类专业的一门核心课程，是会计事务专业知识结构中的主体部分。本书在内容上紧跟时代步伐，对传统的教学内容进行了全新整合，涵盖了企业财务会计学科要求的知识点；在组织形式上，遵循一体化的理念，理论知识和实务操作同步，理论知识简明实用，实物操作注重仿真性、连续性和可操作性，突出学生技能的提升和职业能力的培养。总体而言，本书具有以下特色。

第一，鲜明的时代特征。教材紧跟我国会计制度的发展和新税制内容的变化，及时更新内容，力图使教材内容与最新的会计准则、财税制度相一致，更符合实际使用需求，突出精准教学。

第二，新颖的编写结构。结合实际会计工作岗位要求，全书设计了"走进企业会计实务""资产的账务处理""负债的账务处理""所有者权益的账务处理""收入、费用和利润的账务处理"及"编制财务会计报表"六个项目。每个项目具体分设为若干个学习任务和活动，层次分明，条理清晰。

第三，突出"学做合一"。本书以培养学生职业能力为中心，在每个活动结束后，设有"知识巩固"，便于学生学习和检验学习效果，纠正学习中出现的错误；在每个任务完成后进行"技能训练"，旨在提升学生的业务操作技能。

第四，多方位的思政育人。学生毕业后所从事的会计工作处于经济环境、金融环境和法规环境包围之中，会计人员的职业素养和思想品德至关重要。本书秉承"立德树人"的教学理念，重构"专业＋思政"教学内容，向学生传达恪守爱岗、敬业、诚信的行为规范，激发学生的社会责任感；通过对企业案例的分析，培养学生廉洁自律、坚持原则、参与管理的职业素养；通过"技能训练"，培养学生独立思考、相互沟通和团队协作能力；通过财经政策法规变化分析，引导学生不断更新知识，养成终身学习的良好习惯。

本书由济宁技师学院杨国春教授担任主编，参加本书编写的人员中，有的是长期从事会计教学、具有丰富教学经验的专业教师，有的是多年工作在会计师事务所的注册会计师、企业会计工作岗位一线的资深会计师，还有的是来自财政局的会计管理人员等。本书可作为各类职业学校财经类专业教学教材和企业会计培训教材使用。

在本书的编写过程中，参考了许多教材和相关文献，一些专家、同行也提出了大量中肯的意见和建议，在此一并表示感谢！尽管我们作出了艰苦的努力，书中仍难免有错漏之处，欢迎广大读者和同行批评指正。

编　者

2024年9月

目　录

项目一　走进企业会计实务

项目介绍

　　会计是经济管理工作的重要组成部分，经济越发展，会计越重要。会计是随着生产的发展而产生的，又是随着生产和经济的发展而得以发展与完善的。随着生产力的不断发展，会计逐渐成为一种专门的经济管理活动。

　　会计是一门应用学科，会计理论和会计实践都很重要。相对来说，在掌握了会计基本理论之后，会计实践更为重要。

　　"企业会计实务"是会计专业的核心课程，是会计知识结构中的主体部分。它是在会计理论框架指导下，以基础会计为基础，围绕会计要素（资产、负债、所有者权益、收入、费用、利润）的核算进行实际操作的各种财务活动，如报销审批、编制凭证、日常记账、编制报表、纳税申报等，并根据会计人员情况和企业管理的需要，将这些财务活动划分为资金核算岗位、材料物资核算岗位、工资薪酬核算岗位、成本核算岗位、固定资产核算岗位等，由不同的会计人员共同完成，具有操作性强的特点。

　　为了帮助学生全面理解、掌握财务会计理论和会计实务内涵，本项目提炼出两个学习任务：①认知企业财务会计；②初识财务会计工作。通过本项目的学习，使学生对企业会计实务有一个概括性、整体性的认识，并带领学生逐步走进企业会计实务，为后续课程（如成本会计、管理会计等）的学习打下坚实的基础。

任务一　认知企业财务会计

任务目标

【知识目标】

1. 准确理解企业财务会计的含义。
2. 掌握企业财务会计的特点和目标。
3. 掌握会计核算前提及会计核算要求。
4. 掌握会计要素确认条件及计量属性。

【技能目标】

1. 能区分财务会计、管理会计、政府与非营利组织会计。

2. 能根据会计信息质量要求判断会计信息的有用性。

3. 能运用财务会计基本理论指导财务会计实践。

【素养目标】

1. 具有不畏困难、刻苦好学、开拓进取的精神。

2. 具有劳模精神、工匠精神和爱岗敬业的职业素养。

3. 形成理论联系实际的工作作风。

任务描述

上学期学完了"基础会计"，知悉了会计的基本理论，掌握了会计核算的基本方法和基本技能。在此基础上，这学期开始学习"企业会计实务"，它是会计专业的核心课程。通过该门课的学习，使学生掌握企业财务会计的基本理论和会计实务的处理方法，获得从事会计工作应具备的基础知识、基本技能和操作能力，为后续课程的学习打下良好的基础。

思考与讨论：什么是企业财务会计？有何特点？企业财务会计的目标是什么？

提出任务：认知企业财务会计。

任务分解

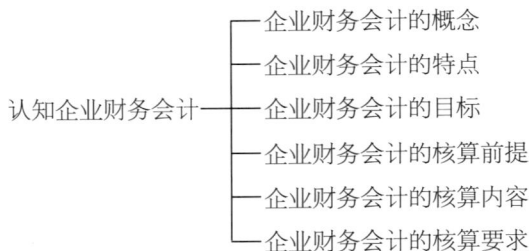

认知企业财务会计
- 企业财务会计的概念
- 企业财务会计的特点
- 企业财务会计的目标
- 企业财务会计的核算前提
- 企业财务会计的核算内容
- 企业财务会计的核算要求

任务实施

一、企业财务会计的概念

19世纪末到20世纪初，股份有限公司逐渐成为主要的企业组织形式。股份有限公司的出现，使企业所有者和经营者相分离。公司在资本市场上发行股票和债券，向社会公众筹资。因此，其经营活动也更多地受到政府的监督。在公司外部形成了与企业利益相关的集团、股东、债权人、供应商、顾客、政府管理部门等，他们都会成为公司财务信息的使用者。这些企业外部的利害关系人，都要求公司能如实地向他们提供有关经营成果和财务状况的信息。同时，为了面对激烈的市场竞争，企业管理者也需要更及时、更丰富、更能符合决策需要的会计信息作为企业经营决策的参考。在这种环境下，企业会计的发展出现了分化的趋势。财务会计最先出现在美国，并逐步成为一门系统的学科。到20世纪中叶，传统会计逐步发展形成了财务会计和管理会计两大分支，共同服务于市场经济下的现代企业。

（一）企业财务会计是基础会计的专业化

企业财务会计是基础会计的专业化，集中反映企业经济业务事项的会计核算与处理，在会计学科体系中处于核心地位。会计学科体系构成如图1-1-1所示。

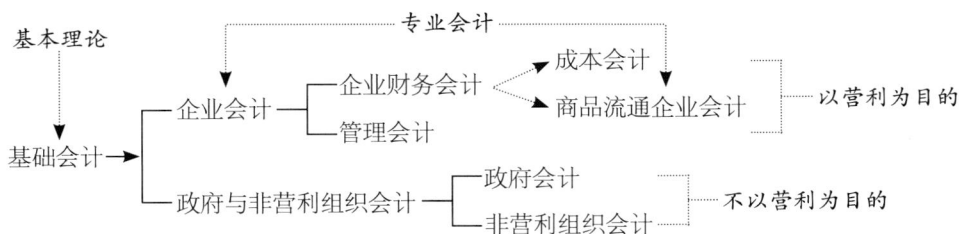

图 1-1-1

（二）企业财务会计是应用在企业经济管理活动中的一个会计分支

会计是一个总体范畴，它包括企业财务会计、政府与非营利组织会计和管理会计等若干分支。

1. 企业财务会计

企业财务会计是应用在企业经济管理活动中的一个会计分支。应用于企业的专业会计，就是企业财务会计。它是以确认、计量、记录、报告交易或事项对企业财务状况与经营成果的影响为中心，并主要向外部提供会计信息的一种专业会计。

企业财务会计是以财务报告目标为导向，以对外报告的会计信息生成为主线，以四项会计假设为前提，以六大会计要素为依托。在阐述财务会计目标、特点的基础上，对六大会计要素的核算方法进行详细说明，以财务会计报告总结。

2. 政府与非营利组织会计

政府与非营利组织会计是以预算管理为中心的宏观管理信息系统和管理手段，是核算和监督中央与地方各级政府及行政单位和非营利组织收支预算执行情况的一种专业会计。其工作内容是以预算管理为中心，重点是预算管理。主体是各级政府及各类行政事业单位。客体或对象是财政性资金运动、单位预算资金的运动及有关经营收支过程和结果。

3. 管理会计

管理会计是利用财务会计提供的财务信息及其他生产经营活动中的有关资料，运用数学、统计等方面的一系列方法，通过整理、计算、对比、分析等手段的运用，向企业内部提供经营决策管理活动所需信息的会计。管理会计是以资金的预测、规划和控制为中心，管理会计的重点是对企业未来的生产经营活动进行事先规划，以便对未来生产经营活动进行控制，属于"经营型会计"。

企业财务会计与政府与非营利组织会计两者最根本的差异是主体上的区别，前者的主体是企业，是以营利为目的；后者的主体是行政部门、财政机构、事业机构，不以营利为目的。主体的性质存在差异，就造成了两者在财务处理方法上存在明显的不同。

企业财务会计与管理会计既有区别，又有联系。其主要区别是前者为企业外部提供信息，侧重于对过去和现在的交易或事项的反映，后者为企业内部提供管理信息，侧重于对未来的交易或事项的规划。两者的联系在于所处的工作环境相同，同服务于一个主体"企业"，共同为实现企业管理目标和经营目标服务。它们相互分享部分信息，管理会计所需的许多资料来源于财务会计系统，并对财务会计信息进行深加工和再利用，因而受到财务会计工作质量的约束。两者相互依存、相互制约、相互补充，而且财务会计的改革有助于管理会计的发展。随着人工智能时代下财务机器人、财务共享中心、云计算的逐渐兴起，企业会计正由财务会计向管理会计转型。

综上所述，企业财务会计的定义可以概括为：企业财务会计是以货币作为主要计量单位，运用专门的会计理论和方法，对企业的交易或事项进行连续、系统、全面、综合的核算和监督，并将企业的财务状况和经营成果报告给相关信息使用者的一种专门的经济管理活动。

从财务会计的上述定义中，我们可以看到：①企业财务会计的本质是一项经济管理活动。②企业财务会计的手段包括专门的会计理论和方法。如会计假设、会计核算要求等会计理论，复式记账、填制和审核凭证、登记账簿、编制会计报表等会计核算方法等。③企业财务会计的对象是企业的交易或事项。具体反映为资产、负债、所有者权益、收入、费用和利润六大会计要素。④企业财务会计的基本职能是会计核算和会计监督。会计核算是会计监督的基础，没有核算提供的各种信息，监督就失去了依据；会计监督是会计核算质量的保障，只有核算没有监督，就难以保证核算提供信息的质量，两者相辅相成，辩证统一。⑤企业财务会计的目标是向信息使用者提供有用的会计信息。⑥企业财务会计提供的主要信息包括企业财务状况、经营成果和现金流量等。

二、企业财务会计的特点

企业财务会计是以企业会计准则和企业会计制度为主要依据，确认、计量、记录企业资产、负债、所有者权益的增减变动，记录营业收入的取得、成本费用的发生和归集及损益的形成与分配，定期以财务报告形式报告企业财务状况、经营成果、现金流等情况的一种经济管理活动。企业财务会计主要有以下特点。

（一）服务对象的对外性

财务会计的服务对象是企业外部的会计信息使用者，如投资者、债权人、政府及有关部门和社会公众。会计信息使用者通过财务会计提供的信息，了解企业的财务状况、经营成果、现金流量情况。

（二）财务活动的营利性

财务会计的主要职能是核算、监督，通过确认、计量、记录、报告，反映企业的经营成果。企业财务活动的目的是实现企业利润最大化。

（三）核算规则的统一性

财务会计是会计人员依据统一的会计准则规范企业的财务会计行为，定期编制财务报告。为了保证财务报告的可比性，财务会计核算方法依据会计准则的规定，有较为统一规范的确认、计量、报告程序。

三、企业财务会计的目标

财务会计的目标是财务会计基本理论的重要组成部分，是财务会计理论体系的基础，对财务会计的规范发展起着导向性作用。整个财务会计理论体系和会计实务是建立在财务会计目标的基础之上的。

企业财务会计的目标，主要涉及三个方面：一是向谁提供信息；二是为何提供信息；三是提供何种信息。具体内容如图1-1-2所示。

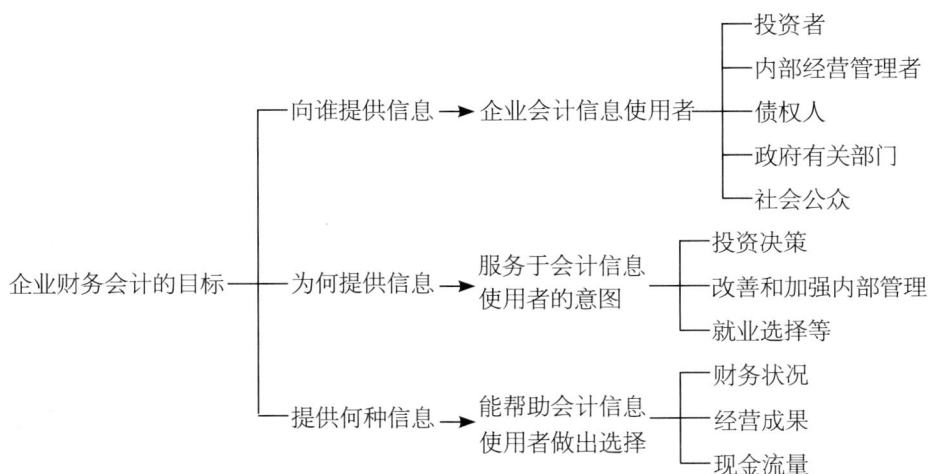

图 1-1-2

我国的《企业会计准则——基本准则》规定，财务会计的目标是向财务报告使用者提供与企业财务状况、经营成果和现金流量等有关的会计信息，反映企业管理层受托责任履行情况，有助于财务报告使用者做出经营决策。

（一）向财务报告使用者提供决策有用的信息

满足投资者的信息需要是企业财务报告编制的首要出发点。企业编制财务报告的主要目的是满足财务报告使用者的信息需要，有助于财务报告使用者做出经营决策。因此，向财务报告使用者提供决策有用的信息是财务会计的基本目标。

企业编制的财务报告、提供的会计信息与投资者的决策密切相关，因此财务报告提供的信息应当如实反映企业所拥有或控制的经济资源、对经济资源的要求权和经济资源及其要求权的变化情况，如实反映企业的各项收入、费用和利润的金额及其变动情况，如实反映企业各项经营活动、投资活动和筹资活动等所形成的现金流入和现金流出的情况等，从而有助于现在的或潜在的投资者正确、合理地评价企业的资产质量、偿债能力、营利能力和营运效率等，有助于投资者根据相关会计信息做出理性的投资决策，有助于投资者评估与投资有关的未来现金流量的金额、时间和风险等。

财务会计报告使用者包括投资者、债权人、政府及有关部门和社会公众等。由于投资者是企业资本的主要提供者，如果财务报告能够满足这一群体的会计信息需求，通常情况下也可以满足其他使用者的大部分信息需求。

（二）反映企业管理层受托责任的履行情况

我国对财务会计目标的界定，兼顾了决策有用观和受托责任观。在现代公司制下，企业所有权和经营权相分离，企业管理层是受委托人委托经营管理企业及其各项资产，负有受托责任，即企业管理层所经营管理的各项资产基本上由投资者投入的资本（或者留存收益作为再投资）和向债权人借入的资金组合而成，企业管理层有责任妥善保管并合理、有效地使用这些资产。因此，财务报告应当反映企业管理层受托责任的履行情况，有助于评价企业的经营管理责任，以及资源使用的有效性。

总之，完成企业财务会计目标，做好企业财务会计工作，对于保护企业的财产安全与完整，合理筹集与使用资金，加速资金周转，促进企业增收节支、开源节流，及时为有关方面提供可靠的核算信息资料，遵守国家的财经政策和法律法规，维护所有者和债权人的合法权益，推动企业生产经营活动的健康发展等，都具有十分重要的意义。

四、企业财务会计的核算前提

企业财务会计的基本假设是对会计核算所处时间、空间环境等所作的合理假定，是企业会计核算进行确认、计量、记录和报告的前提。会计基本假设包括会计主体、持续经营、会计分期和货币计量，如图1-1-3所示。

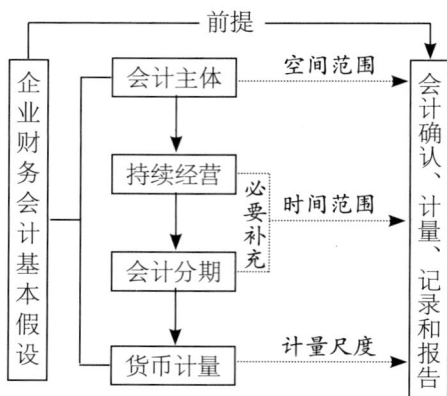

图 1-1-3

（一）会计主体

会计主体是指企业财务会计工作为之服务的特定对象，是企业会计确认、计量和报告的空间范围。

企业要开展会计核算工作，首先应明确认定会计主体，也就是要明确会计人员的立足点（立场），解决为谁记账、算账、报账的问题。简单地说，就是要明确"记谁的账，编谁的表"，否则就只能是胡乱记账、盲目编表。

会计主体可以是一个独立核算的经济实体或一个独立的法律个体，也可以是不进行独立核算的内部单位、班组或一个非法律个体。

会计主体不同于法律主体。一般来说，法律主体必然是一个会计主体，但会计主体不一定是法律主体。

（二）持续经营

持续经营是指在可以预见的将来，企业将会按当前的规模和状态继续经营下去，不会停业，也不会大规模削减业务。在持续经营的前提下，会计确认、计量和报告应当以企业持续、正常的生产经营活动为前提。

明确这个基本前提就意味着会计主体将按照既定用途使用资产，按照既定的合约条件清偿债务，会计人员就可以在此基础上选择会计核算原则和方法。

（三）会计分期

会计分期是指将一个企业持续经营的生产经营活动划分为一个个连续的、长短相同的期间。会计分期假设是持续经营假设的一个必要的补充。

会计分期的目的是：通过会计期间的划分，将持续经营的生产经营活动划分成连续、相等的期间，据以结算盈亏和按期编制财务报表，从而及时向财务会计信息使用者提供有关企业财务状况、经营成果和现金流量的信息。

由于会计分期，才产生了当期与以前期间、以后期间的差别，才使不同类型的会计主体有了记账的基准。

在我国，会计期间分为年度和中期。会计年度是指会计期间为1年。会计中期是指短于一个完整的会计年度的报告期间，包括半年度、季度、月度。

（四）货币计量

货币计量是指会计主体在会计确认、计量和报告时，应以货币计量反映会计主体的生产经营活动。

企业的经济活动错综复杂，需要采用一个统一的计量尺度才能综合地计量和记录这些经济业务的过程和结果。这种统一尺度要求能够揭示经济活动的质量和数量两个方面，消除生产经营要素在实物形态上的各种差异。而只有货币能够使各种实物表现为同名的量，在量的方面才可以计算和比较。其他计量单位，如重量、长度等，只能从一个侧面反映企业的生产经营情况，无法从量上进行汇总和比较，不便于会计计量和经营管理，只有选择货币尺度进行计量，才能充分反映企业的生产经营情况。

名师点拨

会计核算的四项基本假设具有相互依存、相互补充的关系。会计主体为会计核算确立了空间范围，持续经营与会计分期确立了会计核算的时间长度（时间范围），而货币计量则为会计核算提供了必要手段。没有会计主体，就不会有持续经营；没有持续经营，就不会有会计分期；没有货币计量，就不会有现代会计。

五、企业财务会计的核算内容

企业财务会计以货币为主要计量单位，从数量上连续、系统和完整地反映企业已发生的交易或事项，为信息使用者提供会计信息。这个工作过程就是对会计要素进行确认、计量、记录和报告的过程。因此，企业财务会计的核算内容可以概括为会计确认、会计计量、会计记录和会计报告，如图1-1-4所示。

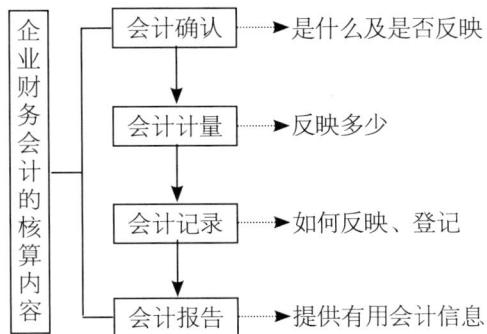

企业财务会计的核算内容
- 会计确认 —— 是什么及是否反映
- 会计计量 —— 反映多少
- 会计记录 —— 如何反映、登记
- 会计报告 —— 提供有用会计信息

图 1-1-4

（一）会计要素的确认

1. 会计确认的概念

会计确认是指将交易或事项是否作为资产、负债、所有者权益、收入、费用和利润要素加以记录和列入财务会计报表的判断过程。

会计确认主要是解决某项交易或事项在会计上"是什么及是否反映"的问题。会计确认是要明确某个经济业务涉及哪个会计要素的问题，也就是要分析该项业务是否属于会计要素的范畴，以及属于哪项会计要素。例如，形成的是资产还是费用？是收入、负债还是所有者权益？只有正确确认，才能正确记录和报告，才能产生对信息使用者有用的会计信息。

2. 会计要素的确认条件

会计要素是对会计对象的基本分类。会计要素分为六大类：资产、负债、所有者权益、收入、费用、利润。

（1）资产的确认条件。

资产是指企业过去的交易或事项形成的，由企业拥有或控制的、预期会给企业带来经济利益的资源。

企业将一项资源确认为资产，需要符合资产的定义，还应同时满足以下两个条件：①与该资源有关的经济利益很可能流入企业；②该资源的成本或价值能够可靠计量。

（2）负债的确认条件。

负债是指企业过去的交易或事项形成的、预期会导致经济利益流出企业的现实义务。

将一项现实义务确认为负债，需要符合负债的定义，还要同时满足以下两个条件：①与该义务有关的经济利益很可能流出企业；②未来流出的经济利益的金额能够可靠计量。

（3）所有者权益的确认条件。

所有者权益是指所有者对企业"净资产"享有的权益，其在金额上等于企业资产扣除负债后的"余额"。所有者权益的确认和计量均依赖于其他要素，尤其是资产和负债要素。

负债和所有者权益共同构成企业全部资产的来源，但两者有着本质区别。

（4）收入的确认条件。

收入是指企业在日常活动中形成的、会导致所有者权益增加的、与所有者投入资本无关的经济利益总流入。

收入的确认应符合定义外，还应同时符合以下五个条件：①合同各方已批准该合同并承诺将履行各自义务；②该合同明确了合同各方与所转让商品或提供劳务相关的权利和义务；③该合同有明确的与所转让商品或提供劳务相关的支付条款；④该合同具有商业实质，即履行该合同将改变企业未来现金流量的风险、时间分布或金额；⑤企业因向客户转让商品或提供劳务而有权取得的对价很可能收回。

（5）费用的确认条件。

费用是指企业在日常活动中发生的、会导致所有者权益减少的、与向所有者分配利润无关的经济利益总流出。

费用的确认应符合以下三个条件：①与费用相关的经济利益应当很可能流出企业；②经济利益流出企业的结果会导致资产的减少或负债的增加；③经济利益的流出额能够可靠计量。

（6）利润。

利润是指企业在一定会计期间的经营成果，包括收入减去费用后的净额、直接计入当期利润的利得和损失。

利润的确认取决于上述因素。

3. 会计确认基础

会计确认基础主要是确认的时间基础，即对资产、负债来说，是否及时确认；对收入、费用来说，是否在发生的当期确认。因此，又称会计核算基础。

（1）权责发生制。

权责发生制是以权利和责任的发生来决定收入和费用归属期的标准。凡是当期已经实现的收入和已经发生或应当负担的费用，不论款项是否收付，都应作为当期的收入和费用处理；凡是不应归属当期的收入和费用，即使款项已经在当期收付，也都不应作为当期的收入和费用。目前，我国企业会计均采用权责发生制。

（2）收付实现制。

收付实现制是以实际收到或支付现金作为确认本期收入和本期费用的标准。凡是在本期收到和支出的款项，不论是否属于本期的收入和费用，都应作为本期的收入或费用处理；没有实际收到或支出款项，即使在本期取得了收入或发生了费用，也不作为当期的收入和费用处理。目前，我国的行政单位会计均采用收付实现制，事业单位会计除经营业务可以采用权责发生制外，其他大部分业务采用收付实现制。

名师点拨

会计确认基础（会计核算基础）解决的问题是：收入、费用确认在哪个会计期间，从而恰当地反映当期利润。企业财务会计以权责发生制为主，责任明确，不看"钱"；政府会计、非营利组织会计以收付实现制为主，见"钱"确认。

（二）会计要素的计量

会计计量是指在会计确认的前提下，对会计要素的内在数量关系加以衡量、计算并予以确定，使其转化为可用货币表现的信息。简言之，会计要素的计量就是对会计要素金额的确定。

会计确认是明确某个交易或事项属于什么会计要素，而会计计量则是进一步明确该项目的数额是多少，即主要解决某项交易或事项在会计上"反映多少"或"记录多少"的问题，体现会计信息的定量化特点。

名师点拨

会计计量与会计确认密切相关：会计确认解决定性问题，即解决"是不是"和"是什么"的问题；会计计量则解决定量问题，即解决"是多少"的问题。会计确认是会计计量的基础，会计确认的原则不同，会计计量的结果就不一样。

会计计量问题是财务会计的核心问题，它的关键是计量单位的确定与计量属性的选择。

1. 计量单位

计量单位是指计量尺度的量度单位。

会计计量必须以货币为计量单位。《中华人民共和国会计法》（简称《会计法》）中规定，会计核算以人民币为记账本位币。业务收支以人民币以外的货币为主的单位，可以选定其中一种货币作为记账本位币，但是编报的财务会计报告应当折算为人民币。

2. 计量属性

计量属性是指被计量的对象具有的某方面的特征或外在表现形式，即被计量对象予以数量化的特征。

计量属性反映的是会计要素金额的确定基础，主要包括历史成本、重置成本、可变现净值、现值和公允价值等。

（1）历史成本。

历史成本又称实际成本，是指取得或制造某项财产物资时所实际支付的现金或其他等价物。历史成本是会计计量中最重要和最基本的计量属性。

在历史成本计量下，资产按照购置时支付的现金或现金等价物的金额或按照购置时付出对价的公允价值计量。负债按照其因承担现时义务而实际收到的款项或资产的金额或承担现时义务的合同金额计量。

（2）重置成本。

重置成本又称现行成本，是指按照当前市场条件，重新取得与其所拥有的某项资产相同或与其功能相当的资产所需要支付的现金或现金等价物。

在重置成本计量下，资产按照现在购买相同或相似资产所需支付的现金或现金等价物的金额计量。负债按照现在偿付该项债务所需支付的现金或现金等价物的金额计量。实务中，重置成本应用于盘盈固定资产的计量等。

（3）可变现净值。

可变现净值又称预期脱手价值，是指在正常生产经营过程中，以预计售价减去进一步加工成本和销售所必需的预计税金、费用后的净值。

在可变现净值计量下，资产按照其正常对外销售所能收到现金或现金等价物的金额扣减该资产至完工时估计将要发生的成本、估计的销售费用及相关税费后的金额计量。实务中，可变现净值通常应用于存货资产减值情况下的后续计量。

（4）现值。

现值是"未来现金流量的现值"的简称，是指对未来现金流量以恰当的折现率进行折现后的价值，是考虑货币时间价值等因素的一种计量属性。

在现值计量下，资产按照预计从其持续使用和最终处置中所产生的未来净现金流入量的折现金额计量。负债按照预计期限内需要偿还的未来现金流出量的折现金额计量。实务中，现值通常应用于非流动资产可收回金额和以摊余成本计量的金融资产价值的确定等。

想一想

市价与现值之间的区别是什么？从本质上讲，两者是一回事吗？

（5）公允价值。

公允价值是指市场参与者在计量日发生的有序交易中，出售一项资产所能收到或转移一项负债所需支付的价格。

在公允价值计量下，资产和负债按照在公平交易中，熟悉情况的交易双方自愿进行资产交换或债务清偿的金额计量。实务中，公允价值主要应用于交易性金融资产、可供出售金融资产等的计量。

各种计量属性之间的区别与联系：在各种会计计量属性中，历史成本通常反映的是资产或负债过去的价值，而重置成本、可变现净值、现值和公允价值通常反映的是资产或负债的现时成本或现时价值。历史成本可能是过去环境下某项资产或负债的公允价值，而在当前环境下某项资产或负债的公允价值也许就是未来环境下某项资产或负债的历史成本。公允价值可以是重置成本，也可以是可变现净值和以公允价值为计量目的的现值。

会计计量属性的应用原则是：《企业会计准则——基本准则》明确规定，企业在对会计要素进行计量时，一般应当采用历史成本为计量属性，但又不限于历史成本。

（三）会计要素的记录

会计记录是指采用专门的会计方法在会计凭证、账簿、报告体系中登记经济业务事项的过程。

会计记录主要是解决某项交易或事项在会计上"如何登记"的问题。企业财务会计记录包括设置会计科目与账户、记账方法、记录文字、会计凭证、会计账簿和报告格式及要求等内容。《企业会计准则——基本准则》规定：企业应当采用借贷记账法记账。《会计法》规定：会计记录的文字应当使用中文。在民族自治地方，会计记录可以同时使用当地通用的一种民族文字。

（四）会计报告

会计报告是指编制企业财务会计报告、对外输出会计信息的过程。

会计报告的主要内容是会计报表，包括资产负债表、利润表和现金流量表等。

资产负债表是指反映企业在某一特定日期财务状况的静态报表，其编制依据是：资产＝负债＋所有者权益。

利润表是指反映企业在一定会计期间经营成果的动态报表，其编制依据是：收入－费用＝利润。

现金流量表是指反映企业特定会计期间的现金流量的报表。

企业财务会计报告是财务会计核算工作的重要环节，是将会计信息传递给投资人等会计信息使用者的载体和桥梁。投资人等信息使用者主要通过企业财务报告了解企业的财务状况、经营成果和现金流量，判断企业的内在价值，预测企业未来的发展趋势，从而作出投资决策等。财务会计报告提供的会计信息必须符合真实、完整的质量要求。

六、企业财务会计的核算要求

企业财务会计的目标是提供会计信息使用者需要的会计信息。为了保证会计信息的质量，企业财务会计要以会计主体、持续经营、会计分期和货币计量为基本假设，以权责发生制为核算基础，进行确认、计量、记录和报告。

企业财务会计的核算要求又称企业会计信息质量要求，是对企业财务报表中所提供的会计信息质量的基本要求，包括可靠性、相关性、可理解性、可比性、实质重于形式、重要性、谨慎性和及时性。

（一）可靠性

可靠性又称真实性，要求企业应当以实际发生的交易或事项为依据进行确认、计量、记录和报告，如实反映符合确认和计量要求的各项会计要素及其他相关信息，保证会计信息真实可靠、内容完整。

提示：可靠性是高质量会计信息的重要基础和关键所在。如果财务报表所提供的会计信息不可靠，就会给信息使用者的决策造成误导甚至损失。

（二）相关性

相关性又称有用性，要求企业提供的会计信息应当与使用者的经济决策需要相关，并有助于使用者对企业过去、现在或未来的情况做出评价或预测。

提示：会计信息是否有用、是否具有价值，关键看其与会计信息使用者的决策是否相关、是否有利于决策者提高决策水平。相关性是以可靠性为基础的，两者之间并不矛盾，不应将两者对立起来。

（三）可理解性

可理解性又称明晰性，就是要求企业提供的会计信息应当清晰明了，便于使用者理解和使用。

（四）可比性

可比性要求企业提供的会计信息应当相互可比。这里包括两层含义：①同一企业不同时期可比（纵向可比）。对于同一企业不同时期发生的相同或相似的交易或事项，应当采用一致的会计政策，不得随意变更。②不同企业相同会计期间可比（横向可比）。对于不同企业相同会计期间发生的相同或相似的交易或事项，也应当采用规定的会计政策，确保会计信息口径一致，以使不同企业按照一致的确认、计量和报告要求提供会计信息。

（五）实质重于形式

实质重于形式要求企业应当按照交易或事项的经济实质进行会计确认、计量、记录和报告，不应仅以交易或事项的法律形式为依据。

提示：企业发生的交易或事项在多数情况下，其经济实质和法律形式是一致的。但有些情况会出现不一致。

实务应用：将融资租赁方式租入的资产视为企业的资产，列入企业的资产负债表，就体现了实质重于形式的要求。

（六）重要性

重要性要求企业提供的会计信息应当反映与企业财务状况、经营成果和现金流量有关的所有重要交易或事项。假如某会计信息的省略或错报会影响使用者据此作出经济决策的，该信息就具有重要性。

提示：重要性的应用需要依赖职业判断，企业应当根据所处环境和实际情况，从项目的性质和金额的大小两方面加以判断。

（七）谨慎性

谨慎性要求企业对交易或事项进行会计确认、计量和报告应当保持应有的谨慎，不应高估资产或收入，不应低估负债或费用，不得计提秘密准备。

提示：如果故意高估负债或费用、低估资产或收入，也不符合会计信息可靠性和相关性的要求，将损害会计信息质量，从而对使用者的决策产生误导。

实务应用：计提资产减值或跌价准备、固定资产采用加速折旧等就体现了谨慎性的要求。

（八）及时性

及时性要求企业对于已经发生的交易或事项，应当及时进行确认、计量和报告，不得提前或延后。

提示：及时性要求做到一是及时收集会计信息，二是及时处理会计信息，三是及时传递会计信息。因此，及时性制约着可靠性和相关性。

知识巩固

一、单项选择题

1. 我国企业财务会计的目标可以概括为（　　）。

A. 当好企业的"管家"　　　　　　　　　B. 向会计信息使用者提供有用信息

C. 实现企业价值最大化　　　　　　　　D. 获得企业最大利润

2. 到20世纪中叶，传统会计逐步发展形成了（　　）两大分支，共同服务于市场经济下的现代企业。

A. 财务会计、管理会计　　　　　　　　B. 财务会计、政府与非营利组织会计

C. 财务会计、成本会计　　　　　　　　D. 管理会计、政府与非营利组织会计

3. 企业应当以（　　）为基础进行会计确认、计量、记录和报告。

A. 权责发生制　　　　　　　　　　　　B. 收付实现制

C. 持续经营　　　　　　　　　　　　　D. 货币计量

4. 某企业2022年10月购入一台不需要安装的设备，因暂时不用，截至当年年底，该企业会计人员尚未将其入账，这违背了（　　）要求。

A. 重要性　　　　　B. 可靠性　　　　　C. 及时性　　　　　D. 谨慎性

5. 下列不属于会计计量属性的是（　　）。

A. 历史成本　　　　B. 重置成本　　　　C. 公允价值　　　　D. 账面价值

二、多项选择题

1. 下列各项中，属于财务会计服务对象的有（　　）。

A. 投资者　　　　　　　　　　　　　　B. 债权人

C. 政府及其有关部门　　　　　　　　　D. 社会公众

2. 企业财务会计提供的主要信息有（　　）。

A. 企业管理情况　　　　　　　　　　　B. 企业财务状况

C. 企业经营成果　　　　　　　　　　　D. 企业现金流量

3. 下列属于会计信息质量要求的有（　　）。

A. 相关性　　　　　B. 可比性　　　　　C. 重要性　　　　　D. 谨慎性

4. 下列属于会计计量属性的是（　　）。

A. 历史成本　　　　B. 现值　　　　　　C. 未来现金流量　　D. 公允价值

5. 企业财务会计的工作内容可以概括为（　　）。

A. 会计确认　　　　B. 会计计量　　　　C. 会计记录　　　　D. 会计报告

三、判断题

1. 企业财务会计的本质是一项经济管理活动。（　　　）

2. 企业财务会计的基本职能是预测、决策、计划和控制。（　　　）

3. 政府会计一般采用权责发生制。（　　　）

4. 企业对固定资产采取加速折旧，就体现了重要性的要求。（　　　）

5. 一般来说，法律主体必然是一个会计主体，同时会计主体也一定是一个法律主体。（　　　）

任务小结

　　会计是一个总体范畴，它包括企业财务会计、政府与非营利组织会计、管理会计等若干分支。企业财务会计是基础会计的专业化，是应用在企业经济管理活动中的一个会计分支。

　　企业财务会计的本质是一项经济管理活动。企业财务会计的对象是企业的交易或事项。企业财务会计的基本职能是核算和监督。企业财务会计的目标是向信息使用者提供有用的会计信息。财务会计报告使用者包括投资者、债权人、政府及有关部门和社会公众等。企业财务会计提供的主要信息包括企业财务状况、经营成果和现金流量等。

　　会计基本假设是对会计核算所用的时间和所处的空间做出的合理设定，包括会计主体、持续经营、会计分期和货币计量。

　　企业财务会计的工作内容可以概括为会计确认、会计计量、会计记录和会计报告。会计计量属性反映的是会计要素金额的确定基础，主要包括历史成本、重置成本、可变现净值、现值和公允价值等。

　　会计信息质量要求是对企业财务报告中所提供的会计信息质量的基本要求，包括可靠性、相关性、可理解性、可比性、实质重于形式、重要性、谨慎性和及时性。

　　企业财务会计的概念和企业财务会计的目标是认知企业财务会计的重点与难点。

任务二　初识财务会计工作

任务目标

【知识目标】

1. 初步了解会计工作内容。

2. 熟悉会计工作流程。

【技能目标】

1. 能从事所有会计工作内容。

2. 能根据自身学习特点选择适合自己的会计工作岗位。

【素养目标】

1. 培养对会计工作的热爱，为其今后从事会计职业奠定感情根基。

2. 培养敬业精神、团队协作意识和严谨的工作态度。

任务描述

新学期的第一周，班主任召开了一个"今生我与会计有缘"的主题班会。请大家谈谈对"会计工作"的认识和理解。

有的学生说："会计工作就是收钱、付钱，天天与'钱'打交道……"

有的学生说："会计工作就是每天在'账本'上写呀、算呀，忙不完的事儿，加不完的班……"

还有的学生说："会计工作是个金饭碗，工作稳定，工作环境好，待遇也高，越老越吃香。就业前景也乐观，三百六十行，行行需要会计……"

学习委员高天一则现身说法："我爸现在是一家大公司的总会计师，掌握着公司的财务大权。他是从一名普通的会计，一步步干到今天的位置。我爸经常说，现代会计的职能不仅仅是记账、算账、报账，更是一种管理活动，是企业的'管家'、领导的'参谋'，参与公司的计划、控制、预测、决策，在单位里具有举足轻重的作用。所以，会计专业大有前途！"

最后，班主任总结说："会计职业是个大舞台，要胜任会计工作，不仅要掌握会计理论知识，学好会计专业知识和操作技能，还要具备良好的会计职业道德，具有较强的社会协调能力和团队合作意识。"

思考与讨论：大家说得都有道理吗？会计工作究竟做什么？会计职业前景如何？

提出任务：初识财务会计工作。

任务分解

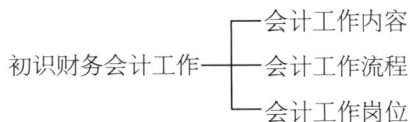

初识财务会计工作———会计工作内容
———会计工作流程
———会计工作岗位

任务实施

会计工作是会计人员对会计原始依据和数据进行归集、整理、加工等规范性操作的具体实践活动。

会计工作的本质是一项以提供财务信息为主要目标的管理活动，在企业的经济管理工作中占有非常重要的地位。

一、会计工作内容

会计工作包括会计核算、会计分析和会计检查，其中会计核算是会计工作的中心内容。

当经济业务发生后，经办人员要填制或取得原始凭证，经会计人员审核整理后，按照设置的会计科目，运用复式记账法编制记账凭证，并据以登记账簿；同时，要依据凭证和账簿记录对经营过程中发生的各项费用进行成本计算，通过财产清查对账簿记录加以核实，在保证账实相符的基础上，根据账簿资料编制会计报表。

由此可见，会计的工作内容可以归纳如下：①对各种原始凭证进行审核，审核无误后编制记账凭证；

②根据记账凭证登记各种明细分类账；③对所有记账凭证进行汇总，编制记账凭证汇总表，根据记账凭证汇总表登记总账；④负责账本的结账及对账；⑤编制相关会计报表，并进行分析说明；⑥将会计资料装订成册并妥善保管；⑦纳税申报，根据国家税收政策和税法规定，编制并申报企业的各项税费，如增值税、企业所得税等；⑧开展财务分析，对企业的财务状况和经营成果进行分析，提供决策参考，包括财务比率分析、成本分析、预算编制等；⑨实施内部控制，建立和完善企业内部控制制度，确保企业的财务信息真实、准确、完整和及时。

二、会计工作流程

会计工作基本流程如图1-2-1所示。

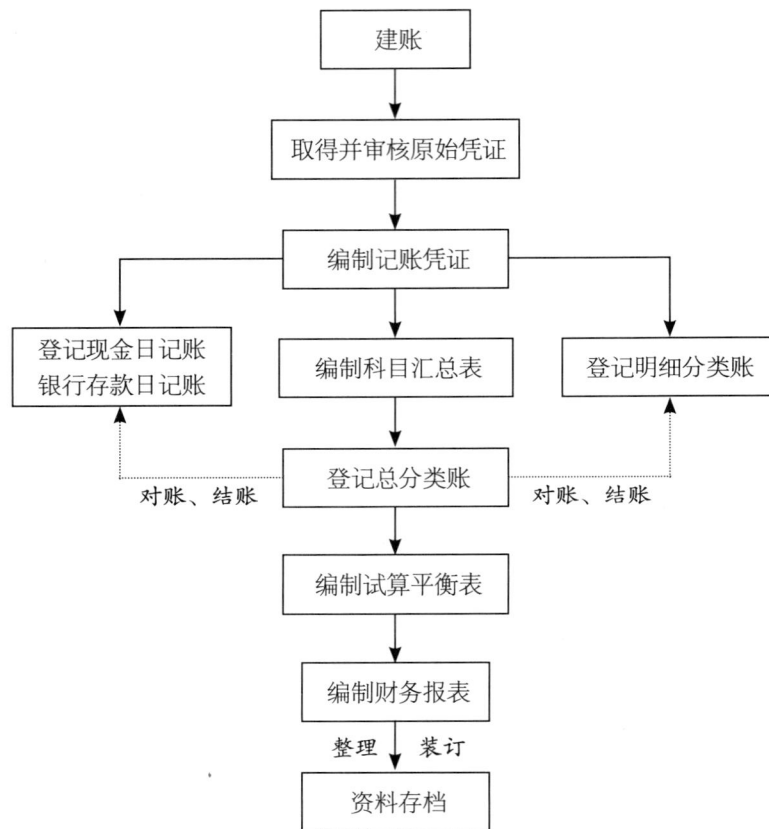

图 1-2-1

（一）建账

新建企业，要根据本企业具体业务要求购置所需要的账簿，设置所需要的会计科目，建立总分类账和明细分类账及现金日记账和银行存款日记账。已建账企业，在日常会计处理中可根据实际情况增添相应的会计科目。

（二）编制会计凭证

根据审核无误的原始凭证或原始凭证汇总表填制记账凭证。

（三）登记有关账簿

根据收付记账凭证登记现金日记账和银行存款日记账，根据记账凭证登记明细分类账，根据记账凭证编制科目汇总表，并登记总账。

（四）编制试算平衡表

所有账簿登记完成后，根据总分类账试算平衡表和明细分类试算平衡表，检查记账有无错误，以确保记账无误。

（五）对账和结账

对账是在有关经济业务入账以后进行的工作，主要有账账核对、账证核对和账实核对，目的是确保账簿记录的正确、完整、真实。结账是把一定会计期间所发生的经济业务全部登记入账后，结出各账户的本期发生额合计和期末余额，或将余额结转下期，以便编制财务报表。

（六）编制和报送财务报告

根据账簿记录编制资产负债表、利润表、现金流量表等，报告企业财务状况和经营成果。

（七）资料存档

以上工作完成之后，需要把所有凭证、账簿、报表进行整理、装订、归档、保管。

名师点拨

会计实务要求会计人员每发生一笔业务就要登记明细分类账。而总账中的数额是直接将科目汇总表的数额抄过去的。企业可以根据业务量每隔5天、10天、15天或1个月编制一次科目汇总表。如果业务相当多，也可以1天一编。

三、会计工作岗位

会计工作岗位是指一个单位会计机构内部根据业务分工而设置的职能岗位，主要包括出纳、材料核算、库存商品核算、固定资产核算、工资核算、成本核算、收入利润核算、往来结算、税务会计、总账报表、稽核、会计主管、资金管理、会计电算化管理、档案管理等。这里仅介绍部分会计工作岗位。

（一）出纳会计岗位

出纳会计岗位负责办理本企业现金业务和银行结算业务，即负责现金日记账和银行存款日记账的记账、结账工作，并对企业库存现金、票据及有关印章进行妥善保管。具体工作岗位职责如下：①贯彻执行企业现金、银行存款管理制度和收支结算规定；②办理现金收付业务，并负责现金支票的保管、签发；③建立现金日记账，逐笔记载现金收支，做到每日结算、账实相符、出现差异及时上报；④按照国家有关法律法规要求，负责企业银行账户的开立、核对、清理等工作；⑤负责银行结算，办理银行存取款业务和转账业务，并定期打印、取回银行对账单，与企业银行存款日记账进行核对；⑥根据审核无误的资金支付申请，按规定办理资金支付手续，并及时登记现金、银行存款日记账；⑦协助会计人员做好企业员工每月工资的发放；⑧负责企业各项费用的报销工作，并定期上交各项报销的原始凭证；⑨负责企业空白收据、支票等票据的购买、保管、使用、销毁工作，并保持完整记录；⑩负责银行预留印鉴和有关印章的管理。

（二）材料核算工作岗位

材料核算工作岗位负责对日常材料采购及生产加工计划等进行核算，对具体开支费用进行计算，在此基础上对材料收发动态进行监督，及时清查盘点所有材料收发工作。具体工作岗位职责如下：①会同有关部门拟定材料物资的核算与管理办法；②审查汇编材料物资的采购资金计划；③负责材料物资的明细核算；④会同有关部门编制材料物资计划成本目录；⑤配合有关部门制定材料物资消耗定额；⑥参与材料物资的清查盘点。

（三）固定资产核算工作岗位

固定资产核算工作岗位负责对固定资产增加、减少的账务处理，对企业固定资产增加或变动情况作出实时监督，督促相关部门对固定资产实物做好日常管理。具体工作岗位职责如下：①会同有关部门拟定固定资产的核算与管理办法；②参与编制固定资产更新改造和大修理计划；③负责固定资产的明细核算；④计算提取固定资产折旧；⑤参与固定资产的清查盘点。

（四）职工薪酬核算工作岗位

职工薪酬核算工作岗位负责对企业所有工作人员日常工资进行核算，同时还要负责职工福利费、社会保险、住房公积金、工会经费和教育费附加等的核算工作及代扣代缴个人所得税的核算工作。具体工作岗位职责如下：①审核发放工资、奖金；②负责工资的明细核算；③负责工资分配的核算；④计提应付福利费的核算；⑤计提社会保险和住房公积金的核算；⑥计提工会经费和教育费附加的核算；⑦代扣代缴个人所得税的核算。

（五）成本核算工作岗位

成本核算工作岗位主要负责生产成本的核算工作。具体工作岗位职责如下：①拟定成本核算办法；②制订成本费用计划；③负责成本管理基础工作；④核算产品生产费用；⑤编制成本费用报表，并进行分析；⑥协助管理在产品和自制半成品。

知识巩固

一、单项选择题

1. 不属于材料核算工作岗位职责的是（　　）。

A. 负责材料物资的明细核算　　　　　B. 负责对材料收发动态进行监督

C. 负责现金、银行存款的管理工作　　D. 参与材料物资的清查盘点

2. 不属于会计工作内容的是（　　）。

A. 取得并审核原始凭证　　　　　　　B. 制订企业发展规划

C. 对会计报表进行分析　　　　　　　D. 销毁过期的会计资料

二、多项选择题

1. 下列各项中，属于会计工作内容的是（　　　　）。

A. 审核原始凭证　　　　　　B. 编制记账凭证　　　C. 登记账簿　　　　　　　　D. 财务分析

2. 下列各项中，属于出纳岗位职责的是（　　　　）。

A. 负责办理本企业现金业务和银行结算业务

B. 负责现金日记账和银行存款日记账的记账、结账工作

C. 负责对库存现金、票据及有关印章进行妥善保管

D. 负责编制现金流量表

三、判断题

1. 会计工作的本质是一项以提供财务信息为主要目标的管理活动。（　　　　）

2. 会计核算是会计工作的中心内容。（　　　　）

任务小结

会计工作是会计人员对会计原始依据和数据进行归集、整理、加工等规范性操作的具体实践活动，其本质是一项以提供财务信息为主要目标的管理活动。

会计工作内容及流程：对原始凭证进行审核；根据审核无误的原始凭证编制记账凭证；根据记账凭证登记各种明细分类账；编制科目汇总表并登记总账；结账与对账；编制会计报表；将会计资料装订成册并妥善保管。

会计工作岗位主要包括出纳、材料核算、固定资产核算、工资核算、成本核算、收入利润核算、税务会计、总账报表、档案管理等。

会计工作内容和会计工作基本流程是初识财务会计工作的重点与难点。

项目二 资产的账务处理

项目介绍

资产是指企业过去的交易或事项形成的、企业拥有或控制的、预期会给企业带来经济利益的资源。

任何企业要进行正常的经营活动，都必须拥有一定数量和结构的资产。资产是资产负债表里列示的项目。

为了正确反映企业的财务状况，通常将企业的全部资产按其流动性分为流动资产和非流动资产。流动资产是指预计能够在一个正常营业周期中变现、出售和耗用，或者主要为交易目的而持有的资产，主要包括货币资金、交易性金融资产、应收票据、应收账款、预付账款、其他应收款和存货等。非流动资产是指除流动资产以外的资产，主要包括长期股权投资、固定资产、在建工程、工程物资、无形资产和其他长期资产等。

为了帮助学生熟练掌握资产的核算内容和账务处理，本项目以滨海市盛泰实业有限责任公司（以下简称"滨海盛泰公司"）2023年7月的经济业务资料为案例，结合相关会计工作岗位核算的内容与要求，提炼出六个学习任务：货币资金的账务处理；应收款项的账务处理；存货的账务处理；固定资产的账务处理；无形资产的账务处理；交易性金融资产的账务处理。

任务一 货币资金的账务处理

任务目标

【知识目标】

1. 熟悉现金的使用范围、库存现金限额及日常管理。

2. 了解银行存款的管理规定和支付结算方式。

3. 掌握现金、银行存款和其他货币资金的账务处理。

4. 掌握库存现金和银行存款的清查方法。

【技能目标】

1. 能独立办理现金结算和转账结算业务，并能进行相应的账务处理。

2. 能设立并登记现金日记账、银行存款日记账和其他货币资金明细账。

3. 能设立并登记现金总分类账、银行存款总分类账和其他货币资金总分类账。

4. 能编制银行存款余额调节表。

【素养目标】

1. 既要有分工协作、相互牵制的工作意识，又要有团队合作的工作精神。

2. 具有良好的同银行、税务等多部门沟通协调的能力。

3. 树立正确的人生观和价值观。

任务描述

2023年7月2日，滨海盛泰公司收到小额货款900元现金，刚好采购员张皓来报销差旅费500元，于是出纳员赵冬梅就直接从900元的现金收入中支付了500元。

思考与讨论：你认为出纳员的这种做法对吗？遇到这种情况，你会怎样做？

提出任务：如何进行货币资金的账务处理？

任务分解

```
                                              ┌── 现金增加的账务处理
                        ┌── 库存现金的账务处理 ──┼── 现金减少的账务处理
                        │                     └── 现金清查的账务处理
                        │
                        │                     ┌── 支票结算业务的账务处理
                        │                     ├── 托收承付结算业务的账务处理
货币资金的账务处理 ────────┼── 银行存款的账务处理 ──┼── 委托收款结算业务的账务处理
                        │                     ├── 汇兑结算业务的账务处理
                        │                     └── 银行存款清查的账务处理
                        │
                        │                       ┌── 外埠存款的账务处理
                        │                       ├── 银行本票存款的账务处理
                        └── 其他货币资金的账务处理 ─┼── 银行汇票存款的账务处理
                                                ├── 信用证保证金的账务处理
                                                ├── 信用卡存款的账务处理
                                                └── 存出投资款的账务处理
```

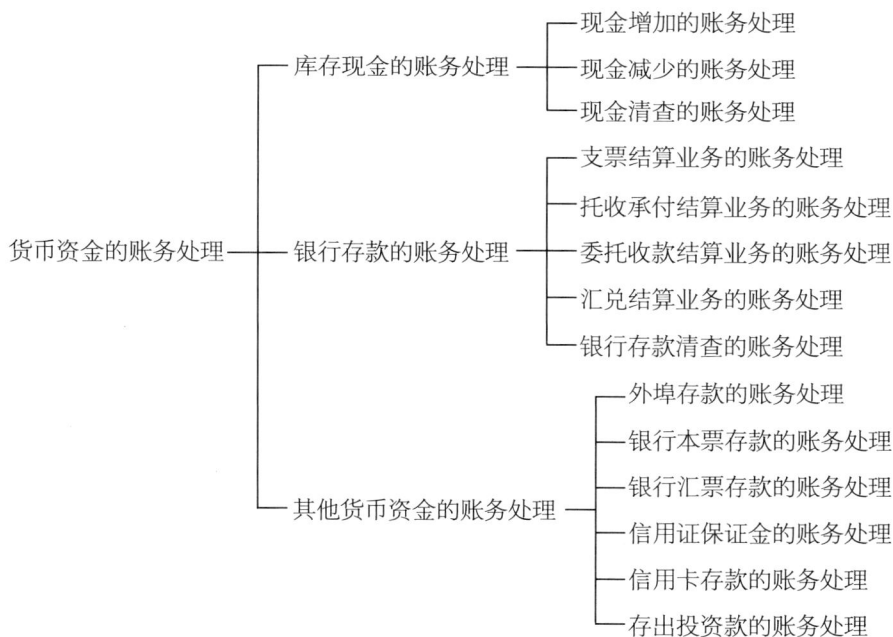

货币资金是指企业的经营资金在周转过程中暂时停留在货币形态上的那部分资金，包括库存现金、银行存款和其他货币资金。它是资产中流动性最强、控制风险最高、使用最为广泛的资产。

货币资金业务是指为实现货币资金收支所进行的填制单据、验证、审核、签章、单据交付等一系列事项的办理过程。货币资金业务包括现金的收付，银行存款存取、转账及其他货币资金的转账和结算业务。

企业通过设置出纳会计岗位，由出纳员办理货币资金业务，并登记现金日记账和银行存款日记账。登记资金日记账的目的是系统登记资金的收支结存情况，监控资金的使用情况。

货币资金的核算和管理工作由企业会计岗位人员负责。会计负责货币资金业务原始凭证的复核、记账凭证的编制、资金总账和明细账的登记，同时监管货币资金清查工作。

任务实施

活动一　库存现金的账务处理

知识准备

库存现金是指企业为了满足日常经营过程中零星支付需要而保留的现金。

现金是企业中流动性最强的一种货币资产，但也是企业资产中最容易流失的资产。企业的库存现金可以随时用来支付各种费用，使用起来非常方便。不过，在保险柜中存放大量现金也是不安全的。另外，市场上有大量现钞流通，会对市场经济秩序产生很大影响。为此，国家规定了现金管理制度。

企业库存现金的管理内容主要包括现金使用范围、现金收取范围、库存现金限额及库存现金日常收支规定。

一、库存现金使用范围

企业可以在下列范围内使用现金：

（1）职工工资、津贴；

（2）个人劳务报酬；

（3）根据国家规定颁发给个人的科学技术、文化艺术、体育等各种奖金；

（4）各种劳保、福利费用及国家规定的对个人的其他支出；

（5）向个人收购农副产品和其他物资的价款；

（6）出差人员必须随身携带的差旅费；

（7）结算起点（1 000元）以下的零星支出；

（8）中国人民银行确定需要支付现金的其他支出。

除上述情况可以用现金支付外，在《现金管理暂行条例》2025年1月20日废止后，上述范围之外的项目也可以使用现金支付了。

二、现金收取范围

企业可以在下列范围内收取现金：

（1）单位或职工个人交回的赔偿款、罚款、备用金退回、差旅费剩余款等；

（2）收取不能转账的单位或个人的销售收入；

（3）不足转账结算起点（1 000元）的小额收入等。

三、库存现金限额

库存现金限额是指为保证企业日常零星开支的需要，按规定允许企业留存的现金最高数额。

（一）一般规定

企业的库存现金限额是由开户银行根据企业的实际需要核定，一般按照企业3~5天日常零星开支所需确定。

（二）特殊规定

边远地区或交通不便地区的企业，可按多于5天，但不得超过15天的日常零星开支的需要确定。库存限额一经核定，必须严格遵守。

名师点拨

企业日常零星开支，不包括企业每月发放的薪酬、不定期差旅费、个人收购农副产品等大额现金支出。

四、库存现金收支规定

库存现金收支规定具体如下。

（1）企业的现金收入应于当日送存开户银行，当日送存困难的，由开户银行确定送存时间。

（2）企业从开户银行提取现金时，应如实写明提取现金的用途，由本单位财会部门负责人签字、盖章，并经开户银行审查批准后予以支付。

（3）企业支付现金可以从本单位库存现金限额中支付或从开户银行提取，不得从本单位的现金收入中直接支付（即坐支）。

（4）因采购地点不确定、交通不便、抢险救灾及其他特殊情况必须使用现金的，企业应向开户银行提出书面申请，由本单位财会部门负责人签字，并经由开户银行审查批准后予以支付现金。

知识拓展

不准"白条抵库"；不准单位之间互相借用现金；不准谎报用途套取现金；不准利用银行账户代其他单位和个人存入或支取现金；不准将单位收入的现金以个人名义存入储蓄；不准保留账外公款；不准发生变相货币；不准以任何票券代替人民币在市场上流通；不准设置小金库。

设置账户

为了核算和监督库存现金的收入、支出和结存情况，企业需要设置"库存现金"账户。

账户性质：属于资产类账户。

账户结构：借方登记库存现金的增加数，贷方登记库存现金的减少数，期末借方余额，表示企业实际持有的库存现金的数额。

为了加强对企业库存现金的总分类核算和明细分类核算，企业还要设置"库存现金总账"和"库存现金日记账"。"库存现金日记账"一般采用"三栏式"格式，由出纳人员根据收付款凭证，按照现金收付的时间或出纳人员受理的时间，序时、逐笔登记。现金日记账应当日清月结，账款相符。

库存现金的账务处理内容包括现金增加（现金收入）、现金减少（现金支出）和现金清查。

一、现金增加的账务处理

账务处理

企业现金增加业务有：①从银行提取现金；②收取转账结算金额起点以下的小额销售货款；③职工出差报销时交回剩余借款；④对个人收取的款项；等等。

（1）提取现金：企业从银行提取现金时，应根据"现金支票存根"，借记"库存现金"，贷记"银行存款"。

（2）收到现金：企业收到现金收入时，应根据"收款收据"或"增值税专用发票"等，借记"库存现金"，贷记"其他应收款"或"主营业务收入""其他业务收入"等。

经典实例

【例2-1-1】7月1日，滨海盛泰公司出纳员赵冬梅开出现金支票，从银行提取10 000元现金备用。

编制会计分录如下。

借：库存现金   10 000.00

    贷：银行存款   10 000.00

［所附单据］支票领用申请单、现金支票存根（见图2-1-1）。

中国工商银行
现金支票存根
Ⅹ Ⅵ48900380
科目_____
对方科目_____
出票日期　2023 年 07 月 01 日

收款人：本单位

金额：　¥10 000.00

用途：备用金

收款人签收：赵冬梅　日期:2023 年 7 月 1 日

图 2-1-1

【例2-1-2】7月6日，职工李梅交回欠款1 000元。

编制会计分录如下。

借：库存现金   1 000.00

    贷：其他应收款——李梅   1 000.00

［所附单据］收款收据。

【例2-1-3】7月2日，滨海盛泰公司出售闲置的废旧物品，取得现金收入339元，其中含增值税税额39元。

编制会计分录如下。

借：库存现金　　　　　　　　　　　　　　　　　　　　339.00

　　贷：其他业务收入　　　　　　　　　　　　　　　　　　300.00

　　　　应交税费——应交增值税（销项税额）　　　　　　　39.00

［所附单据］废旧物品清单、增值税普通发票等。

二、现金减少的账务处理

账务处理

企业现金减少业务有：①企业对外购买货物、接受劳务而支付现金；②企业对内报销费用、发放工资及向有关部门支付备用金；③现金送存银行；等等。

（1）支付现金：企业支付现金时，应根据购物发票或"工资结算单""借款单"等，借记"管理费用"或"应付职工薪酬""其他应收款"等，贷记"库存现金"。

（2）送存银行：企业将多余现金送存银行时，应根据银行的"现金缴款单"回单（或"现金存款凭条"），借记"银行存款"，贷记"库存现金"。

经典实例

【例2-1-4】7月2日，采购员张海涛因公外出，预借差旅费5 000元。

编制会计分录如下。

借：其他应收款——张海涛　　　　　　　　　　　　　5 000.00

　　贷：库存现金　　　　　　　　　　　　　　　　　　　　5 000.00

［所附单据］借款单（见图2-1-2）。

借　款　单

2023 年 7 月 2 日　　　　　　　　　　　　　编号：0157

借款单位	销售科		借款人	张海涛
借款事由	推销产品		出差地点	南京
借款金额	人民币（大写）：伍仟元整		¥：5 000.00	
备注				

审批：陈留兴　　出纳：赵冬梅　　主管：张中峰　　领款人：张海涛

图 2-1-2

【例2-1-5】7月3日，滨海盛泰公司用现金451.38元购买办公用品。

编制会计分录如下。

借：管理费用——办公费用　　　　　　　　　　　　　　451.38

　　贷：库存现金　　　　　　　　　　　　　　　　　　　　451.38

［所附单据］现金支出报销单、增值税普通发票。

【例2-1-6】7月4日，滨海盛泰公司出纳员赵冬梅将收入的30 000元现金送存银行。

编制会计分录如下。

借：银行存款　　　　　　　　　　　　　　　　　　　30 000.00
　　贷：库存现金　　　　　　　　　　　　　　　　　　　30 000.00

［所附单据］现金缴款单（见图2-1-3）。

中国工商银行　现金缴款单（回单）

2023 年 07 月 04 日

收款单位	全称	滨海市盛泰实业有限责任公司											
	账号	×××××20000019642418		款项来源	贷款								
	开户行	滨海市中国工商银行高新区支行		款项类别	现金								

| 人民币 | | | | | | 千 | 百 | 十 | 万 | 千 | 百 | 十 | 元 | 角 | 分 |
| （大写）叁万元整 | | | | | | | | ¥ | 3 | 0 | 0 | 0 | 0 | 0 | 0 |

票面	张数	金额	票面	张数	金额	
100 元	300	30000	伍角			复核：　　　　　　出纳： 中国工商银行滨海市红星支行 （银行盖章）2023-07-04 收讫
50 元			贰角			
20 元			壹角			
10 元			伍分			
5 元			贰分			
1 元			壹分			

图 2-1-3

三、现金清查的账务处理

账务处理

库存现金清查是指对库存现金的盘点与核对。

库存现金清查一般采用实地盘点法。清查结果若是实存数小于账面余额，即为库存现金短缺（短款）；若是实存数大于账面余额，则为库存现金溢余（长款）。对于清查的结果，企业应编制"库存现金盘存单"，并通过"待处理财产损溢"账户进行核算。

（一）库存现金短缺的账务处理

1. 报批处理前

企业根据"库存现金盘存单"，按实际短款的金额，借记"待处理财产损溢——待处理流动资产损溢"，贷记"库存现金"。

2. 报批处理

查明原因，编制"库存现金盘亏报告单"，经批准后进行账务处理。

（1）属于应由责任人或保险公司赔偿的部分，借记"其他应收款"或"库存现金"，贷记"待处理财产损溢——待处理流动资产损溢"。

（2）属于无法查明原因的，借记"管理费用"，贷记"待处理财产损溢——待处理流动资产损溢"。

经典实例

【例2-1-7】滨海盛泰公司进行库存现金清查中发现短款300元。经查短款300元属于出纳员赵冬梅工作失误所致。

编制会计分录如下。

（1）报批处理前：

借：待处理财产损溢——待处理流动资产损溢　　　　　　　　300.00

　　贷：库存现金　　　　　　　　　　　　　　　　　　　　300.00

［所附单据］库存现金盘存单（见图2-1-4）。

库存现金盘存单

2023 年 7 月 30 日　　　　　　　　　　　　　　　单位：元

清查项目	账存数			实存数			溢　缺		
	数量	单价	金额	数量	单价	金额	数量	单价	金额
库存现金			5 856.32			5 586.32			300.00
—			—			—			—
合计									300.00

主管：张洋　　　盘点：徐盼盼　　　出纳：赵冬梅

图 2-1-4

（2）报批处理：

借：其他应收款——赵冬梅　　　　　　　　　　　　　　　300.00

　　贷：待处理财产损溢——待处理流动资产损溢　　　　　　300.00

［所附单据］库存现金盘亏报告单（见图2-1-5）。

库存现金盘亏报告单

　　兹于2023年7月30日进行现金清查，发现现金短款叁佰元整（￥300.00），经认真核查，属于出纳员赵冬梅工作失误所致，应由其个人赔偿。

财务
2023年月31日

审批人意见：同意　　　盖章：于建军　　　日期：2023 年 7 月 31 日

图 2-1-5

（二）库存现金溢余的账务处理

1. 报批处理前

企业根据"库存现金盘存单"，按实际长款的金额，借记"库存现金"，贷记"待处理财产损溢——待处理流动资产损溢"。

2. 报批处理

查明原因，编制"库存现金盘盈报告单"，经批准后，分不同情况进行账务处理。

（1）属于应支付给有关人员或单位的现金长款，借记"待处理财产损溢——待处理流动资产损溢"，贷记"其他应付款"。

（2）属于无法查明原因的现金长款，借记"待处理财产损溢——待处理流动资产损溢"，贷记"营业外收入"。

名师点拨

无法查明原因的短款，影响营业利润；无法查明原因的长款，影响当期损益或利润，但不影响营业利润。

经典实例

【例2-1-8】滨海盛泰公司进行库存现金清查中发现长款300元；经查200元为应付给员工张爽的款项，100元无法查明具体原因。

编制会计分录如下。

（1）报批处理前：

借：库存现金 300.00

　　贷：待处理财产损溢——待处理流动资产损溢 300.00

［所附单据］库存现金盘存单。

（2）报批处理：

借：待处理财产损溢——待处理流动资产损溢 300.00

　　贷：其他应付款——张爽 200.00

　　　　营业外收入 100.00

［所附单据］库存现金盘亏报告单。

活动二　银行存款的账务处理

知识准备

银行存款是指企业存放在银行或其他金融机构的货币资金。

按照国家有关规定，每个企业都要在其所在地银行开立账户，用来办理货币资金的存取和转账结算业务。企业在银行开设的存款账户，必须遵守银行账户管理办法，严格执行银行结算制度。

一、银行存款开户管理

根据资金的不同性质、用途，分别在银行开设账户。企业在银行开设的存款账户分为基本存款账户、一般存款账户、临时存款账户和专用存款账户。

基本存款账户是指企业办理日常转账结算和现金收付而开立的账户。企业日常零用现金、工资、奖金等现金的支取，只能通过基本存款账户办理。基本存款账户是企业的主办账户。

> **名师点拨**
>
> 　　企业可以自主选择银行。一个企业只能在一家银行的一个营业机构开立一个基本存款账户，不得在多家银行机构开立基本存款账户。

一般存款账户是指企业因借款或其他结算需要，在基本存款账户开户银行以外的银行金融机构开立的账户。该账户可以办理转账结算、现金缴存，但不能支取现金。该账户开立数量没有限制。

专用存款账户是指企业按照法律、行政法规和规章，对其特定用途资金进行专项管理和使用而开立的账户。该账户主要办理企业的基本建设项目专项资金的收付等。

临时存款账户是指企业因临时经营活动（如临时采购、异地产品展销）需要并在规定期限内使用开立的账户。该账户可办理转账结算和根据国家现金管理的规定办理现金收付，以2年为限。

二、银行存款账户使用管理

加强银行存款管理，企业必须做到以下五个方面。

（1）银行账户只限于本单位使用，不准出租、出借、套用或转让。

（2）严格支票管理，不得签发空头支票。空白支票必须严格领用注销手续。

（3）应按月与开户银行对账，保证账账、账款相符。平时开出支票，应尽量避免跨月支取，年终开出支票，须当年支款，不得跨年度。

（4）加强银行存款的日常规范管理，应在结算业务中实行银行存款转账结算。

（5）按月编制银行存款余额调节表，逐月与银行核对余额，防止错账、乱账。

三、银行转账结算方式

按照规定，企业在所在地银行开设账户后，企业的货币资金收入和支出，除了规定可使用现金收付的以外，其他款项都必须通过银行办理转账结算。

目前可采用的银行转账结算方式有支票、银行本票、银行汇票、商业汇票、委托收款、托收承付、汇兑、信用卡、信用证等。其中通过"银行存款"科目核算的有支票、托收承付、委托收款、汇兑等。

（一）支票

支票是指出票人签发的，委托银行等金融机构在见票时无条件支付确定金额给收款人或持票人的一种票据。支票结算适用于企业和个人在同城、异地的一切款项结算。我国常用的是现金支票和转账支票，现金支票只能用于提取现金，转账支票只能用于转账。支票一律记名，转账支票可以背书转让。支票的有效期自出票之日起10天。

（二）托收承付

托收承付是指根据购销合同由收款人发货后委托银行向异地付款人收取款项，由付款人向银行承认付款的一种结算方式。托收承付结算方式只能在异地使用，同城之间不能使用。结算每笔金额必须在10 000元以上。必须是商品交易款项的结算，代销、寄销、赊销商品的款项，不得办理托收承付结算。使用托收承付方式的单位，必须是国有企业、供销合作社及经营管理较好并经开户银行审查同意的城乡集体所有制企业。

（三）委托收款

委托收款是指收款人委托银行向付款人收取款项的一种结算方式。委托收款分邮寄和电报划回两种。凡在银行或其他金融机构开立账户的单位和个体经济户的商品交易，公用事业单位向用户收取水电费、邮电费、煤气费、公房租金等劳务款项及其他应收款项，无论是同城还是异地，均可使用委托收款结算方式。委托收款结算不受金额起点限制。付款人应于接到通知的3日内书面通知银行付款，未在规定期限内通知银行付款的，视为同意付款。

（四）汇兑

汇兑是指企业（汇款人）委托银行将其款项支付给收款人的一种结算方式。汇兑分为信汇和电汇两种。汇兑结算适用于单位和个人异地之间各种款项的结算。

设置账户

为了核算和监督银行存款的收入、支出及结存情况，企业需要设置"银行存款"账户。

账户性质：属于资产类账户。

账户结构：借方登记银行存款的增加数，贷方登记银行存款的减少数；期末余额在借方，反映企业银行存款的实有数。

明细核算：有外币银行存款的企业，应按照人民币和外币设置明细账，进行明细分类核算。

为了加强对银行存款的管理，企业应当设置"银行存款总账"和"银行存款日记账"，分别进行银行存款的总分类核算和序时、明细分类核算。银行存款日记账应按开户银行和其他金融机构、存款种类等分别设置，可采用三栏式或多栏式。由出纳人员根据审核无误的收款、付款凭证，按照业务的发生顺序逐笔登记。每日终了，应结出余额。月份终了，必须与银行对账单核对，与企业银行存款总账的余额核对相符。

一、支票结算业务的账务处理

账务处理

付款人将签发的支票交付收款人，收款人审查无误后，填制"进账单"，连同支票一并送交开户银行。经银行审查无误后，在进账单回单上加盖银行印章，退回收款人，作为收款人入账的凭据。

（1）开出支票：企业根据"增值税专用发票""转账支票存根"等原始凭证，借记"在途物资"（或"材料采购""原材料"）、"应交税费——应交增值税（进项税额）"等，贷记"银行存款"。

（2）收到支票：企业根据加盖银行印章的"进账单"回单，借记"银行存款"，贷记"主营业务收入""应交税费——应交增值税（销项税额）"等。

经典实例

【例2-1-9】7月5日，滨海盛泰公司向开元公司购买一批甲材料，取得的增值税专用发票上注明价款2 000元，增值税税率13%，增值税税额260元。材料已入库，向对方开具一张转账支票支付款项。

编制会计分录如下。

借：原材料——甲材料　　　　　　　　　　　　　　　2 000.00

　　应交税费——应交增值税（进项税额）　　　　　　 260.00

　　贷：银行存款　　　　　　　　　　　　　　　　　　　　 2 260.00

［所附单据］购销合同复印件、增值税专用发票、转账支票存根（见图2-1-6）等。

中国工商银行
转账支票存根
ⅩⅥ48900380

科目 ＿＿＿＿＿＿＿＿＿＿＿＿＿

对方科目 ＿＿＿＿＿＿＿＿＿

出票日期　2023 年 07 月 05 日

收款人：滨海市盛泰实业有限责任公司

金额：￥2260.00

用途：材料款

会计主管：李勇　　会计：赵冬梅

图 2-1-6

【例2-1-10】7月8日，滨海盛泰公司向九星公司销售A产品一批，开具的增值税专用发票上注明的售价50 000元，增值税6 500元。商品已发出，收到九星公司开出的转账支票一张，送存银行。

编制会计分录如下。

借：银行存款　　　　　　　　　　　　　　　　　　　56 500.00

　　贷：主营业务收入　　　　　　　　　　　　　　　　　　　 50 000.00

　　　　应交税费——应交增值税（销项税额）　　　　　　　　　 6 500.00

［所附单据］购销合同复印件、增值税专用发票、进账单（见图2-1-7）。

中国工商银行　　　进账单（收账通知）

2023 年 07 月 08 日

付款人	全称	滨海市盛泰实业有限责任公司										
	账号	×××××20000019642418										
	开户行	滨海市中国工商银行高新区支行										
金额	人民币（小写）	亿	千	百	十	万	千	百	十	元	角	分
					￥	5	6	5	0	0	0	0
收款人	全称	滨海市九星有限责任公司										
	账号	×××××20000020004418										
	开户行	滨海市中国建设银行红星区支行										
款项来源		货款										

中国工商银行滨海市红星支行
2023-07-08
收讫

图 2-1-7

二、托收承付结算业务的账务处理

账务处理

托收承付结算方式的核算如下。

（1）办理托收手续：企业发货后，到其开户行办理托收手续，填写托收承付凭证，盖章后连同发运证件（运输部门签发的运单、运单副本、邮局包裹回执等），送交开户银行。根据加盖银行印鉴后的"托收凭证"回单、"购销合同"复印件、"增值税专用发票"等，借记"应收账款"，贷记"主营业务收入""应交税费——应交增值税（销项税额）"等。

（2）收到款项：企业应根据开户银行转来的"银行收款通知"等，借记"银行存款"，贷记"应收账款"。

经典实例

【例2-1-11】7月5日，滨海盛泰公司向国宏公司销售一批B产品，增值税发票上注明的货款120 000元，增值税15 600元，上述款项采用托收承付结算方式，并于7月5日办妥了托收手续，7月15日收到款项。

编制会计分录如下。

（1）7月5日办妥托收手续时：

借：应收账款——国宏公司　　　　　　　　　　　　135 600.00

　　贷：主营业务收入　　　　　　　　　　　　　　　120 000.00

　　　　应交税费——应交增值税（销项税额）　　　　　15 600.00

［所附单据］购销合同复印件、增值税专用发票、托收凭证回单（见图2-1-8）等。

中国工商银行　托收凭证　（回单联）

委托日期：2023 年 07 月 05 日　　票据号码：0533

业务类型		委托收款（邮划 电划）		托收承付（邮划 电划）											
收款人	全称	滨海市盛泰实业有限责任公司	付款人	全称	蓝海市国宏有限责任公司										
	开户行	滨海工商银行高新区支行		开户行	蓝海市交通银行太白支行										
	账号	×××××20000019642418		账号	×××××30000040042511										
	地址	滨海市高新区红星路45号		地址	蓝海市交太白区1073号										
委托款项		人民币				千	百	十	万	千	百	十	元	角	分
		（大写）壹拾叁万伍仟陆佰元整					¥	1	3	5	6	0	0	0	0
款项内容		货款	委托收款凭证名称		合同及发票	附寄单证数				2					
商品发运情况		已发运	合同名称号码		购销合同 2023.7.5										
备注：			款项收妥日期		银行盖章 中国工商银行滨海市红星支行 2023-07-05 收讫 2023 年 07 月 05 日										
		复核：　　记账：													

图 2-1-8

（2）7月15日收到款项时：

借：银行存款 135 600.00

　　贷：应收账款——国宏公司 135 600.00

［所附单据］银行托收凭证收款通知。

三、委托收款结算业务的账务处理

账务处理

委托收款与托收承付结算方式的核算基本相同。

（1）办理托收手续：企业办妥委托银行收款手续时，应根据"委托收款凭证"回单、"增值税专用发票"等，借记"应收账款"，贷记"主营业务收入""应交税费——应交增值税（销项税额）"。

（2）收到款项：企业应根据银行转来的"银行收款通知"单，借记"银行存款"，贷记"应收账款"。

经典实例

【例2-1-12】7月10日，滨海盛泰公司以委托收款结算方式向国宏公司销售一批C产品，开具的增值税专用发票上注明的货款100 000元，增值税13 000元，通过银行办妥了托收手续。

编制会计分录如下。

借：应收账款——国宏公司 113 000.00

　　贷：主营业务收入 100 000.00

　　　应交税费——应交增值税（销项税额） 13 000.00

［所附单据］委托收款凭证回单、增值税专用发票等。

名师点拨

托收承付结算方式与委托收款结算方式差别不大，只在适用范围、收款内容上比委托收款结算方式窄，在银行监督上比委托收款结算方式强。

四、汇兑结算业务的账务处理

账务处理

汇兑结算直接通过"银行存款"科目进行核算。企业以汇兑方式汇出款项的账务处理有下面三种情况。

（1）清理欠款：企业用汇款清理欠款时，应根据"银行汇款凭证"回单，按汇款金额，借记"应付账款"，贷记"银行存款"。

（2）预付货款：企业为购买货物而预付货款时，应根据"银行汇款凭证"回单，按汇款金额，借记"预付账款"，贷记"银行存款"。

（3）汇往异地：企业将款项汇往异地开立采购专户时，按汇款金额，借记"其他货币资金——外埠存款"，贷记"银行存款"。

【例2-1-13】滨海盛泰公司需要到广州采购一批丁材料，委托银行以电汇方式向广州工商银行汇款200 000元，设立临时采购专户。银行按规定收取手续费103.52元，从账户中扣收。

编制会计分录如下。

（1）汇出款项时：

借：其他货币资金——外埠存款   200 000.00

  贷：银行存款   200 000.00

［所附单据］银行汇款凭证回单。

（2）收取手续费时：

借：财务费用   103.52

  贷：银行存款   103.52

［所附单据］银行付款通知单。

知识拓展

网上支付是电子支付的一种形式，是指电子交易的当事人包括消费者、商户、银行或支付机构，使用电子支付手段，通过信息网络进行的货币支付或资金流转。

网上支付主要有网上银行和第三方支付两种。其中，网上银行简称"网银"，就是银行在互联网上设立虚拟银行柜台，使传统银行服务不再通过物理的银行分支来实现，而是借助于网络与信息技术手段在互联网上实现。目前，企业银行服务是网上银行服务中最重要的部分之一，是银行业务服务的延伸，不受时间、空间限制，能够在任何时间、任何地点，以任何方式为客户提供金融服务。客户可以通过互联网方便地使用商业银行核心业务服务，完成各种非现金交易结算业务。

五、银行存款清查的账务处理

为了防止银行存款账目发生差错，企业应定期对银行存款进行清查。银行存款的清查一般采用核对账目法，即将企业的"银行存款日记账"与银行的"对账单"逐笔核对，至少每月核对一次。

银行存款"对账单"属于原始凭证吗？能否作为企业调整银行存款日记账的依据？

（一）确认未达账项

企业出纳人员至少每月终了根据银行提供的"对账单"同企业的"银行存款日记账"进行逐笔核对。

凡是"对账单"与"银行存款日记账"记录内容相同的用"√"号标示，表明该笔业务核对一致。凡是"对账单"和"银行存款日记账"上没有打"√"号的，则属于未达账项。

未达账项是指企业与银行之间由于凭证传递上的时间差异，一方已登记入账，而另一方尚未入账的账项。未达账项有以下四种情况。

（1）企业已收，银行未收：企业已经收款入账，而银行尚未收款入账。

（2）企业已付，银行未付：企业已经付款入账，而银行尚未付款入账。

（3）银行已收，企业未收：银行已经收款入账，而企业尚未收款入账。

（4）银行已付，企业未付：银行已经付款入账，而企业尚未付款入账。

名师点拨

出现任何一种未达账项，都会使企业银行存款日记账上的余额与银行对账单上的余额不符。出现第（1）种和第（4）种情况，会使企业银行存款账面余额小于银行对账单的存款余额；出现第（2）种和第（3）种情况，会使企业银行存款账面余额大于银行对账单的存款余额。

（二）编制银行存款余额调节表

企业银行存款日记账余额与银行对账单余额之间如有差额，为了消除未达账项对企业和银行双方存款余额的影响，应编制"银行存款余额调节表"进行调节。如果没有记账错误，调节后双方余额应相等。不过，即使经银行存款余额调节表调节后的余额相等，也并不代表记账一定没有错误。如果调节后的银行存款余额仍不相等，则表明企业或银行记账一定有错误。企业应进一步查明原因，以发现错账、漏账并予以更正。

名师点拨

银行存款余额调节表只起对账作用，只是检查账簿记录的正确性，不能作为调整企业银行存款日记账账面记录的依据。对于银行已经入账企业尚未入账的业务或企业已经入账而银行尚未入账的业务，均不做账务处理。对于上述未达账项而使双方账面余额出现的差错，无需进行账面调整，待以后有关结算凭证到达企业时（未达账项变成已达账项），再进行相应的账务处理。调整后的余额为企业实际可以动用的银行存款金额。

经典实例

【例2-1-14】滨海盛泰公司2023年7月24日~30日"银行存款日记账"和银行提供的"对账单"如图2-1-9、图2-1-10所示。

银行存款日记账

存款种类：基本存款户　　　　　　　　　　　　　　　　　　　　　　　　第 × 页

2023年		凭证号		摘　要	结算凭证		收　入	支　出	借或贷	结　余	√
月	日	种类	号数		种类	号数					
07	25	银收	8	销售产品	托收	4333	20 000.00		借	150 000.00	
	25	银付	11	采购A材料	转支	5170		24 000.00	借	126 000.00	
	26	银付	12	采购运费	转支	5171		1 000.00	借	125 000.00	
	27	银付	13	提现	现支	4293		20 180.00	借	104 820.00	
	27	银付	14	支付办公费	转支	5172		720.00	借	104 100.00	
	28	银收	9	收前欠货款	电汇		11 200.00		借	115 300.00	
	29	银收	10	销售产品	转支	6688	21 600.00		借	136 900.00	
	30	银付	15	付保险费	现支	4294		8 400.00	借	128 500.00	

图 2-1-9

中国建设银行　银行对账单

日期：　2023 年 07 月 31 日

账号：×××××20000019642418　　　　　　户名：滨海市盛泰实业有限责任公司

2023年		结算凭证			存入	支出	结余
月	日	现金支票	转账支票	其 他			
7	24			托收	20 000.00		150 000.00
	25		5170			24 000.00	126 000.00
	26		5171			1 000.00	125 000.00
	27	4293				20 180.00	104 820.00
	27		5172			720.00	104 100.00
	28			托收	37 000.00		141 100.00
	28			电汇	11 200.00		152 300.00
	30			托收		14 500.00	137 800.00

图 2-1-10

该企业"银行存款日记账"期末余额为128 500元，银行对账单上余额为137 800元。经逐笔核对，查明有以下未达账项。

（1）该企业销售乙种产品收到货款21 600元（转账支票），银行尚未收到单据，没有入账。

（2）该企业支付保险费8 400元（现金支票），银行尚未收到单据，没有入账。

（3）银行代企业收到赛威公司款项37 000元，已划入企业存款账，企业尚未收到有关凭证，没有入账。

（4）银行代企业支付水电费14 500元，已从企业存款账划出，企业尚未收到有关凭证，没有入账。

根据上述资料，编制"银行存款余额调节表"，如图2-1-11所示。

银行存款余额调节表

2023 年 7 月 31 日 单位：元

项目	金额	项目	金额
企业银行存款日记账余额	128 500.00	银行对账单余额	137 800.00
加：银行已收，企业未收	37 000.00	加：企业已收，银行未收	21 600.00
减：银行已付，企业未付	14 500.00	减：企业已付，银行未付	8 400.00
调节后的余额	151 000.00	调节后的余额	151 000.00

图 2-1-11

活动三 其他货币资金的账务处理

知识准备

其他货币资金是指企业除库存现金、银行存款以外的各种货币资金，包括外埠存款、银行本票存款、银行汇票存款、信用证保证金存款、信用卡存款和存出投资款等。

外埠存款是指企业到外地进行临时或零星采购时，汇往采购地银行开立采购专户的款项。采购结束后，采购地银行将多余存款退回企业当地开户银行。

银行本票存款是指企业为取得银行本票按规定存入银行的款项。银行本票是指由银行签发的，承诺自己在见票时无条件支付确定的金额给收款人或持票人的票据。使用银行本票的申请人必须先将款项交存银行。银行本票分为不定额银行本票和定额银行本票两种。

知识拓展

银行本票的特点：适用于在同一票据交换区域内单位和个人的各种款项结算；提示付款期限自出票日起最长不得超过2个月；见票即付，不予挂失，当场抵用；可以用于转账，注明"现金"字样的银行本票可以用于支取现金。现金银行本票的申请人和收款人均为个人；可以背书转让，填明"现金"字样的银行本票不能背书转让。

银行汇票存款是指企业为取得银行汇票按规定存入银行的款项。银行汇票是指由出票银行签发的，由其在见票时按照实际结算金额无条件支付给收款人或持票人的票据。使用银行汇票的单位先将款项交存出票银行。

知识拓展

银行汇票的特点：适用于单位、个人之间的需要在同城、异地进行商品交易、劳务供应和其他经济活动及债权债务的结算；可以用于转账，标明"现金"字样的银行汇票可以用于支取现金，但是标明"现金"字样的银行汇票不得背书转让；单位持银行汇票购货，凡在银行汇票的汇款金额之内的，可根据实际采购金额办理支付，多余款项将由银行自动退回；银行汇票一律记名。在汇票中指定某个特定人为收款人，其他任何人都无权领款；但如果指定收款人以背书方式将领款权转让给其指定的收款人，其指定的收款人有领款权；提示付款期为1个月。

信用证保证金存款是指企业为取得信用证按规定存入银行的保证金。信用证是指开证银行应申请人的要求并按其指示向第三方开立的载有一定金额的，在一定的期限内凭符合规定的单据付款的书面保证文件。信用证是国际贸易中最主要、最常用的支付方式。

信用卡存款是指企业为取得信用卡按照规定存入银行的款项。信用卡是指商业银行向个人和单位签发的，凭此在特约单位购物、消费和向银行存取现金，并且具有消费信用的特别载体卡片。信用卡按使用对象分为单位卡和个人卡。

存出投资款是指企业已存入证券公司但尚未进行投资的资金。

设置账户

为了核算其他货币资金的收支和结算，企业需要设置"其他货币资金"账户。

账户性质：属于资产类账户。

账户结构：借方登记其他货币资金的增加数，贷方登记其他货币资金的减少数，期末余额在借方，表示企业持有的其他货币资金数额。

明细核算：按其他货币资金的种类设置"外埠存款""银行本票存款""银行汇票存款""信用证保证金存款""信用卡存款""存出投资款"等明细账，进行明细分类核算。

一、外埠存款的账务处理

账务处理

外埠存款的核算，需要通过设置"其他货币资金——外埠存款"明细账户进行。

（1）申请开户：企业将款项汇往采购地银行开立采购专户时，应根据"开户申请"回单，借记"其他货币资金——外埠存款"，贷记"银行存款"。

（2）支付采购款：应根据增值税专用发票等原始凭证，借记"在途物资"（或"原材料"）、"应交税费——应交增值税（进项税额）"，贷记"其他货币资金——外埠存款"。

（3）退回多余款项：企业采购结束，应及时销户，并退回多余款项时，借记"银行存款"，贷记"其他货币资金——外埠存款"。

经典实例

【例2-1-15】7月1日，滨海盛泰公司通过银行汇款100 000元在上海开立临时采购专户，用于采购材料；7月15日，收到从上海致远公司购入的乙材料，取得的增值税专用发票上所列价款为80 000元，增值税税额为10 400元。价税款已结清，材料验收入库；7月30日，该采购专户中的结余款已转回。

编制会计分录如下。

（1）7月1日，开立采购专户时：

借：其他货币资金——外埠存款　　　　　　　　　100 000.00

　　贷：银行存款　　　　　　　　　　　　　　　　　100 000.00

［所附单据］银行结算账户申请书复印件、银行付款通知、银行收款通知。

（2）7月15日，收到材料时：

借：原材料——乙材料　　　　　　　　　　　　　80 000.00

　　应交税费——应交增值税（进项税额）　　　　10 400.00

　　贷：其他货币资金——外埠存款　　　　　　　　　90 400.00

［所附单据］购销合同复印件、增值税专用发票、收料单、银行付款通知。

（3）7月30日，收到转回的余款时：

借：银行存款　　　　　　　　　　　　　　　　　9 600.00

　　贷：其他货币资金——外埠存款　　　　　　　　　9 600.00

［所附单据］撤销银行结算账户申请书复印件、银行收款通知等。

二、银行本票存款的账务处理

账务处理

银行本票存款的核算，需要通过设置"其他货币资金——银行本票存款"明细账户进行。

（1）申请签发：企业将款项交存出票银行收到银行本票时，根据银行盖章退回的"银行本票申请书"存根联，借记"其他货币资金——银行本票存款"，贷记"银行存款"。

（2）办理结算：企业持银行本票购货，应根据购货发票等，借记"材料采购"（或"原材料""库存商品"）、"应交税费——应交增值税（进项税额）"等，贷记"其他货币资金——银行本票存款"。

（3）超期退款：如果企业因本票超过付款期限等原因未曾使用而要求银行退款时，借记"银行存款"，贷记"其他货币资金——银行本票存款"。

名师点拨

对于企业取得的银行本票，银行只办理全额结算，不退回多余款项，结算后仍有多余款项时，可采用支票或现金等其他方式退回企业。

经典实例

【例2-1-16】7月4日，滨海盛泰公司从银行结算户划款113 000元，申请办理银行本票。7月5日，采购甲材料，收到的增值税专用发票上注明的价款为100 000元，增值税税额为13 000元，以银行本票支付货款。

编制会计分录如下。

（1）7月4日，公司收到本票时：

借：其他货币资金——银行本票存款　　　　　113 000.00

　　贷：银行存款　　　　　　　　　　　　　　　　　113 000.00

［所附单据］业务委托书回执。

（2）采购原材料时：

借：材料采购——甲材料　　　　　　　　　　100 000.00

　　应交税费——应交增值税（进项税额）　　　13 000.00

　　贷：其他货币资金——银行本票存款　　　　　　113 000.00

［所附单据］购销合同复印件、增值税专用发票、收料单、银行本票第二联复印件等。

三、银行汇票存款的账务处理

账务处理

银行汇票存款的核算，需要通过设置"其他货币资金——银行汇票存款"明细账户进行。

（1）申请签发：企业将款项交存出票银行收到银行汇票时，根据"银行汇票申请书"存根联，借记"其他货币资金——银行汇票存款"，贷记"银行存款"。

（2）办理结算：企业持银行汇票购货并收到购货发票时，借记"物资采购"（或"原材料""库存商品"）、"应交税费——应交增值税（进项税额）"等，贷记"其他货币资金——银行汇票存款"。

（3）银行退款：银行汇票使用完毕，退回多余款项，或因汇票超过付款期限未曾使用而要求银行退款时，借记"银行存款"，贷记"其他货币资金——银行汇票存款"。

经典实例

【例2-1-17】7月3日，滨海盛泰公司到银行申请办理一张金额为50 000元的银行汇票，银行受理后开出银行汇票、解讫通知；7月6日，购进甲材料，取得的增值税发票上注明的价款为40 000元，增值税额为5 200元，价税款已结清，材料验收入库；7月10日，公司收到银行转回的多余款。

编制会计分录如下。

（1）7月3日，申请银行汇票时：

借：其他货币资金——银行汇票存款　　　　　50 000.00

　　贷：银行存款　　　　　　　　　　　　　　　　　50 000.00

［所附单据］业务委托书回执。

（2）7月6日，购进甲材料时：

借：原材料——甲材料　　　　　　　　　　　40 000.00

　　应交税费——应交增值税（进项税额）　　　5 200.00

　　贷：其他货币资金——银行汇票存款　　　　　　　45 200.00

［所附单据］购销合同复印件、增值税专用发票、收料单、银行汇票第二联和第三联复印件。

（3）7月10日，收到银行余款划回通知时：

借：银行存款　　　　　　　　　　　　　　　　　　4 800.00

　　贷：其他货币资金——银行汇票存款　　　　　　　　　4 800.00

［所附单据］银行汇票第四联。

四、信用证保证金的账务处理

账务处理

信用证保证金的核算，需要通过设置"其他货币资金——信用证保证金存款"明细账户进行。

（1）申请开证：企业填写信用证申请书，将信用证保证金交存银行时，应根据银行盖章退回的"信用证申请书"回单，借记"其他货币资金——信用证保证金存款"，贷记"银行存款"。

（2）收到来单通知：企业接到开证行通知，根据供货单位信用证结算凭证及所附发票账单，借记"材料采购"（或"原材料""库存商品"）、"应交税费——应交增值税（进项税额）"等，贷记"其他货币资金——信用证保证金存款"。

（3）退回余款：未用完的信用证保证金存款余额转回开户银行时，借记"银行存款"，贷记"其他货币资金——信用证保证金存款"。

经典实例

【例2-1-18】7月2日，滨海盛泰公司向银行申请开立1 000 000元的信用证，用于支付从境外DJ公司采购的材料价款；7月15日，收到境外DJ公司发来的丁材料及银行转来的信用证结算来单通知书、海关进口增值税专用缴款书等有关凭证，材料价款为800 000元，增值税税额为104 000元（暂不考虑进口关税），价税款已结清，材料尚未收到；7月30日，余款6 000元已退回公司开户银行。

编制会计分录如下。

（1）7月2日，申请开立信用证时：

借：其他货币资金——信用证保证金存款　　　　　　1 000 000.00

　　贷：银行存款　　　　　　　　　　　　　　　　　　1 000 000.00

［所附单据］开立信用证申请书复印件、转账支票存根、进账单回单、收账通知等。

（2）7月15日，支付款项时：

借：在途物资——丁材料　　　　　　　　　　　　　　800 000.00

　　应交税费——应交增值税（进项税额）　　　　　　104 000.00

　　贷：其他货币资金——信用证保证金存款　　　　　　　904 000.00

［所附单据］购销合同复印件、信用证来单通知、海关进口增值税专用缴款书、银行转账凭证付款通知。

（3）收到退回余款时：

借：银行存款　　　　　　　　　　　　　　　　　　6 000.00

　　贷：其他货币资金——信用证保证金存款　　　　　　　6 000.00

［所附单据］银行收款通知。

五、信用卡存款的账务处理

账务处理

信用卡存款的核算，需要通过设置"其他货币资金——信用卡存款"明细账户进行。

（1）申请信用卡：企业申请信用卡，应填写信用卡申请表，连同支票（银行要求缴存本佣金）和有关资料一并送存发卡银行，根据银行盖章退回的缴存本佣金的进账单和支票存根，借记"其他货币资金——信用卡存款"，贷记"银行存款"。

（2）持卡付款：企业用信用卡购物或支付有关费用，根据取得的有关发票或单据，借记"管理费用"等，贷记"其他货币资金——信用卡存款"。

（3）退卡销户：企业的持卡人如果不需要继续使用信用卡时，应持信用卡主动到发卡银行办理销户。销卡时，单位卡账户余额转入企业基本存款户，不得提取现金，借记"银行存款"，贷记"其他货币资金——信用卡存款"。

经典实例

【例2-1-19】7月10日，滨海盛泰公司将银行存款20 000元存入信用卡；7月20日，公司用信用卡支付业务招待费8 000元（含增值税452.83元，增值税税率为6%）；7月30日，收到信用卡存款利息30.26元。

编制会计分录如下。

（1）办理信用卡时：

借：其他货币资金——信用卡存款　　　　　　　　　　　20 000.00

　　贷：银行存款　　　　　　　　　　　　　　　　　　　　20 000.00

［所附单据］信用卡申请复印件、转账支票存根、进账单回单、收账通知等。

（2）支付招待费时：

借：管理费用——业务招待费　　　　　　　　　　　7 547.17

　　应交税费——应交增值税（进项税额）　　　　　452.83

　　　贷：其他货币资金——信用卡存款　　　　　　　　　8 000.00

［所附单据］增值税专用发票、消费清单等。

（3）收到存款利息时：

借：其他货币资金——信用卡存款　　　　　　　　　30.26

　　贷：财务费用　　　　　　　　　　　　　　　　　30.26

［所附单据］银行存款利息收入通知。

六、存出投资款的账务处理

账务处理

存出投资款的核算，需要通过设置"其他货币资金——存出投资款"明细账户进行。

（1）划出资金：企业向证券公司划出资金时，应按实际划出的金额，借记"其他货币资金——存出投资款"，贷记"银行存款"。

（2）购买金融产品：企业购买股票、债券等时，借记"交易性金融资产"等，贷记"其他货币资金——存出投资款"。

经典实例

【例2-1-20】7月1日，某公司向上海证券公司存入资金2 000 000元。7月11日，该公司用存在上海证券公司的款项购买股票一批，准备随时用于出售，实际支付金额1 800 000元。

编制会计分录如下。

（1）7月1日，存入证券公司款项时：

借：其他货币资金——存出投资款 　　　　　2 000 000.00

　　贷：银行存款 　　　　　　　　　　　　　　　　2 000 000.00

［所附单据］银行付款通知。

（2）7月11日，购买股票时：

借：交易性金融资产——股票投资 　　　　　1 800 000.00

　　贷：其他货币资金——存出投资款 　　　　　　　1 800 000.00

［所附单据］股票交割单。

知识巩固

一、单项选择题

1. 在企业资产中，流动性最强的是（　　　　）。

A. 应收账款　　　　　　B. 存货　　　　　　C. 库存现金　　　　　　D. 应收票据

2. 企业不该用现金支付的是（　　　　）。

A. 支付物资采购货款2 000元　　　　　　　　B. 支付办公用品费260元

C. 支付职工差旅费3 500元　　　　　　　　　D. 支付职工奖金10 000元

3. 企业日常零用现金、工资、奖金等现金的支取，只能通过（　　　）办理。

A. 基本存款户　　　　B. 一般存款户　　　　C. 临时存款户　　　　D. 专用存款户

4. 为采购材料开出的现金支票通过（　　　）科目核算。

A. 库存现金　　　　　B. 银行存款　　　　　C. 应付票据　　　　　D. 其他货币资金

5. 下列项目中不通过"其他货币资金"科目核算的是（　　　）。

A. 银行汇票存款　　　B. 银行本票存款　　　C. 信用卡存款　　　　D. 转账支票

二、多项选择题

1. 有关企业的库存现金限额的表述中，正确的是（　　　　）。

A. 库存现金限额一般按照企业3~5天日常零星开支所需现金确定

B. 远离银行或交通不便的企业，可按多于5天但不得超过15天的日常支出来核定

C. 库存限额一经核定，企业必须严格遵守

D. 企业可以根据业务需要，自行调整库存现金限额

2. 企业开设在银行的存款账户分为（   ）。

A. 基本存款户   B. 一般存款户   C. 临时存款户   D. 专用存款户

3. 下列银行结算方式中，通过"银行存款"科目核算的银行支付结算方式有（   ）。

A. 支票   B. 托收承付   C. 银行本票   D. 委托收款

4. 同城、异地均可使用的银行结算方式有（   ）。

A. 支票   B. 托收承付   C. 银行汇票   D. 委托收款

5. 下列各项中，应通过"其他货币资金"科目核算的有（   ）。

A. 银行汇票存款   B. 信用卡存款   C. 外埠存款   D. 存出投资款

三、判断题

1. 在现金清查中，如有白条，可以抵充现金，以便账实相符。（   ）

2. 银行存款的清查一般采用实地盘点法。（   ）

3. 银行存款余额调节表不仅可以用来核对账目，还可以作为调整银行存款账面余额的原始凭证。（   ）

4. 如果调节后双方余额相等，说明银行存款日记账余额与银行对账单余额不符是因为未达账项造成的，没有记账错误。（   ）

5. 企业收到对方以转账支票支付的货款，计入"其他货币资金"科目。（   ）

任务小结

货币资金包括库存现金、银行存款和其他货币资金，是流动性最强的一项资产。货币资金核算包括库存现金核算、银行存款核算、其他货币资金核算等业务。

库存现金核算是指在经济往来中直接使用现金进行收付结算的行为，简称现金结算。企业必须在规定范围内使用现金；企业应设置"库存现金"账户，分别进行现金的总分类核算和明细分类核算。要定期进行现金清查，做到日清月结。

银行存款核算是指在经济往来中通过银行转账方式进行收付结算的行为，是现金结算的对称；企业必须在银行开设结算账户（基本存款账户、一般存款账户、临时存款账户和专用存款账户）；企业要根据不同性质的款项收支，考虑结算金额的大小及对方信用等因素进行综合分析，选择适当的支付结算方式（支票、银行本票、银行汇票、商业汇票、托收承付、委托收款、汇兑、信用卡及信用证等）；要严格按照国家有关规定，正确地进行银行存款收支业务的结算；企业应设置"银行存款"科目，分别进行企业银行存款的总分类核算和明细分类核算；为保证银行存款的安全与完整，要定期进行银行存款的清查。

其他货币资金核算包括"两银、两信、两存"核算，即银行汇票存款、银行本票存款（两银）、信用卡存款、信用证保证金存款（两信）、外埠存款、存出投资款（两存）核算。企业应设置"其他货币资金"科目，核算和监督其他货币资金的增减变化和结存情况。

核算内容	设置账户	账务处理内容	重点、难点
货币资金	库存现金	库存现金	1. 现金收入 2. 现金支出 3. 现金清查	★★
	银行存款	银行存款	1. 银行存款增加 2. 银行存款减少 3. 编制银行存款余额调节表	★★
	其他货币资金	其他货币资金（银行汇票存款、银行本票存款、信用卡存款、信用证存款、存出投资款、外埠存款）	1. 办理或开立 2. 收到发票账单 3. 收到多余退款	★ ★ ★

技能训练

一、练习库存现金的账务处理

1. 实训资料

滨海市致远有限责任公司（以下简称"滨海致远公司"）为一般纳税人，开户银行核定的库存限额为3 000元。7月1日"现金日记账"期初结余为2 500元，当日发生下列经济业务。

（1）出售甲产品2件，收到现金904元（含增值税104元）。

（2）采购员李旭借支差旅费2 000元，以现金付给。

（3）李旭出差回来报销差旅费2 280元（其中市内交通费80元，往返飞机票2 100元，伙食补助100元），补付现金280。

（4）从银行提取现金1 000元，补充库存限额。

（5）向某个人出售乙产品，价款4 000元，增值税520元，已收足现金。

（6）向银行送存现金4 520元。

（7）从滨海市文化用品店购买办公用品542元，用现金支付。

（8）盘点现金，发现短款10元。

（9）经查明并报经批准，上述库存现金短缺10元由出纳人员张涛赔偿，款项尚未收到。

2. 实训要求

（1）根据上述资料编制会计分录。

（2）设置并登记"库存现金"的丁字形账户。

二、练习银行存款的账务处理

1. 实训资料

7月1日，滨海致远公司银行存款期初余额为2 419 580.25元。当月公司发生下列经济业务。

（1）2日，开出现金支票，从银行提取现金10 000元。

（2）5日，采购员李旭从合肥宏达公司购买材料，通过银行电汇支付材料货款共计113 000元，取得的增值税专用发票上注明的材料价款100 000元，增值税额13 000元。材料尚未收到。

（3）9日，向开户银行申请银行汇票一张，收款人为常州市智信有限责任公司，金额169 500元。

（4）13日，开出转账支票369 512.45元，委托银行代发职工工资。

（5）14日，银行转来委托收款结算收款通知，收到深圳市红星有限责任公司支付的货款共计127 100元，其中价款110 000元，增值税14 300元，代垫运费2 800元。

（6）16日，用转账支票支付销售部门的宣传费15 000元。

（7）21日，持银行汇票从常州市智信有限责任公司采购材料，取得的增值税专用发票上注明的价款为150 000元，增值税额19 500元，价税合计169 500元。材料已验收入库。

（8）22日，银行转来同城委托收款凭证，支付行政管理部门的水电费12 548.05元。

（9）27日，公司收到了滨海市申达有限责任公司开出的转账支票一张，支付购货款158 500元，出纳员赵冬梅持支票到银行办理了进账手续。

（10）8月3日，到银行打印对账单（见图2-1-12）。

注：7月25日的281.43元为银行存款利息收入；7月31日的3 165.41元为支付电话费。

2. 实训要求

（1）根据上述资料编制会计分录。

（2）设置并登记"银行存款"的丁字形账户。

（3）编制银行存款余额调节表。

中国建设银行客户存款对账单

网点号：0301　　　　　　　　币种：人民币　　　　　　　　单位：元

账号：×××××20000019642418　　　　　　　户名：滨海市盛泰实业有限责任公司

日期	交易类型	凭证号	对方户名	摘要	借方发生额	贷方发生额	余额	记账信息
7月01日				期初			2 419 580.25	略
7月02日	现支	略	略	略	10 000.00		2 409 580.25	
7月05日	电汇	略	略	略	113 000.00		2 296 580.25	
7月09日	银汇	略	略	略	169 500.00		2 127 080.25	
7月13日	转支	略	略	略	369 512.45		1 757 567.80	
7月14日	委收	略	略	略		127 100.00	1 884 667.80	
7月16日	转支	略	略	略	15 000.00		1 869 667.80	
7月21日	银汇	略	略	略	169 500.00		1 700 167.80	
7月22日	委托收款				12 548.05		1 687 619.75	
7月25日	资金汇划补充凭证					281.43	1 687 901.18	
7月27日	转支					158 500.00	1 846 401.18	
7月31日	委托收款				3 165.41		1 843 235.77	

截至2023年07月31日，账户余额为：1 843 235.77　　　　可用余额为：1 843 235.77

图 2-1-12

三、练习其他货币资金的账务处理

1. 实训资料

滨海致远公司7月发生有关经济业务如下。

（1）开出支票购入1#材料（按实际成本计价）一批，增值税专用发票上注明的价款10 000元，增值税额1 300元，材料尚未收到。

（2）从银行划款250 000元，向开户行申请签发银行汇票，以赴外地采购一套生产设备。

（3）从神虹公司购进一套生产设备，增值税专用发票上注明的价款200 000元，增值税26 000元，价税款用银行汇票支付，设备已安装并投入使用。

（4）上述银行汇票从神虹公司购入设备的余额24 000元，转回基本存款户。

（5）出售甲产品一批，价款10 000元，增值税1 300元，收到银行本票一张，面额为11 300元，送存银行，并收到回单。

（6）从银行存款账户汇款200 000元到青岛工商银行，设立采购专户。

（7）从青岛购进2#材料共计100吨，增值税专用发票上注明的价款170 000元，增值税22 100元，价税款合计192 100元，从采购专户转账支付，材料收到并验收入库（按实际成本计价），余款转回企业银行账户。

2. 实训要求

（1）根据上述资料编制会计分录。

（2）设置并登记"其他货币资金"的丁字形账户。

任务二　应收款项的账务处理

任务目标

【知识目标】

1. 掌握应收款项的入账价值。

2. 熟悉商业折扣、现金折扣的含义和现实用途。

3. 掌握应收票据贴现的计算。

4. 掌握应收款项的账务处理。

5. 熟悉坏账损失的确认条件及计提坏账准备的方法。

【技能目标】

1. 能审核、填制应收款项业务相关的原始凭证和记账凭证。

2. 能设立并登记应收款项及坏账准备总分类账和明细分类账。

【素养目标】

1. 具有与客户沟通、协调、催收能力和独立解决问题的能力。

2. 具有强烈的责任心和主人翁意识，树立爱岗敬业精神。

3. 具有敏锐的观察力和防控坏账风险意识。

任务描述

在竞争日益激烈的市场经济条件下，滨海盛泰公司为了扩大产品销售，减少库存积压，采用赊销方式，出售给光明公司B产品1 000件，单位售价100元，增值税税率为13%，款项未收到。

讨论与思考：在什么情况下会产生应收款项？应收款项包括哪些具体内容？会计上如何进行处理？

提出任务：如何进行应收款项的账务处理？

任务分解

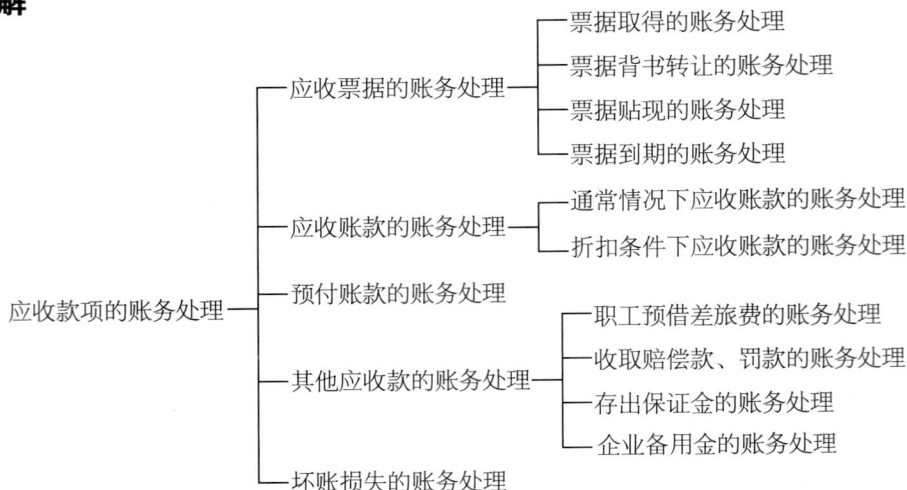

任务实施

应收款项是指企业在生产经营过程中，因商品交易、劳务供给和其他往来业务而形成的应收未收或暂付应收的各种款项。企业在生产经营过程中发生的各种应收款项，属于企业的短期债权，是企业流动资产的重要组成部分。应收款项包括应收票据、应收账款、预付账款和其他应收款等。

活动一　应收票据的账务处理

知识准备

应收票据是指企业因销售商品、提供劳务等而持有的未到期或未兑现的商业汇票。

商业汇票是一种由出票人签发，委托付款人在见票时或在指定日期无条件支付确定的金额给收款人或持票人的票据。

商业汇票的付款期限，最长不得超过6个月。根据承兑人不同，商业汇票分为商业承兑汇票和银行承兑汇票。商业承兑汇票的承兑人是企业，银行承兑汇票的承兑人是银行。后者信用度较高，在实际工作中较为广泛使用。

商业汇票按是否带息划分，分为带息票据和不带息票据。带息票据是票面注明利息的应收票据，票据到期时，承兑人必须按照票面金额加上应计利息向收款人或被背书人支付票款；不带息票据是票面不带利息的应收票据，票据到期时，付款人只按票面的金额支付给持票人。

商业汇票只适用于各单位之间根据购销合同进行合法的商品交易；在同城、异地均可使用，而且没有结算起点的限制；商业汇票流通性较强，可以背书转让、向银行贴现或抵押。

设置账户

为了核算企业因销售商品、提供劳务等而收到的商业汇票，企业需要设置"应收票据"账户。

账户性质：属于资产类账户。

账户结构：借方登记取得的应收票据的票面金额，贷方登记到期收回、转让、贴现及到期无法收回而转出的应收票据的票面金额。期末借方余额表示企业持有的商业汇票的票面金额。

明细核算：按开出、承兑商业汇票的单位设置明细账，进行明细分类核算。

另外，企业还应当设置"应收票据备查簿"，逐笔登记商业汇票的种类、号数和出票日期、票面金额、交易合同号和付款人、承兑人、背书人的姓名或单位名称、到期日、背书转让日、贴现日期、贴现率、贴现净额及收款日和收回金额、退票情况等资料。商业汇票到期结清票款或退票后，应当在备查簿中予以注销。

名师点拨

应收票据仅限于商业汇票，支票、银行本票及银行汇票均为见票即付的票据，不列为应收票据处理；银行承兑汇票和商业承兑汇票应当通过"应收票据"科目核算，而银行汇票和银行本票均是通过"其他货币资金"科目核算；企业因销售商品等收到商业汇票，列为"应收票据"；企业因购货开出、承兑的商业汇票，列为"应付票据"。

一、票据取得的账务处理

账务处理

企业取得的商业汇票，可能是带息票据，也可能是不带息票据，应根据实际情况进行不同的账务处理。

（一）取得不带息票据的账务处理

企业取得不带息票据时，应按实际收到的商业汇票的面值入账。商业汇票取得的原因不同，其账务处理亦有所不同。

（1）因债务人抵偿前欠货款而取得的商业汇票，按票据面值，借记"应收票据"，贷记"应收账款"。

（2）因销售商品、提供劳务等而收到的商业汇票，按票据面值，借记"应收票据"，按实现的营业收入，贷记"主营业务收入"，按应交的增值税额，贷记"应交税费——应交增值税（销项税额）"。

（二）取得带息票据的账务处理

企业取得带息票据时，同不带息票据账务处理一样，但要在会计期末计提利息，借记"应收票据"，贷记"财务费用"。

有关计算公式为：

票据到期值＝面值＋票据利息＝面值×（1＋票面利率×票据期限）

应收票据利息＝面值×票面年利率÷12×计息月数

＝面值×票面年利率÷360×计息天数

知识拓展

票面利率有年利率、月利率、日利率三种表示方式，计算时必须与期限相对应。票据期限是指签发日至到期日的时间间隔（指有效期限）。票据期限按月表示时，应以到期月份中出票日相同的那天（对日）作为到期日，利率应换算为月利率计算利息；票据期限按日表示的，应从出票日起按实际经历的天数计算，即"算头不算尾"或"算尾不算头"。利率也应换算为日利率计算利息。

经典实例

【例2-2-1】7月2日，滨海盛泰公司销售一批B产品给国宏公司，价款为20 000元，增值税税率为13%。当日收到国宏公司开出的一张期限3个月、面值22 600元的不带息商业承兑汇票。

编制会计分录如下。

借：应收票据——国宏公司   22 600.00

　　贷：主营业务收入——B产品销售收入   20 000.00

　　　　应交税费——应交增值税（销项税额）   2 600.00

［所附单据］购销合同复印件、提货单、产品出库单、增值税专用发票记账联、商业承兑汇票（见图2-2-1）复印件等。

商业承兑汇票

出票日期：贰零贰叁 年 零柒 月 零贰 日　　　　　　　　　　006427

付款人	全称	滨海市盛泰实业有限责任公司	收款人	全称	蓝海市国宏有限责任公司
	账号	×××××20000019642418		账号	×××××20000030622369
	开户行	滨海市工商银行高新区支行		开户行	蓝海市交通银行建设路支行

出票金额	人民币（大写）贰万贰仟陆佰元整	千	百	十	万	千	百	十	元	角	分
				¥	2	2	6	0	0	0	0

汇票到期	2023 年 10 月 1 日	交易合同号	2023-7-303

本汇票已经承兑，到期无条件付款　　承兑人签章　赵冬梅　　承兑日期 2023 年 07 月 02 日	本汇票据于到期日付款　　出票人签章　赵冬梅

图 2-2-1

二、票据背书转让的账务处理

账务处理

企业持有的商业汇票可以背书转让。企业将持有的应收票据背书转让以取得所需物资时，借记"材料采购"（或"原材料""库存商品"等），按增值税专用发票上注明的增值税税额，借记"应交税费——应交增值税（进项税额）"，按票据的票面金额，贷记"应收票据"。

知识拓展

　　背书是指在票据背面或粘单上记载有关事项并签章的票据行为。背书人对背书转让的票据承担责任。票据背书转让时，背书人在票据背面签章，并记载被背书人名称、背书日期。被拒绝付款或超过付款期的票据不得背书转让。

经典实例

【例2-2-2】7月6日，滨海盛泰公司向致远公司购入一批甲材料，取得的增值税专用发票上注明的价款为30 000元，增值税3 900元。滨海盛泰公司用国宏公司7月2日开出的不带息商业承兑汇票抵付该批甲材料款，不足部分以银行存款支付，原材料已验收入库。

编制会计分录如下。

借：原材料——甲材料 30 000.00
　　应交税费——应交增值税（进项税额） 3 900.00
　　贷：应收票据——国宏公司 22 600.00
　　　　银行存款 11 300.00

［所附单据］购销合同复印件、银行承兑汇票复印件、增值税专用发票、材料入库单、银行付款通知等。

三、票据贴现的账务处理

票据贴现是指企业以未到期的票据向银行融通资金，银行按票据的应收金额扣除一定期间的贴现利息后，将余额付给企业的筹资行为。企业将未到期的商业汇票进行贴现时，获得的贴现金额计算公式为：

不带息票据贴现金额＝面值×（1－贴现率×贴现期）

带息票据贴现金额＝票据到期值×（1－贴现率×贴现期）

知识拓展

　　贴现利息是指企业付给银行的利息。贴现利率是指银行计算贴现利息的利率。贴现金额是指企业从银行获得的票面到期值扣除贴现利息后的货币收入。贴现期是指从票据贴现日至票据到期日之间的间隔，可按月计算，也可按天计算。

企业持未到期的票据向银行贴现时，应根据银行盖章退回的贴现凭证，按实际收到的金额（扣除贴现利息的净额），借记"银行存款"，按贴现利息额，借记"财务费用"，按票面金额，贷记"应收票据"。

经典实例

【例2-2-3】7月5日，滨海盛泰公司将持有的一张泰源公司的不带息商业承兑汇票，票面额56 500元，期限6个月，向银行申请贴现，贴现期为4个月，贴现年利率为6.3%。计算贴现利息、贴现金额，并编制有关会计分录如下。

贴现利息＝56 500×6.3%÷12×4＝1 186.50（元）

贴现金额＝56 500－1 186.50＝55 313.50（元）

借：银行存款 55 313.50

财务费用 1 186.50

贷：应收票据——泰源公司 56 500.00

［所附单据］贴现凭证（见图2-2-2）、商业承兑汇票复印件等。

中国工商银行 **贴现凭证**（收账通知） 4

持票人	名称	滨海市盛泰实业有限责任公司	贴现汇票	种类	商业承兑汇票		号码	002814
	账号	×××××20000019642418		发票日	2023 年 05 月 05 日			
	开户行	滨海市工商银行高新区支行		到期日	2023 年 11 月 04 日			

申请日期 2023 年 07 月 05 日 NO 54106

汇票承兑人（或银行）	蓝海市泰源有限责任公司	账号	20000030622105	开户行	蓝海市农业银行柳沙路支行

汇票金额	人民币（大写）伍万陆仟伍佰元整	千	百	十	万	千	百	十	元	角	分
				¥	5	6	5	0	0	0	0

贴现率 每月	0.525%	贴现利息	千	百	十	万	千	百	十	元	角	分	实付贴现额	千	百	十	万	千	百	十	元	角	分
							¥	1	1	8	6	5	0						¥	5	5	3	1	3	5	0

上述款项已入你单位账户

此致

中国工商银行滨海市红星支行
2023-07-05
银收讫章

2023 年 07 月 05 日

备注：

图 2-2-2

想一想

假如滨海盛泰公司持有的国宏公司的是一张带息商业承兑汇票，票面年利率为5%，贴现金额是多少？如何进行账务处理？

四、票据到期的账务处理

账务处理

票据到期的账务处理包括收到票款和未收到票款两种情况。

（1）票据到期收到票款：企业持有的票据到期收回款项时，按实际收到的金额，借记"银行存款"，贷记"应收票据"。如为带息票据，按其差额即票据利息，贷记"财务费用"。

（2）票据到期未收到票款：企业持有的银行承兑汇票到期，付款人无力付款，由承兑银行支付票款；企业持有的商业承兑汇票到期，付款人无力付款，借记"应收账款"，贷记"应收票据"。

经典实例

【例2-2-4】滨海盛泰公司1月5日收到的票面金额30 000元，期限6个月的商业承兑汇票，于7月5日持有至到期，收回票款存入银行。

编制会计分录如下。

借：银行存款　　　　　　　　　　　　　　　　30 000.00

　　贷：应收票据　　　　　　　　　　　　　　30 000.00

［所附单据］银行转账凭证收款通知、商业承兑汇票复印件等。

活动二　应收账款的账务处理

知识准备

应收账款是指企业因销售商品、提供劳务等经营活动，应向购货单位或接受劳务单位收取的款项。应收账款通常是由企业赊销活动引起的。

应收账款入账价值包括销售货物或提供劳务应收价款、应收增值税及代购货方垫付的包装费、运杂费等。

设置账户

为了核算和监督企业因销售商品、提供劳务等经营活动应收取的款项，需要设置"应收账款"账户。

账户性质：属于资产类账户。

账户结构：借方登记应收账款的发生数额，贷方登记应收账款的收回及确认的坏账损失。期末借方余额反映尚未收回的应收账款，如果期末余额在贷方，则反映企业预收的账款。

明细核算：按不同的债务人设置明细账，进行明细分类核算。

不单独设置"预收账款"账户的企业，预收的账款也可在"应收账款"账户中核算。

一、通常情况下应收账款的账务处理

账务处理

通常情况下应收账款的账务处理如下。

（1）发生应收账款：企业因赊销而发生应收账款时，按应收金额，借记"应收账款"，按实现的销售收入，贷记"主营业务收入"，按增值税专用发票上注明的增值税额，贷记"应交税费——应交增值税（销项税额）"，按企业代购货单位垫付的包装费、运杂费金额等，贷记"银行存款"。

（2）收回欠款：企业收回应收账款时，根据"银行转账凭证收款通知"，按实际收到的金额，借记"银行存款"，贷记"应收账款"。

【例2-2-5】滨海盛泰公司7月4日向光明公司销售A产品一批，价款为100 000元，增值税税额为13 000元，用银行存款支付代垫运杂费630元。7月15日，收到上述款项，存入银行。

编制会计分录如下。

（1）7月4日，销售商品，未收到款项时：

借：应收账款——光明公司   113 630.00

  贷：主营业务收入——A产品销售收入   100 000.00

    应交税费——应交增值税（销项税额） 13 000.00

    银行存款   630.00

［所附单据］购销合同复印件、提货单、产品出库单、增值税专用发票、增值税普通发票、托收凭证等。

（2）7月15日，收到款项时：

借：银行存款   113 630.00

  贷：应收账款——光明公司   113 630.00

［所附单据］银行收款通知。

二、折扣条件下应收账款的账务处理

在会计实务中，企业为了促销产品和尽快回款，往往实行折扣政策。商业折扣和现金折扣是两种不同形式的折扣方式，对应收账款入账价值的影响也不相同。

（一）商业折扣方式下销售商品

商业折扣是指企业为促进商品销售给予购买方一定价格上的扣除。一般用百分比来表示，如购买10件，给予价格折扣5%。

销售业务发生时，企业应收账款的入账价值是按扣除商业折扣后的实际售价、增值税及代垫的运杂费等确定，借记"应收账款"，贷记"主营业务收入""应交税费——应交增值税（销项税额）""银行存款"等。

> **名师点拨**
>
> 　　商业折扣实际上是对商品报价进行的折扣，目的是促销。销售实现时，商业折扣已为事实，应收账款是按折扣后的余额入账，即发生的商业折扣部分不计入应收账款的入账价值（商业折扣不入账）。销售收入按折扣后的售价确认。

【例2-2-6】7月10日滨海盛泰公司向光明公司销售一批B产品，因成批销售，给予光明公司10%的商业折扣。折扣前该批商品的售价为100 000元，增值税税率13%，代垫运杂费1 000元，上述款项未收到。

计算过程及编制会计分录如下。

应收账款的入账金额＝100 000×（1－10%）×（1＋13%）＋1 000＝102 700（元）

借：应收账款——光明公司   102 700.00

    贷：主营业务收入——B产品销售收入   90 000.00

      应交税费——应交增值税（销项税额）   11 700.00

      银行存款   1 000.00

［所附单据］ 购销合同复印件、提货单、产品出库单、增值税专用发票、增值税普通发票、托收凭证等。

（二）现金折扣方式下销售商品

现金折扣是指企业为了鼓励购买方在一定期限内早日偿还货款，对销售价格给予一定比率的扣减。现金折扣的表示方式为"2/10，1/20，n/30"，即购买方在10天内付款给予2%的折扣；20天内付款给予1%的折扣；30天内付款则无折扣。

（1）实现销售收入：在销售实现时，应当按现金折扣前的金额（实际售价）确定销售商品收入金额、增值税税额及应收账款的入账金额，借记"应收账款"，贷记"主营业务收入""应交税费——应交增值税（销项税额）"。

（2）收回货款：在现金折扣付款期内收回货款，按实际收到的款项，借记"银行存款"，按发生的现金折扣金额，借记"财务费用"，按现金折扣前的金额，贷记"应收账款"。

名师点拨

现金折扣的目的是尽快回款。不论是否存在现金折扣，都应按折扣前的全部价款（即包含现金折扣的金额）入账。现金折扣不计入应收账款入账价值，不影响应收账款入账价值。发生的现金折扣，视为加速资金周转的理财费用，计入当期财务费用，不影响应收账款入账价值。现金折扣是否包括增值税税额由交易双方规定。

经典实例

【例2-2-7】7月5日，滨海盛泰公司向国宏公司销售C产品一批，开出的增值税专用发票上注明的商品价款为200 000元，增值税税额为26 000元，双方商定的付款条件为2/10，1/20，n/30（现金折扣不考虑增值税），同时用银行存款支付代垫运杂费800元。上述款项未收到。

编制会计分录如下。

（1）7月5日，销售C产品：

借：应收账款——国宏公司   226 800.00

    贷：主营业务收入——C产品销售收入   200 000.00

      应交税费——应交增值税（销项税额）   26 000.00

      银行存款   800.00

［所附单据］购销合同复印件、提货单、产品出库单、增值税专用发票、增值税普通发票、托收凭证等。

（2）如果在1~10天内收到款项时，则：

实际收的款项＝200 000×（1－2%）＋26 000＋800＝222 800（元）

借：银行存款   222 800.00

    财务费用   4 000.00

      贷：应收账款——国宏公司   226 800.00

［所附单据］收款通知单。

（3）如果在10~20天内收到款项时，则：

实际收的款项＝200 000×（1－1%）＋26 000＋800＝224 800（元）

借：银行存款   224 800.00

    财务费用   2 000.00

      贷：应收账款——国宏公司   226 800.00

［所附单据］收款通知单。

活动三　预付账款的账务处理

知识准备

预付账款是指企业按照购货合同或劳务合同的规定，预先支付给供货方或劳务方的款项。

预付账款属于企业的一项短期性债权，是一项流动资产，主要包括企业预付的购货款、购货（或接受劳务）预付的定金、在建工程预付的工程款等。

名师点拨

预付账款和应收账款虽都属于企业的流动资产，但二者产生的原因不同。应收账款是企业应收的销货款，是由销货引起的；预付账款是企业预先支付的购货款，是由购货引起的。因此，两者应分别核算。

设置账户

为了核算和监督企业按照合同规定向购货单位或个人预收的货款或定金等，企业需要设置"预付账款"账户。

账户性质：属于资产类账户。

账户结构：借方登记预付款项和收货后补付的款项，贷方登记实际收到所购货物的应付金额和收回多付款项的金额。期末如为借方余额，表示企业预付的款项；期末如为贷方余额，则表示企业应补付的款项。

明细核算：按供应单位设置明细账，进行明细分类核算。

对于预付账款不多的企业，也可以不设置"预付账款"账户，而将预付的款项通过"应付账款"账户进行核算，直接计入"应付账款"科目的借方。

账务处理

预付账款的账务处理包括以下四种情况。

（1）预付货款：企业根据购货合同规定向销售方预付款项时，借记"预付账款"，贷记"银行存款"。

（2）收到货物：企业收到所购物资时，根据增值税专用发票，按照应计入所购物资成本的金额，借记"在途物资"（或"材料采购""原材料""库存商品"等），按可抵扣的增值税进项税额，借记"应交税费——应交增值税（进项税额）"，按照价税合计金额，贷记"预付账款"。

（3）补付货款：当预付账款小于采购货物所需支付的款项时，企业应当补付价款，借记"预付账款"，贷记"银行存款"。

（4）收回多余款项：当预付账款大于采购货物所需支付的款项时，企业应当收回多付的款项，借记"银行存款"，贷记"预付账款"。

经典实例

【例2-2-8】滨海盛泰公司于7月1日按合同预付给兴州公司购货款20 000元；7月25日，收到兴州公司发来的甲原材料，材料已验收入库，专用发票列明材料价款为30 000元，增值税额3 900元；7月25日以存款补付上述差价款。

编制会计分录如下。

（1）7月1日，企业预付购货款时：

借：预付账款——兴州公司   20 000.00

    贷：银行存款   20 000.00

［所附单据］购销合同复印件、银行转账凭证付款通知。

（2）7月25日，企业收到所购材料时：

借：原材料——甲材料   30 000.00

    应交税费——应交增值税（进项税额）   3 900.00

    贷：预付账款——兴州公司   33 900.00

［所附单据］增值税专用发票、收料单等。

（3）7月25日，企业补付价款时：

借：预付账款——兴州公司   13 900.00

    贷：银行存款   13 900.00

［所附单据］银行转账凭证付款通知。

想一想

假如滨海盛泰公司没有设置"预付账款"账户，发生的预付账款如何进行账务处理？

活动四　其他应收款的账务处理

知识准备

其他应收款是指除应收票据、应收账款、预付账款、应收利息、应收股利等以外的其他各种应收、暂付款项。主要包括以下四项。

（1）应收各种赔偿款、罚款。

（2）应收的出租包装物租金。

（3）应向职工收取的各种垫付款项（如为职工垫付的水电费、房租费等，应由职工个人负担的医药费）。

（4）存出保证金（如租入包装物支付的押金）。

设置账户

为了核算除应收票据、应收账款、预付账款等以外的其他各种应收、暂付款项，企业应设置"其他应收款"账户。

账户性质：属于资产类账户。

账户结构：借方登记其他应收款项的增加数，贷方登记其他应收款的收回数。期末借方余额表示尚未收回的其他应收款项。

明细核算：按不同的债务人设置明细账，进行明细分类核算。

其他应收款的账务处理主要包括职工预借差旅费、收取赔偿款、罚款、存出保证金及备用金等内容。

一、职工预借差旅费的账务处理

账务处理

职工预借差旅费和报销差旅费的账务处理。

（1）预借差旅费：企业职工因公外出，预借差旅费时，根据"借款单"，按借款数额，借记"其他应收款"，贷记"库存现金"。

（2）报销差旅费：企业职工报销差旅费时，根据"差旅费报销单"，按报销金额，借记"管理费用"，贷记"其他应收款"；交回剩余款时，根据"收款收据"，按交回现金数额，借记"库存现金"，贷记"其他应收款"；需要补报不足的费用时，借记"管理费用"，贷记"库存现金"。

经典实例

【例2-2-9】7月2日，滨海盛泰公司采购员张大洋出差预借差旅费4 000元。

编制会计分录如下。

借：其他应收款——张大洋　　　　　　　　　　4 000.00

　　贷：库存现金　　　　　　　　　　　　　　　　4 000.00

［所附单据］借款单。

【例2-2-10】7月6日，滨海盛泰公司采购员张大洋出差归来，报销差旅费3 400元，交回剩余现金600元。

编制会计分录如下。

借：管理费用——差旅费　　　　　　　　　　　3 400.00

　　库存现金　　　　　　　　　　　　　　　　　600.00

　　贷：其他应收款——张大洋　　　　　　　　　　4 000.00

［所附单据］差旅费报销单、收款收据（见图2-2-3）等。

收款收据

2023 年 7 月 6 日　　　　　　　　No 0000782

今收到　　张大洋

交　来　　借款余额

人民币（大写）　陆佰元整　　　　　　　¥：600.00

收款人：　　赵冬梅　　　　　　收款单位（盖章）

图 2-2-3

二、收取赔偿款、罚款的账务处理

账务处理

收取赔偿款、罚款的账务处理如下。

（1）确认赔偿款、罚款：当企业确认赔偿款或罚款时，根据"财产清查报告单"或"处罚决定书"等，按赔偿款数额或罚款数额，借记"其他应收款"，贷记"待处理财产损溢"。

（2）收到赔偿款、罚款：当企业收到赔偿款、罚款时，根据"收款收据"，按实际收到的款项数额，借记"库存现金"（或"银行存款"等），贷记"其他应收款"。

经典实例

【例2-2-11】7月6日，滨海盛泰公司发生的C材料损失1 200元，经批准，由责任人保管员王俊赔偿。7月10日，王俊交来现金1 200元。

编制会计分录如下。

（1）7月6日，经批准由责任人赔偿时：

借：其他应收款——王俊　　　　　　　　　　　1 200.00

　　贷：待处理财产损失——待处理流动资产损溢　　　1 200.00

［所附单据］财产清查报告单。

（2）7月10日，收到现金时：

借：库存现金　　　　　　　　　　　　　　　　1 200.00

　　贷：其他应收款——王俊　　　　　　　　　　1 200.00

［所附单据］收款收据。

三、存出保证金的账务处理

账务处理

存出保证金的账务处理有支付押金和收回押金两种情况。

（1）支付押金：企业支付押金时，根据"银行付款通知"等，按支付的金额，借记"其他应收款"，贷记"银行存款"。

（2）收回押金：企业收回押金时，根据"银行收款通知"等，按收到的金额，借记"银行存款"，贷记"其他应收款"。

【例2-2-12】7月3日，滨海盛泰公司借入昌租公司包装物一批，用银行存款支付包装物押金6 000元。7月23日，滨海盛泰公司按期如数返还包装物，并收到昌租公司退回的押金。

编制会计分录如下。

（1）7月3日，支付押金时：

借：其他应收款——昌租公司   6 000.00

  贷：银行存款   6 000.00

［所附单据］租赁协议复印件、银行付款通知、代管物资清单、收款收据等。

（2）7月23日，收回押金时：

借：银行存款   6 000.00

  贷：其他应收款——昌租公司   6 000.00

［所附单据］银行收款通知。

四、企业备用金的账务处理

备用金是指企业拨付给企业内部各部门周转使用的备用款项。企业备用金可通过"其他应收款——备用金"科目核算，也可单独设置"备用金"账户进行核算。

（1）拨付备用金：企业财会部门拨付备用金时，按拨付的金额，借记"其他应收款"，贷记"银行存款"。

（2）报销费用：企业内部部门报销费用时，按报销的费用数额，借记"管理费用"等，贷记"银行存款"（或"库存现金"）。

（3）收回备用金：企业收回备用金时，按收回的金额，借记"库存现金"，贷记"其他应收款"。

【例2-2-13】滨海盛泰公司行政管理部门实行定额备用金制度，财会部门根据核定的定额10 000元，开出现金支票拨付。

编制会计分录如下。

借：其他应收款——行政管理部门（备用金） 10 000.00

  贷：银行存款   10 000.00

［所附单据］现金支票存根、借款单等。

【例2-2-14】行政管理部门向财会部门报销日常办公用品购置费、接待费等1560.58元，财会部门经审核有关单据后，同意报销，并以现金补足定额。

编制会计分录如下。

借：管理费用——办公费   1 560.58

  贷：库存现金   1 560.58

［所附单据］增值税普通发票。

活动五 坏账损失的账务处理

一、坏账损失的确认

企业发生的各种应收款项，可能会因购货人拒付、破产、死亡等原因而无法收回或收回的可能性很小。

坏账是指确实无法收回或收回的可能性很小的应收款项。企业由于发生坏账所导致的损失称为坏账损失。企业应当在资产负债表日对应收款项进行检查，如果有客观证据表明该应收款项确实无法收回或收回的可能性很小，应当确认为坏账损失。

知识拓展

应收款项发生坏账损失的客观证据主要包括：①债务人发生严重财务困难，较长时间内未履行其偿债义务，并有足够的证据表明无法收回或收回可能性极小的账款；②债务人违反了合同条款，如发生违约或逾期等；③债务人死亡，以其遗产清偿后仍然无法收回的账款；④债务人破产，以其破产财产清偿后仍然无法收回的账款。

坏账损失的计提范围包括应收账款、其他应收款。

名师点拨

应收票据本身不得计提坏账准备，当应收票据的可收回性不确定时，应当转入应收账款后计提坏账准备。企业的预付账款如有确凿证据表明其已经不符合预付账款的性质，或者因供货单位破产、撤销等原因已无法收到所购货物时，应将原计入预付账款的金额转入其他应收款，并计提坏账准备。

二、计提坏账准备的方法

根据现行会计准则规定，企业采用备抵法核算坏账损失。

备抵法是指在坏账损失实际发生前按期估计坏账损失，形成坏账准备，当有应收款项被确认为坏账时，据以冲减坏账准备，同时转销相应的应收款项金额的方法。

提取坏账准备的计算步骤如下。

首先，计算本期期末"坏账准备"账户应有的余额：

当期按应收款项计算应提"坏账准备"金额＝当期期末应收款项账户余额×提取比例

其次，计算当期应计提的坏账准备金额或应冲减的坏账准备金额：

当期应计提的坏账准备金额＝当期按应收款项计算应提坏账准备金额－（或＋）"坏账准备"账户贷方（或借方）余额

根据该公式计算结果，判断：

（1）如果大于零，即当期按应收款项计算应提坏账准备金额大于"坏账准备"账户已有的贷方余额，则应按其差额提取坏账准备。

（2）如果小于零，即当期按应收款项计算应提坏账准备金额小于"坏账准备"账户已有的贷方余额，应按其差额冲减坏账准备。

（3）如果等于零，即当期按应收款项计算应提坏账准备金额等于"坏账准备"账户已有的贷方余额，则不需要进行账务处理。

设置账户

为了核算和监督提取的坏账准备，企业需要设置"坏账准备"账户。

账户性质：属于资产类账户，是应收款项的备抵账户。

账户结构：贷方登记按期计提的坏账准备和已核销又收回的坏账，借方登记已确认坏账和冲回多计提的坏账准备。期末余额在贷方，表示企业已计提但尚未转销的坏账准备。

明细核算：按应收款项类别设置"应收账款""其他应收款"明细账，进行明细分类核算。

账务处理

对于坏账损失的核算，企业应采用一定的方法按期（至少每年年末）估计坏账损失，计提坏账准备。企业计提的坏账准备，列为当期损益，计入"资产减值损失"账户。

（1）计提坏账准备：企业期末提取坏账准备时，根据"坏账准备计提表"，按应计提的金额，借记"资产减值损失"，贷记"坏账准备"。

（2）冲销多提的坏账准备：冲减多提的坏账准备时，作相反账务处理，借记"坏账准备"，贷记"资产减值损失"。

（3）确认坏账损失：企业发生确实无法收回的应收款项并确认为坏账损失时，应转销应收款项，根据"坏账损失确认书"，按实际发生的坏账金额，借记"坏账准备"，贷记"应收账款"或"其他应收款"等。

（4）已确认坏账又收回：企业已确认并转销的应收款项以后又收回的，按实际收回的金额，借记"应收账款"或"其他应收款"等，贷记"坏账准备"，同时借记"银行存款"，贷记"应收账款"或"其他应收款"等。

经典实例

【例2-2-15】假设滨海盛泰公司2021年12月31日"应收账款"账户余额为3 000 000元，"坏账准备"账户贷方余额为10 000元，公司规定坏账准备的计提比例为3%；2022年12月31日，公司"应收账款"账户期末余额为4 000 000元；2023年1月20日，滨海盛泰公司发现蓝海市光明公司的30 000元应收账款无法收回，确认为坏账；2023年7月3日，接到银行通知，滨海盛泰公司2023年1月20日确认为坏账的光明公司的应收账款30 000元重新收回，款项已存入银行。

计算公司2021年、2022年年末应计提的坏账准备，并编制会计分录如下。

（1）2021年12月31日：

按应收款项计算应计提的坏账准备金额＝3 000 000×3%＝90 000（元）

本年末应补提的坏账准备金额＝90 000－10 000＝80 000（元）

借：资产减值损失　　　　　　　　　　　　　　　　80 000.00
　　贷：坏账准备　　　　　　　　　　　　　　　　　　　　80 000.00

［所附单据］坏账准备计提表（见图2-2-4）。

坏账准备计提表

2021 年 12 月 31 日　　　　　　　　　　　　　　　　单位：元

计提对象及余额		计提比率	应计提数	"坏账准备"账面贷方余额	应补提（冲减）数
计提对象	余额				
应收账款	3 000 000.00	3%	90 000.00	10 000.00	80 000.00
其他应收款	—	—	—	—	—

会计主管：　张　洋　　　　审核：　李　峰　　　　制表：　徐成龙

图 2-2-4

（2）2022年：

按应收款项计算应计提的坏账准备金额＝4 000 000×3%＝120 000（元）

本年末应补提的坏账准备金额＝120 000－90 000＝30 000（元）

借：资产减值损失　　　　　　　　　　　　　　　　30 000.00
　　贷：坏账准备　　　　　　　　　　　　　　　　　　　　30 000.00

［所附单据］坏账准备计提表。

（3）2023年1月：

借：坏账准备　　　　　　　　　　　　　　　　　　30 000.00
　　贷：应收账款——甲公司　　　　　　　　　　　　　　　30 000.00

［所附单据］坏账损失确认通知（见图2-2-5）。

坏账损失确认通知

2023 年 7 月 20 日

由于蓝海市光明公司财务困难，应收 30 000 元货款无法收回，经公司领导批准，予以注销。

审批意见：**同意**　　总经理：军　于　印　建

2023 年 7 月 20 日

图 2-2-5

（4）2023年7月：

借：应收账款——光明公司　　　　　　　　　　　　30 000.00
　　贷：坏账准备　　　　　　　　　　　　　　　　　　　　30 000.00

同时：

借：银行存款　　　　　　　　　　　　　　　　　　30 000.00
　　贷：应收账款——光明公司　　　　　　　　　　　　　　30 000.00

［所附单据］银行收款通知。

假如滨海盛泰公司2022年年末"应收账款"账户余额是2 000 000元，如何编制会计分录？

知识巩固

一、单项选择题

1. 商业汇票的付款期限，最长不得超过（   ）。

A. 1个月   B. 3个月   C. 6个月   D. 1年

2. 应收票据取得时的入账价值为（   ）。

A. 票据面值   B. 票据到期价值   C. 票据面值加应计利息   D. 票据贴现额

3. 销售商品代购方垫付的运杂费应计入（   ）。

A. 销售费用   B. 应收账款   C. 其他业务收入   D. 财务费用

4. 企业预付货款不多的企业，可将预付的货款直接计入（   ）科目。

A. 应收票据   B. 应收账款   C. 其他应收款   D. 应付账款

5. 某公司年底应收账款余额为1 000 000元，已提"坏账准备"40 000元，坏账准备计提比例为5%，该公司年底应计提的坏账准备是（   ）元。

A. 10 000   B. 40 000   C. 50 000   D. 90 000

二、多项选择题

1. 应收票据取得时应按（   ）入账。

A. 到期值   B. 面值   C. 面值加应计利息   D. 贴现额

2. 按现行制度规定，需要在"应收票据"科目下核算的票据包括（   ）。

A. 银行汇票   B. 银行本票   C. 商业承兑汇票   D. 银行承兑汇票

3. 下列应通过"应收账款"核算的是（   ）。

A. 销售商品的价款   B. 代垫付的运杂费   C. 代垫付的包装费   D. 应收的增值税

4. 下列各项中，应通过"其他应收款"科目核算的有（   ）。

A. 应收各种赔偿   B. 代购货单位垫付的运杂费

C. 租入包装物支付的押金   D. 应向职工收取的各种垫付款

5. 下列各项中，应计提坏账准备的有（   ）。

A. 应收账款   B. 应收票据   C. 预付账款   D. 其他应收款

三、判断题

1. 商业汇票流通性较强，可以向银行贴现或抵押，但不能背书转让。（   ）

2. 企业发生赊销商品业务，现金折扣不影响应收账款的入账金额。（   ）

3. 销售商品发生的商业折扣，应该计入应收账款的入账价值。（   ）

4. 企业支付的包装物押金和收取的包装物押金均应通过"其他应收款"科目核算。（   ）

5. 由于应收及预付款项均属于债权，都存在发生坏账损失的风险，因此企业都可以提取一定比例的坏账准备。（　　　）

任务小结

应收款项包括应收票据、应收账款、预付账款和其他应收款等。企业必须加强对应收款项的管理，严格控制应收账款的限额和回收的时间，采取有效措施，组织催收，避免企业的资金被其他单位长期占用，以提高资金的使用效率。

应收票据是指企业持有的、尚未到期兑现的商业汇票。企业应设置"应收票据"科目，核算和监督企业应收票据的发生和到期收回等情况。

应收账款是指企业因销售商品、提供劳务等业务，应向购货单位或接受劳务的单位收取的款项，主要包括应收取的价款、增值税款及代垫的包装费、运杂费等。企业应设置"应收账款"科目，核算和监督企业应收账款的发生和收回等情况。

预付账款是指企业按照有关合同，预先支付给供货方（包括提供劳务者）的款项。企业应设置"预付账款"科目，核算企业按照购货合同规定预付给供应单位的款项及结算情况。

其他应收款是指除应收账款、应收票据、预付账款等以外的其他各种应收、暂付款项。企业应设置"其他应收款"科目，核算其他应收款项的发生和结算情况。

坏账损失是指企业由于发生坏账所导致的损失。企业应当在资产负债表日对应收款项的账面价值进行检查，如果有客观证据表明该应收款项发生减值的，应当确认为坏账损失。坏账损失的计提范围包括应收账款、其他应收款。企业采用备抵法核算坏账损失，需要设置"坏账准备"账户。企业应采用一定的方法按期（至少每年年末）估计坏账损失，计提的坏账准备，列为当期损益，计入"资产减值损失"账户。

	核算内容	设置账户	账务处理内容	重点、难点
应收款项	应收票据	应收票据	1. 票据取得 2. 票据背书转让 3. 票据贴现 4. 票据到期	★ ★★
	应收账款	应收账款	1. 通常情况下的应收账款的核算 2. 折扣条件下的应收账款的核算	★★
	预付账款	预付账款	1. 预付货款 2. 补付货款 3. 收回多余退款	★
	其他应收款	其他应收款	1. 职工预借差旅费 2. 收到赔偿款、罚款 3. 存出保证金 4. 企业备用金	★ ★
	坏账损失	坏账准备	1. 月末计提坏账准备 2. 发生坏账 3. 已确认转销的应收账款又重新收回	★ ★ ★★

一、练习应收票据的账务处理

1. 实训资料

滨海致远公司发生有关应收票据的经济业务如下。

（1）2月10日，向H公司销售甲产品一批，不含税售价40 000元，增值税为13%，收到经H公司承兑的为期2个月不带息商业承兑汇票一张。

（2）4月10日，上述商业承兑汇票到期，H公司履约付款，票款收存银行。

（3）4月15日，向E公司销售乙产品一批，售价100 000元，增值税额为13 000元，收到购货方E公司交来经其开户银行承兑的不带息银行承兑汇票一张，票据期限为6个月。

（4）8月15日，该企业因急需资金周转，将上述E公司交来的银行承兑汇票到开户银行贴现，年贴现率为9%，贴现期按实际天数（"算头不算尾"或"算尾不算头"）计算。

（5）8月20日，向A公司销售甲产品一批，售价70 000元，增值税额9 100元，共计79 100元。取得期限为2个月的带息银行承兑汇票一张，出票日期为8月20日，票面月利率为3%。

（6）10月20日，向A公司销售产品所收的银行承兑汇票到期，企业收回款项，转存银行。

（7）10月23日，向E公司销售乙产品一批，售价200 000元，增值税额26 000元。共计226 000元，取得期限为2个月的不带息商业承兑汇票一张，出票日期为10月25日。

（8）12月25日，E公司开具的商业承兑汇票到期，E公司无力偿还票款。

2. 实训要求

（1）根据上述资料编制会计分录。

（2）设置并登记"应收票据"的丁字形账户。

二、练习应收账款的账务处理

1. 实训资料

滨海致远公司7月发生应收账款的有关经济业务如下。

（1）2日，向A公司销售甲产品一批，不含税售价50 000元，增值税率为13%，以存款代垫运杂费1 500元，款项已向银行办妥托收手续。

（2）5日，接银行收款通知，上述款项已收妥入账。

（3）8日，向B公司销售乙产品一批，不含税售价100 000元，增值税率为13%，并给予10%的商业折扣。

（4）10日，收到B公司款项101 700元存入银行。

（5）13日，向A公司销售甲产品一批，货款80 000元，增值税率13%，合同约定付款期为1个月，现金折扣（货款部分）条件为"2/10，1/20，n/30"。产品已发出，款项待收。

（6）26日，滨海致远公司收到A公司支付的价税款存入银行。

2. 实训要求

（1）根据上述资料编制会计分录。

（2）设置并登记"应收账款"的丁字形账户。

三、练习预付账款的账务处理

1. 实训资料

滨海致远公司7月发生有关的经济业务如下。

（1）3日，按购货合同规定，向海达公司预付购料款35 000元。

（2）10日，收到新丰公司发来2#材料并验收入库，增值税专用发票上注明的价款为40 000元，增值税额5 200元，共计45 200元。

（3）以银行存款向海达公司补付上述购料款10 200元。

（4）用银行汇票300 000元，向滨海市第三建筑公司支付本公司在建工程项目预付工程价款。

2. 实训要求

（1）根据上述资料编制会计分录。

（2）设置并登记"预付账款"的丁字形账户。

四、练习其他应收款的账务处理

1. 实训资料

滨海致远公司7月发生有关的经济业务如下。

（1）2日，职工徐攀因公出差，向财务科借款3 000元，出纳以现金给付。

（2）5日，公司销售科因工作需要，核定其定额备用金10 000元，用于日常开支。出纳员开出现金支票给付。

（3）10日，徐攀出差归来，报销差旅费2 500元，交回剩余款项500元。

（4）15日，销售部门报销费用6 500元，报账时出纳员以现金补足其定额。

（5）16日，公司因购进材料需要，向兴泰公司租入包装物一批，以存款支付押金10 000元。

（6）28日，租入包装物退还给兴泰公司，收回其押金10 000元存入银行。

2. 实训要求

（1）根据上述资料编制会计分录。

（2）设置并登记"其他应收款"的丁字形账户。

五、练习坏账准备的账务处理

1. 实训资料

滨海致远公司本年度12月1日应收账款余额为1 200 000元，"坏账准备"账户贷方余额为2 000元；采用"应收款项余额百分比法"核算坏账损失，坏账准备的提取比例为2%。12月发生有关经济业务如下。

（1）7日，向B公司销售产品3 000件，单价150元，增值税率13%，销售货款未收到。

（2）24日，核销已确认无法收回的应收账款12 000元。

（3）29日，收回前期已确认的坏账3 000元，款项已转存银行。

（4）31日，计提本年末应计提的坏账准备。

2. 实训要求

（1）根据上述资料编制会计分录。

（2）设置并登记"坏账准备"的丁字形账户。

任务三　存货的账务处理

任务目标

【知识目标】

1. 理解存货的概念，了解存货的内容。

2. 掌握存货入账价值的确定。

3. 掌握原材料的实际成本核算与计划成本核算方法。

4. 掌握原材料、周转材料、委托加工物资、库存商品的账务处理。

5. 掌握存货清查的账务处理。

【技能目标】

1. 能正确审核存货购入、发出的原始凭证（如入库单、领料单等）。

2. 能根据原始凭证编制存货购入、发出、使用、处置的记账凭证。

3. 能设立并登记存货总分类账和明细分类账。

4. 能与仓库台账进行核对，及时反映盘盈、盘亏的情况。

5. 能对材料的采购价格、采购成本进行分析。

【素养目标】

1. 具有对企业资产的保护意识、高度的责任感，做到忠诚、尽职，彰显会计人员的职业道德和职业素养。

2. 养成严谨细致的工作作风。

任务描述

滨海盛泰公司从外地购进一批丁材料，数量1 000千克，单价每千克15.50元，计价款15 500元，增值税税款2 015元，供方代垫运杂费500元，入库装卸费300元。经验收，发现短少3千克，为运输途中的合理损耗。请计算该批材料的总采购成本和单位采购成本。

思考与讨论：你知道超市里的商品是如何进货的吗？什么是存货？存货对于一个企业来说有什么作用？存货的采购成本是如何计价的？

提出任务：如何进行存货的账务处理？

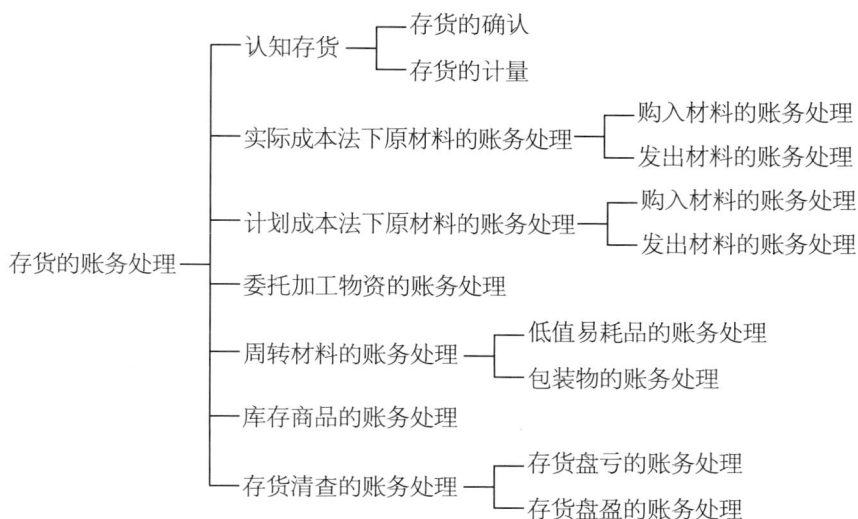

任务分解

```
                              ┌── 存货的确认
                    ┌── 认知存货 ─┤
                    │           └── 存货的计量
                    │                              ┌── 购入材料的账务处理
                    ├── 实际成本法下原材料的账务处理 ─┤
                    │                              └── 发出材料的账务处理
                    │                              ┌── 购入材料的账务处理
                    ├── 计划成本法下原材料的账务处理 ─┤
                    │                              └── 发出材料的账务处理
    存货的账务处理 ─┤── 委托加工物资的账务处理
                    │                      ┌── 低值易耗品的账务处理
                    ├── 周转材料的账务处理 ─┤
                    │                      └── 包装物的账务处理
                    ├── 库存商品的账务处理
                    │                      ┌── 存货盘亏的账务处理
                    └── 存货清查的账务处理 ─┤
                                           └── 存货盘盈的账务处理
```

任务实施

活动一　认知存货

知识准备

一、存货的确认

存货是指企业在日常活动中持有以备出售的产品或商品，处在生产过程中的在产品、在生产过程或提供劳务过程中耗用的材料、物料等，包括各类原材料（主料、辅料、外购半成品、修理用备件等）、在产品、半成品、产成品、商品及周转材料、委托代销商品等。

属于企业的存货包括：

（1）尚未加工完毕的产品；

（2）尚未验收入库的材料或商品；

（3）企业接受来料加工制造的代制品、为外单位加工修理的代修品，制造和修理完成验收入库后，视同企业的产成品；

（4）委托其他单位加工的物资；

（5）委托其他单位代销的商品；

（6）已经发出但不符合收入确认条件的商品。

不属于企业的存货包括：

（1）受托代销商品；

（2）已经销售符合收入确认条件但尚未发运的产成品或商品；

（3）工程物资（工程物资属于非流动资产）。

　　总之，被列为存货项目的资产，都是为了生产经营而储存的流动资产。不是为了此目的而储存的资产，都不能作为企业的存货。

二、存货的计量

（一）取得存货的计量

　　存货应当按照成本进行初始计量，其成本包括采购成本、加工成本和其他成本。

　　存货的采购成本是指在采购过程中所发生的支出，包括买价、相关税费、运杂费（运输费、装卸费、包装费、仓储费、保险费等）、运输途中的合理损耗、入库前的挑选整理费用及其他可归属于存货采购成本的费用。

　　存货的加工成本是指在存货的加工过程中发生的追加费用，包括直接人工及按照一定方法分配的制造费用。直接人工是指企业在生产产品和提供劳务过程中发生的直接从事产品生产和劳务提供人员的职工薪酬；制造费用是指企业为生产产品和提供劳务而发生的各项间接费用（企业生产车间管理人员的薪酬、折旧费、办公费、水电费、机物料消耗、劳动保护费、季节性和修理期间的停工损失等）。

　　存货的其他成本是指除采购成本、加工成本以外的，使存货达到目前场所和状态所发生的其他支出。企业设计产品发生的设计费用通常应计入当期损益，但是为特定客户设计产品所发生的可直接确定的设计费用应计入存货的成本。

（二）发出存货的计量

　　企业发出的存货可以按实际成本核算，也可以按计划成本核算。在实际成本核算方式下，企业可采用的发出存货成本的计价方法有个别计价法、先进先出法、月末一次加权平均法和移动加权平均法等。

　　1. 个别计价法

　　采用这种方法是假设存货具体项目的成本流转与实物流转相一致，按照各种存货逐一辨认各批发出存货和期末存货所属的购进批别或生产批别，分别按其购入或生产时所确定的单位成本计算各批发出存货和期末存货成本的方法。其计算公式为：

发出存货的实际成本＝各批次存货发出数量×该批次存货实际进货单价

经典实例

【例2-3-1】滨海盛泰公司7月甲材料购销明细账如表2-3-1所示。

表 2-3-1

甲材料 购销明细账

金额单位：元

2023年		摘要	收入			发出			结存		
月	日		数量（件）	单价	金额	数量（件）	单价	金额	数量（件）	单价	金额
7	1	期初余额							150	10.00	1 500.00
	5		100	12.00	1 200.00				250		
	11					200			50		
	16		200	14.00	2 800.00				250		
	20					100			150		
	23		100	15.00	1 500.00				250		
	27					100			150		
	31	本月合计	400		5 500.00	400			150		

经过具体辨认，本期发出材料的单位成本如下。

7月11日发出的200件甲材料中，100件系期初结存，单位成本为10元，另外100件为7月5日购入，单位成本为12元。

7月20日发出的100件系7月16日购入，单位成本为14元。

7月27日发出的100件中，50件为期初结存，单位成本为10元，50件为5月23日购入，单位成本为15元。

由此计算出：

本期发出存货成本＝$100×10＋100×12＋100×14＋50×10＋50×15$

$＝4 850（元）$

期末结存存货成本＝期初结存存货成本＋本期购入存货成本－本期发出存货成本

$＝150×10＋100×12＋200×14＋100×15－4850$

$＝2150（元）$

名师点拨

个别计价法把每种存货的实际成本作为计算发出存货成本和期末存货成本的基础。成本计算准确，符合实际情况。但在存货收发频繁的情况下，其发出成本分辨的工作量较大。因此，这种方法一般适用于不能替代使用的存货、为特定项目专门购入或制造的存货，如珠宝、名画等贵重物品。

2. 先进先出法

先进先出法是指以先购入的存货先发出（用于销售或自用）的这样一种存货实物流动假设为前提，对发出存货进行计价的一种方法。具体方法是：收入存货时，逐笔登记收入存货的数量、单价和金额；发出存货时，按照先进先出的原则，逐笔登记存货的发出成本和结存金额。

采用先进先出法，先购入的存货成本在后购入的存货成本之前转出，据此确定发出存货和期末存货的成本。

经典实例

【例2-3-2】承接【例2-3-1】资料，采用先进先出法计算甲材料的发出成本和期末成本如表2-3-2所示。

表2-3-2

甲材料 购销明细账

金额单位：元

2023年		摘要	收入			发出			结存		
月	日		数量（件）	单价	金额	数量（件）	单价	金额	数量（件）	单价	金额
7	1	期初余额							150	10.00	1 500.00
	5		100	12.00	1 200.00				150	10.00	1 500.00
									100	12.00	1 200.00
	11					150	10.00	1 500.00			
						50	12.00	600.00	50	12.00	600.00
	16		200	14.00	2 800.00				50	12.00	600.00
									200	14.00	2 800.00
	20					50	12.00	600.00			
						50	14.00	700.00	150	14.00	2 100.00
	23		100	15.00	1 500.00				150	14.00	2 100.00
									100	15.00	1 500.00
	27					100	14.00		50	14.00	700.00
									100	15.00	1 500.00
	31	本月合计	400		5 500.00	400		4 800.00	50	14.00	700.00
									100	15.00	1 500.00

本期发出存货成本＝150×10＋50×12＋50×12＋50×14＋100×14＝4 800（元）

期末结存存货成本＝50×14＋100×15＝2 200（元）

名师点拨

先进先出法可以随时结转存货发出成本，但较烦琐。如果存货收发业务较多，并且存货单价不稳定时，其工作量较大。在物价持续上升时，期末存货成本接近于市价，而发出成本偏低，会高估企业存货价值和当期利润；反之，会低估企业存货价值和当期利润。

3. 月末一次加权平均法

月末一次加权平均法是指以本月全部进货数量加月初存货数量作为权数，去除本月全部进货成本加上月初存货成本，计算出存货的加权平均单位成本，以此为基础计算本月发出存货的成本和期末存货的成本的一种方法。

计算公式如下：

加权平均单价＝（月初结存存货实际成本＋本月收入存货实际成本）÷（月初结存存货的数量＋本月收入存货的数量）

本月发出存货的成本＝本月发出存货的数量×加权平均单价

本月结存存货成本＝月初结存存货成本＋本月收入存货成本－本月发出存货成本

经典实例

【例2-3-3】承接【例2-3-1】资料，采用月末一次加权平均法计算甲材料的发出成本和期末成本如下。

甲材料平均单位成本＝（150×10＋100×12＋200×14＋100×15）÷（150＋100＋200＋100）≈12.73（元）

本月发出甲材料的成本＝400×12.73＝5 092（元）

月末甲材料的库存成本＝1 500＋5 500－5 092＝1 908（元）

名师点拨

采用月末一次加权平均法，只在月末一次计算加权平均单价，有利于简化成本计算工作。但由于平时无法从账上提供发出和结存存货的单价及金额，不利于存货成本的日常管理与控制。

4. 移动加权平均法

移动加权平均法是指以每次进货的成本加上原有库存存货的成本的合计金额，除以每次进货数量加上原有库存存货的数量的合计数，据以计算加权平均单位成本，作为在下次进货前计算各次发出存货成本依据的一种方法。

计算公式如下：

存货单位成本＝（上次库存存货实际成本＋本次收入存货实际成本）÷（上次库存存货数量＋本次收入存货数量）

本次发出存货成本＝本次发出存货数量×本次发出存货前存货的单位成本

本月月末库存存货成本＝月末库存存货的数量×本月月末存货单位成本

经典实例

【例2-3-4】承接【例2-3-1】资料，采用移动加权平均法计算甲材料的发出成本和期末成本如表2-3-3所示。

表2-3-3

甲材料 购销明细账

2023年		摘要	收入			发出			结存		
月	日		数量/件	单价/元	金额/元	数量/件	单价/元	金额/元	数量/件	单价/元	金额/元
7	1	期初余额							150	10.00	1 500.00
	5		100	12.00	1 200.00				250	10.80	2 700.00
	11					200	10.80	2 160.00	50	10.80	540.00
	16		200	14.00	2 800.00				250	13.36	3 340.00
	20					100	13.36	1 336.00	150	13.36	2 004.00
	23		100	15.00	1 500.00				250	14.016	3 504.00
	27					100	14.016	1 401.60	150	14.016	2 102.40
	31	本月合计	400		5 500.00	400		4 897.60	150	14.016	2 102.40

7月5日购入存货后移动加权平均单位成本＝（150×10＋100×12）÷（150＋100）＝10.80（元）

7月16日购入存货后移动加权平均单位成本＝（50×10.8＋200×14）÷（50＋200）＝13.36（元）

7月23日购入存货后移动加权平均单位成本＝（150×13.36＋100×15）÷（150＋100）＝14.016（元）

名师点拨

采用移动加权平均法能够使企业管理层及时了解存货的结存情况，计算的平均价及发出和结存的存货成本比较客观。但由于每次收货都要计算一次平均单位成本，计算工作量较大，对存货收发较频繁的企业不适用。

活动二　实际成本法下原材料的账务处理

知识准备

原材料采用实际成本法核算时，材料的日常收入、发出及结存，无论总分类核算还是明细分类核算，均按照实际成本计价。

采用实际成本核算，日常反映不出材料成本是节约还是超支，从而不能反映和考核物资采购业务的经营成果。因此，这种方法适用于材料收发业务较少的企业。

设置账户

原材料采用实际成本法核算时，企业应设置"原材料"和"在途物资"账户。

（1）"原材料"账户：为了核算和监督企业库存的各种原材料的实际成本，企业需要设置"原材料"账户。

账户性质：属于资产类账户。

账户结构：借方登记收入原材料的实际成本，贷方登记发出原材料的实际成本。期末余额在借方，表示库存原材料的实际成本。

明细核算：按材料保管地点（仓库）、材料的类别、品种和规格等设置明细账，进行明细分类核算。

（2）"在途物资"账户：为了核算和监督企业货款已付但尚未验收入库的各种物资的实际成本，企业需要设置"在途物资"等账户。

账户性质：属于资产类账户。

账户结构：借方登记已经支付货款尚在运输途中的所购物资的实际成本，贷方登记已经验收入库物资的实际成本。期末余额在借方，表示已经付款、尚未验收入库的在途物资的实际成本。

明细核算：按供应单位设置明细账，进行明细分类核算。

一、购入材料的账务处理

企业外购原材料，由于支付方式不同，原材料入库的时间与付款的时间存在差异，在账务处理上也有所不同。

账务处理

（一）材料入库，同时付款

企业先收到发票等账单，根据收料单，按增值税专用发票上注明的价款，借记"原材料"，按发票上注明的税额，借记"应交税费——应交增值税（进项税额）"，按实际支付的款项金额，贷记"银行存款"（或"应付票据""其他货币资金"等）。

（二）先付款，材料后入库

企业先收到发票等账单，按增值税专用发票上注明的价款，借记"在途物资"，按发票上注明的税额，借记"应交税费——应交增值税（进项税额）"，按实际付款金额，贷记"银行存款"（或"应付票据""其他货币资金"等）。待材料验收入库后，借记"原材料"，贷记"在途物资"。

（三）材料已入库，货款未支付

因购货发票等结算凭证尚未到达，企业无法计算原材料的实际成本。收到原材料时，应先办理验收入库，只将收到的材料数量计入明细账，暂不进行会计分录处理。如果月末发票账单仍未到达，则先按材料的暂估价，借记"原材料"，贷记"应付账款"。下月初再作相反的分录予以冲销，借记"应付账款"，贷记"原材料"。待发票账单到达后，再按发票上注明的价款，借记"原材料"，按增值税专用发票上注明的税款，贷记"应交税费——应交增值税（进项税额）"，按实际支付的金额，贷记"银行存款"。

经典实例

【例2-3-5】7月7日，滨海盛泰公司从兴州公司购入丙材料一批，增值税专用发票上注明的价款为20 000元，增值税税额2 600元，对方代垫包装费400元，全部款项已用转账支票付讫，材料已验收入库。

编制会计分录如下。

借：原材料——丙材料　　　　　　　　　　　　　　　20 400.00

　　应交税费——应交增值税（进项税额）　　　　　　　2 600.00

　　　贷：银行存款　　　　　　　　　　　　　　　　　　23 000.00

［所附单据］购销合同复印件、收料单（见图2-3-1）、增值税专用发票（见图2-3-2）、转账支票存根。

收 料 单

供货单位：兴州公司　　　　　　　　　　　　　　　　　　　　凭证编号：1206
发票号：006180　　　　　　　　　时间：2023 年 7 月 7 日　　　　收料仓库：3 号仓库

| 类别 | 编号 | 名称 | 规格 | 单位 | 数量 | | 实际成本（元） | | | |
					应收	实收	单价	金额	运费	合计
辅助材料	013	丙材料	二级	千克	100	100	200.00	20 000.00	400.00	20 400.00
备注：										

主管：张 洋　　　记账：徐成龙　　　仓库保管：齐 斌　　　经办人：李稳文

图 2-3-1

××省增值税专用发票

开票日期：2023 年 07 月 07 日　　　　　　NO 25103607

购货单位	名　称：滨海市盛泰实业有限责任公司			密码区	加密本： 20<48/24+874/-　431402 /*2+60322*1　　5103 /7930*5<-- 368/178019//63>>/9	
	纳税人识别号：×××030123456					
	地址、电话：滨海市高新区红星路45号 37281166					
	开户行及账号：工行滨海市分行　123456789					

货物或应税劳务名称	规格	单位	数量	单价	金　额	税率	税额
丙材料		千克	100	200	20 000.00	13%	2 600.00
合　计					20 000.00		2 600.00

| 价税合计（大写）　贰万贰仟陆佰圆整　　　（小写）　　　¥：22 600.00 | | |

销货单位	名　称：蓝海市兴州有限责任公司	备注	转账结算
	纳税人识别号：×××0301987456		
	地址、电话：蓝海市向阳路18号 3588888		
	开户行及账号：工行向阳路分理处 987456123		

收款人：王 磊　　复核：李向群　　开票人：刘 佳　　销货单位：

第二联 发票联 购货方记账凭证

图 2-3-2

想一想

如果滨海盛泰公司为小规模纳税人，如何编制会计分录？

【例2-3-6】滨海盛泰公司7月3日从精创公司购入乙材料一批，增值税专用发票上注明的价款为50 000元，增值税税额6 500元，材料尚未收到，款项用银行承兑汇票支付。7月8日，乙材料收到，并验收入库。

编制会计分录如下。

（1）7月3日：

借：在途物资——乙材料   50 000.00

  应交税费——应交增值税（进项税额）   6 500.00

   贷：应付票据——精创公司   56 500.00

［所附单据］购销合同复印件、增值税专用发票、银行承兑汇票结算凭证。

（2）7月8日：

借：原材料——乙材料   50 000.00

   贷：在途物资——乙材料   50 000.00

［所附单据］收料单。

【例2-3-7】滨海盛泰公司7月20日向兴州公司购入丁材料一批，材料已验收入库，月末发票账单尚未收到，暂估价值为100 000元。8月5日，收到增值税专用发票，注明的货款为120 000元，增值税税额15 600元，对方代垫运杂费1 300元，已用银行存款付讫。

编制会计分录如下。

（1）7月20日，暂不进行账务处理。

（2）7月末按暂估价值入账：

借：原材料——丁材料   100 000.00

   贷：应付账款——兴州公司   100 000.00

［所附单据］暂估入库通知单、收料单。

（2）8月初，用红字凭证冲回：

借：原材料——丁材料   100 000.00（红字）

   贷：应付账款——兴州公司   100 000.00（红字）

（3）8月5日，收到增值税专用发票并支付货款时：

借：原材料——丁材料   121 300.00

  应交税费——应交增值税（进项税额）   15 600.00

   贷：银行存款   136 900.00

［所附单据］购销合同复印件、增值税专用发票、银行付款通知单。

知识拓展

  企业通过自行加工取得的原材料，其实际成本包括自制过程中发生的各种原材料、工资和其他费用。自制原材料加工完成验收入库时，按实际发生的料工费之和，借记"原材料"，按实际发生的成本，贷记"生产成本"；企业接受投资者投入的原材料时，应按投资合同或是协议约定的公允价值，借记"原材料"，如果取得增值税专用发票，按发票上注明的税额，借记"应交税费——应交增值税（进项税额）"，按在注册资本中占有的份额，贷记"实收资本"，按其差额贷记"资本公积"。

二、发出材料的账务处理

账务处理

企业各生产单位及有关部门领用的材料具有种类多、业务频繁等特点，为了简化核算，可以在月末根据"领料单""限额领料单"中有关领料的单位、部门等加以归类，编制"发料凭证汇总表"，据以填制记账凭证，登记账簿。

（1）生产领用材料：企业因生产领用而发出的原材料，根据"发料凭证汇总表""领料单"，按其实际成本结转，借记"生产成本""制造费用""管理费用""销售费用""其他业务成本"等，贷记"原材料"。

（2）结转出售的材料成本：应按出售材料的实际成本结转，借记"其他业务成本"，贷记"原材料"。

（3）发出委托外单位加工的材料：借记"委托加工物资"，贷记"原材料"。

经典实例

【例2-3-8】2023年7月末，滨海盛泰公司本月生产领用材料情况详见"发料凭证汇总表"（见图2-3-7）。

根据"发料凭证汇总表"及所附"领料单"，编制会计分录如下。

借：生产成本——基本生产——A产品   5 470 821.22

                   ——B产品   3 651 969.60

    制造费用   34 130.23

    管理费用   4 520.30

    销售费用   2 154.69

    研发支出   4 741.25

  贷：原材料——甲材料   5 499 856.25

            ——乙材料   3 662 273.37

            ——丙材料   6 207.67

［所附单据］部分领料单（见图2-3-3）、发料凭证汇总表（见图2-3-4）。

领 料 单

领料部门：一车间   凭证编号：015

用途：生产产品   2023 年 7 月 5 日   发料仓库：2 号仓库

材料类别	材料名称	材料编号	计量单位	数量 请领	数量 实发	单价	金额（元） 十	万	千	百	十	元	角	分
主要材料	甲材料	032	千克	12	10	118		1	1	8	0	0	0	
合计								1	1	8	0	0	0	

记账：徐成龙   发料：齐斌   负责人：胡新伟   领料：沙丽丽

图 2-3-3

发料凭证汇总表

2023 年 7 月 31 日

单位：元

部门及用途		原材料			
		甲材料	乙材料	丙材料	合计
生产车间	A产品耗用	5 464 320.77	6 500.45		5 470 821.22
	B产品耗用		3 650 427.25	1 542.35	3 651 969.60
车间管理部门		34 130.23			34 130.23
行政管理部门			4 520.30		4 520.30
销售部门				2 154.69	2 154.69
研发部门		1 405.25	825.37	2 510.63	4 741.25
合　计		5 499 856.25	3 662 273.37	6 207.67	9 168 337.29

记账：　徐成龙　　　　　　复核：　齐炳文　　　　　制单：　李小双

图 2-3-4

活动三　计划成本法下原材料的账务处理

企业原材料的日常收发及结存可以采用实际成本法核算，也可以采用计划成本法核算。

计划成本法是指企业存货的日常收入、发出和结存均按预先制订的计划成本计价，同时通过设立"材料成本差异"账户，用来登记实际成本和计划成本的差额，月末再通过对存货成本差异的分摊，将发出存货的计划成本、结存存货的计划成本调整为实际成本进行反映的一种核算方法。

这种方法适用于存货品种繁多、收发业务较多且计划成本资料较为健全、准确的企业。

设置账户

原材料按计划成本核算时，无论材料是否入库，取得的原材料都必须先通过"材料采购"账户进行核算。材料验收入库后，再转入"原材料"账户，同时结转材料成本差异。为此，企业应设置"原材料""材料采购""材料成本差异"账户。

（1）"原材料"账户：为了核算和监督企业材料计划成本增减变动及结存情况，需要设置"原材料"账户。

账户性质：属于资产类账户。

账户结构：借方登记入库材料的计划成本，贷方登记发出材料的计划成本，期末余额在借方，反映企业库存材料的计划成本。

明细核算：按照材料品种设置明细账，进行明细分类核算。

（2）"材料采购"账户：为了核算和监督企业采用计划成本核算购入材料的采购成本，企业需要设置"材料采购"账户。

账户性质：属于资产类账户。

账户结构：借方登记企业购买材料的实际成本和结转实际成本小于计划成本的节约差异；贷方登记入库材料的计划成本和结转实际成本大于计划成本的超支差异。期末借方余额反映企业在途材料的采购成本。

明细核算：按照供应单位和材料品种设置明细账，进行明细分类核算。

（3）"材料成本差异"账户：为了核算和监督企业采用计划成本进行核算的实际成本与计划成本的差异，企业需要设置"材料成本差异"账户。

账户性质：属于资产类账户，是材料类账户的调整户。

账户结构：借方登记实际成本大于计划成本的超支差异及发出材料应负担的节约差异，贷方登记实际成本小于计划成本的节约差异及发出材料应负担的超支差异。期末如为借方余额，反映企业库存材料的实际成本大于计划成本的超支差异；如为贷方余额，反映企业库存材料实际成本小于计划成本的节约差异。

明细核算：按类别或品种设置明细账，进行明细核算。

名师点拨

采用计划成本核算，"原材料"账户反映原材料的收、发、存的计划成本；"材料采购"账户反映采购材料的实际成本；"材料成本差异"账户反映已入库材料的实际成本与计划成本的差额。

一、购入材料的账务处理

账务处理

如同原材料按实际成本计价的账务处理一样，企业外购的原材料要根据来源、采用的结算方付款及收料等不同情况进行相应账务处理。其核算内容包括三个方面：一是反映材料采购成本的发生；二是按计划成本反映验收入库的材料；三是结转入库材料的成本差异。

（1）外购材料：根据有关结算凭证，按增值税专用发票上注明的价款，借记"材料采购"，按增值税专用发票上注明的税额，借记"应交税费——应交增值税（进项税额）"，按应支付的金额，贷记"银行存款"（或"应付账款""应付票据"等）。

（2）材料入库：外购的材料验收入库，根据收料单，按预先制订的原材料的计划成本，借记"原材料"，贷记"材料采购"，同时结转入库材料的材料成本差异额：如果是超支差额，借记"材料成本差异"，贷记"材料采购"；如果是节约差额，则借记"材料采购"，贷记"材料成本差异"。

或者，按预先制订的原材料的计划成本，借记"原材料"，按购入原材料实际成本，贷记"材料采购"，按入库材料的成本差异额（超支差额），借记"材料成本差异"，节约差额，则贷记"材料成本差异"。

经典实例

【例2-3-9】滨海盛泰公司7月10日购入丙材料一批，取得的增值税专用发票上注明的价款为30 000元，增值税税额3 900元。计划成本为32 000元，材料已验收入库，全部款项以银行存款支付。

编制会计分录如下。

（1）按实际价付款时：

借：材料采购——丙材料　　　　　　　　　　　　　　　　30 000.00

　　应交税费——应交增值税（进项税额）　　　　　　　　3 900.00

　　贷：银行存款　　　　　　　　　　　　　　　　　　　　33 900.00

［所附单据］购销合同复印件、增值税专用发票、银行付款通知等。

（2）材料验收入库时：

借：原材料——丙材料　　　　　　　　　　　　　　　　　32 000.00

　　贷：材料采购——丙材料　　　　　　　　　　　　　　　32 000.00

同时，结转入库材料成本差异：

借：材料采购——丙材料　　　　　　　　　　　　　　　　2 000.00

　　贷：材料成本差异　　　　　　　　　　　　　　　　　　2 000.00

或：

借：原材料——丙材料　　　　　　　　　　　　　　　　　32 000.00

　　贷：材料采购——丙材料　　　　　　　　　　　　　　　30 000.00

　　　　材料成本差异　　　　　　　　　　　　　　　　　　2 000.00

［所附单据］入库单。

想一想

如果滨海盛泰公司7月10日外购的丙材料尚未收到，如何编制会计分录？

二、发出材料的账务处理

账务处理

在计划成本法下，发出材料需要按计划成本核算。月末，企业根据"领料单"编制"发料凭证汇总表"，按发出材料的用途，结转发出材料的计划成本，同时结转发出材料应负担的材料成本差异。

（1）结转发出材料成本：月末，根据领用的部门和具体用途，按发出原材料的计划成本，借记"生产成本""制造费用""管理费用""销售费用""其他业务成本""委托加工物资"等，贷记"原材料"。

（2）结转发出材料成本差异：发出材料应负担的成本差异应当按月分摊，不得在季末或年末一次计算。

首先，期末根据"材料成本差异"明细账计算出本期的材料成本差异率。其计算公式如下：

原材料成本差异率＝（期初结存材料的成本差异＋本期验收入库材料的成本差异）÷（期初结存材料计划成本＋本期验收入库材料计划成本）×100%

在计算时，"材料成本差异"科目的借方余额用正数，贷方余额用负数。计算得出的材料成本差异率，若为正数，则表示为超支差异；若为负数，则表示为节约差异。

其次，计算发出材料应负担的成本差异。其计算公式如下：

发出材料应负担的成本差异＝发出材料的计划成本×本期材料成本差异率

根据以上计算结果，按照发出材料应负担的差异额，结转材料成本差异：借（或贷）记"生产成本""制造费用""管理费用""销售费用""其他业务成本""委托加工物资"等，贷（或借）记"材料成本差异"。

名师点拨

为了正确核算产品的实际成本，企业必须将发出的材料成本由计划成本调整为实际成本，即将材料成本差异总额在发出材料和期末库存材料之间进行分摊，分摊调整后，使发出的材料成本由计划成本调整为实际成本。

经典实例

【例2-3-10】7月末，滨海盛泰公司发料凭证汇总表中乙材料消耗（计划成本）记录为：基本生产车间领用100 000元，辅助生产车间领用55 000元，车间管理部门领用15 000元，企业行政管理部门领用10 000元。

编制会计分录如下。

借：生产成本——基本生产成本　　　　　　　　　100 000.00

　　　　　　——辅助生产成本　　　　　　　　　55 000.00

　　制造费用　　　　　　　　　　　　　　　　　15 000.00

　　管理费用　　　　　　　　　　　　　　　　　10 000.00

　　贷：原材料——乙材料　　　　　　　　　　　　　　180 000.00

[所附单据]发料凭证汇总表、材料费用分配表。

【例2-3-11】接【例2-3-10】资料，滨海盛泰公司7月1日"原材料——乙材料"的计划成本为20 000元，成本差异为超支差异3 800元，7月入库的计划成本为250 000元，成本差异为节约差异20 000元。

计算过程：

（1）计算材料成本差异率。

原材料成本差异率＝（3 800－20 000）÷（20 000－250 000）×100%≈7.04%

（2）计算发出材料应负担的差异。

基本生产成本应负担的成本差异＝100 000×7.04%＝7 040（元）

辅助生产成本应负担的成本差异＝55 000×7.04%＝3 872（元）

制造费用应负担的成本差异＝15 000×7.04%＝1 056（元）

管理费用应负担的成本差异＝10 000×7.04%＝704（元）

根据计算结果，编制会计分录如下。

借：生产成本——基本生产成本　　　　　　　7 040.00

　　　　　　——辅助生产成本　　　　　　　3 872.00

　　制造费用　　　　　　　　　　　　　　　1 056.00

　　管理费用　　　　　　　　　　　　　　　704.00

　　贷：材料成本差异——乙材料成本差异　　　　　12 672.00

[所附单据]材料成本差异计算表。

活动四　委托加工物资的账务处理

知识准备

委托加工物资是指企业委托其他单位加工的各种材料、商品等物资。

企业委托其他单位加工的存货的实际成本包括：

（1）加工耗用物资的实际成本。

（2）支付的加工费及往返的运杂费和保险费等。

（3）支付的税金，包括委托加工物资应负担的增值税和消费税。

设置账户

为了核算和监督委托加工物资增减变动及其结存情况，企业需要设置"委托加工物资"账户。

账户性质：属于资产类账户。

账户结构：借方登记委托加工各种材料、商品等物资发生的实际成本，贷方登记加工完成验收入库的物资的实际成本和收回剩余物资的实际成本。期末余额在借方，反映企业委托外单位加工尚未完成的物资的实际成本。

明细核算：按加工合同、受托加工单位及加工物资的品种等设置明细账，进行明细分类核算。

账务处理

委托加工物资的账务处理具体如下。

（1）发出委托加工物资：企业应按发出材料的实际成本，借记"委托加工物资"，贷记"原材料"；采用计划成本计价的企业，应按计划成本，借记"委托加工物资"，贷记"原材料"，同时结转材料成本差异。

（2）支付加工费用、运杂费：企业应按支付的加工费、往返运杂费，借记"委托加工物资"，贷记"银行存款"等。委托方支付的增值税应分以下两种情况处理：如果委托方和受托方均为一般纳税人，则委托方支付的增值税可作为进项税额抵扣；如果委托方和受托方有一方不是一般纳税人，则委托方支付的增值税不能作为进项税额抵扣，应计入加工成本。

（3）缴纳消费税：委托方委托加工应税消费品应由委托方缴纳的、由受托方代收代缴的消费税，应分以下两种情况处理。

其一，直接用于销售。若委托方将委托加工的应税消费品收回后，直接用于销售的，应将受托方代收代缴的消费税随同支付的加工费一并计入委托加工的应税消费品成本，企业销售委托加工存货时，不再缴纳消费税，借记"委托加工物资"，贷记"银行存款"。

其二，连续生产应税消费品。若委托方将委托加工的应税消费品收回后用于连续生产应税消费品的，其支付的由受托方代收代缴的消费税可以抵扣，借记"应交税费——应交消费税"，贷记"银行存款"。

（4）加工完成收回加工物资：企业按加工收回物资的实际成本和剩余物资的实际成本，借记"原材料"（或"库存商品"等），贷记"委托加工物资"。

经典实例

【例2-3-12】7月1日，滨海盛泰公司委托某工具加工厂加工一批生产车间专用工具，发出丁材料的实际成本为30 000元，假定不考虑相关税费。7月2日，以银行存款支付上述专用工具的加工费用2 000元，增值税税率13%。7月10日，收到加工完毕的专用工具，验收入库，并以银行存款支付运杂费500元。

编制会计分录如下。

（1）7月1日，发出丁材料时：

借：委托加工物资——专用工具   30 000.00

  贷：原材料——丁材料   30 000.00

［所附单据］委托加工合同复印件、出库单。

（2）7月2日，支付加工费时：

借：委托加工物资——专用工具   2 260.00

  贷：银行存款   2 000.00

    应交税费——应交增值税（销项税额）   260.00

［所附单据］增值税专用发票、银行付款通知。

（3）7月10日，收回代加工的工具，并支付运杂费：

①支付运杂费时：

借：委托加工物资——专用工具   500.00

  贷：银行存款   500.00

［所附单据］银行付款通知。

②工具入库时：

借：周转材料——低值易耗品（专用工具）   53 100.00

  贷：委托加工物资——专业工具   53 100.00

［所附单据］入库单。

【例2-3-13】滨海盛泰公司7月8日委托开元公司加工一批材料，发出原材料成本为56 000元，支付的加工费用为5 800元，消费税5 600元，加工费增值税税率为13%，于7月22日收回并入库。该材料收回后将继续加工成应税消费品。

编制会计分录如下。

（1）发出委托加工的原材料时：

借：委托加工物资   56 000.00

  贷：原材料   56 000.00

［所附单据］委托加工合同复印件、出库单。

（2）支付加工费、增值税、消费税时：

借：委托加工物资   5 800.00

  应交税费——应交增值税（进项税额）   754.00

      ——应交消费税   5 600.00

  贷：银行存款   12 154.00

［所附单据］增值税专用发票、银行付款通知。

（3）收回入库时：

借：原材料   61 800.00

     贷：委托加工物资   61 800.00

［所附单据］入库单。

活动五　周转材料的账务处理

知识准备

周转材料是指企业能够多次使用、逐渐转移其价值但仍保持原有形态，不确认为固定资产的材料，包括低值易耗品和包装物。

一、低值易耗品

低值易耗品是指不能作为固定资产的各种用具物品及在经营过程中周转使用的包装容器等。低值易耗品由于其价值较低且易于损坏，通常被视同存货，作为流动资产进行管理和核算。

（一）低值易耗品的分类

低值易耗品按其用途，可以分为以下六类：①一般工具是指生产中常用的工具，如刀具、量具、夹具、装配工具等；②专用工具是指专用于制造某一特定产品，或在某一特定工序上使用的工具、专用模具等；③替换设备是指容易磨损或为制造不同产品需要替换使用的各种设备；④管理用具是指在管理上使用的各种家具、用具，如办公用具等；⑤劳动保护用品是指为了安全生产而发给工人作为劳动保护用的工作服、工作鞋和各种防护用品等；⑥其他用具是指不属于上述各类的低值易耗品。

（二）低值易耗品的摊销方法

企业应根据低值易耗品的消耗方式、价值大小、耐用程度等，选择适当的摊销方法。常用的摊销方法有一次摊销法和分次摊销法。

一次摊销法是指在领用低值易耗品时，将其账面价值一次全部计入有关成本费用的一种方法。这种方法适用于价值较低、使用期较短、容易损坏的低值易耗品。

分次摊销法是指按照估计领用次数平均摊销低值易耗品账面价值的一种方法。这种摊销方法适用于可供多次反复使用的低值易耗品。

二、包装物

包装物是指用于包装产品（或商品）而储备的各种包装容器，如桶、箱、瓶、坛、袋等。

属于包装物的核算范围：①生产过程中用于包装产品作为产品组成部分的包装物；②随同商品出售而不单独计价的包装物；③随同商品出售而单独计价的包装物；④出租或出借给购买单位使用的包装物。

不属于包装物的核算范围：①各种包装材料，如纸、绳、铁丝、铁皮等，应在"原材料"科目内核算；②用于储存和保管商品、材料而不对外出售的包装物，应按价值大小和使用年限长短，分别在"固定资产"或"低值易耗品"科目核算；③单独列作企业商品产品的自制包装物，应作为库存商品处理。

为了核算和监督周转材料的收入、发出和结存情况，企业需要设置"周转材料"账户。

账户性质：属于资产类账户。

账户结构：借方登记企业取得的周转材料的实际成本，贷方登记发出周转材料的实际成本，借方余额表示企业在库周转材料的实际成本及在用周转材料的摊余价值。

明细核算：按低值易耗品、包装物设置明细账，进行明细分类核算。在采用分次摊销法时，需要单独设置"在库""在用""摊销"明细账户。

一、低值易耗品的账务处理

账务处理

低值易耗品的账务处理有以下两种方法。

（1）采用一次摊销法。

领用低值易耗品时，采用一次摊销法，按其耗用部门及领用的低值易耗品账面价值，借记"制造费用"（或"管理费用""其他业务成本"等），贷记"周转材料——低值易耗品"。

（2）采用分次摊销法。

①领用时，按低值易耗品的账面价值，借记"周转材料——低值易耗品——在用"，贷记"周转材料——低值易耗品——在库"。

②分次摊销时，按分摊销数额，借记"制造费用"等，贷记"周转材料——低值易耗品——摊销"。

③摊销完毕时，按所有分摊成本之和，借记"周转材料——低值易耗品——摊销"，贷记"周转材料——低值易耗品——在用"。

经典实例

【例2-3-14】滨海盛泰公司7月生产车间领用一批工具，实际成本为2 550元，采用一次摊销法核算低值易耗品。

编制会计分录如下。

借：制造费用   2 550.00
　　贷：周转材料——低值易耗品   2 550.00

［所附单据］低值易耗品领用表。

【例2-3-15】滨海盛泰公司的生产车间领用一批工具，实际成本为40 000元。采用分次摊销法进行摊销。该工具的估计使用次数为两次。

编制会计分录如下。

（1）领用专用工具时：

借：周转材料——低值易耗品——在用   20 000.00
　　贷：周转材料——低值易耗品——在库   20 000.00

［所附单据］低值易耗品领用表。

（2）第一次领用时摊销其价值的一半：

借：制造费用   10 000.00

  贷：周转材料——低值易耗品——摊销   10 000.00

［所附单据］低值易耗品摊销计算表。

（3）第二次领用时摊销其价值的一半：

借：制造费用   10 000.00

  贷：周转材料——低值易耗品——摊销   10 000.00

同时：

借：周转材料——低值易耗品——摊销   10 000.00

  贷：周转材料——低值易耗品——在用   10 000.00

［所附单据］低值易耗品摊销计算表。

二、包装物的账务处理

账务处理

（一）生产领用包装物的账务处理

生产领用包装物是指在生产过程中领用的用于包装企业产品，构成产品组成部分的包装物。这种包装物不单独计价，属于内包装，为产品不可分割的部分。领用时，按所领用包装物的实际成本，借记"生产成本——基本生产成本"，贷记"周转材料——包装物"。

经典实例

【例2-3-16】滨海盛泰公司对包装物采用实际成本法核算。7月15日，生产A产品领用包装物的实际成本为2 045元。

编制会计分录如下。

借：生产成本——基本生产成本（A产品）   2 045.00

  贷：周转材料——包装物   2 045.00

［所附单据］包装物领用表。

（二）随同商品出售包装物的账务处理

1．随同商品出售不单独计价的包装物

随同产品出售不单独计价的包装物，是在产品销售过程中领用，不单独计价，没有收入，而是作为销售中的销售费用处理。按所用包装物的实际成本，借记"销售费用"，贷记"周转材料——包装物"。

2．随同产品出售单独计价的包装物

随同产品出售单独计价的包装物，应将包装物的收入列为其他业务收入。按实际收到的金额，借记"银行存款"，按不含税收入数额，贷记"其他业务收入"，按应交的增值税税额，贷记"应交税费——应交增值税（销项税额）"。同时，还要结转所出售的包装物成本，按所售包装物的实际成本，借记"其他业务成本"，贷记"周转材料——包装物"。

经典实例

【例2-3-17】滨海盛泰公司对包装物采用实际成本核算，为销售A产品领用一批不单独计价的包装用

纸箱，随产品一同出售，包装纸箱实际成本为1 300元。

编制会计分录如下。

借：销售费用	1 300.00	
贷：周转材料——包装物		1 300.00

[所附单据] 包装物领用表。

【例2-3-18】滨海盛泰公司在销售B产品时，领用单独计价包装物实际成本为9 000元，增值税专用发票注明的价款为10 000元，增值税税额为1 300元，款项已存入银行。

编制会计分录如下。

（1）出售单独计价包装物时：

借：银行存款	11 300.00	
贷：其他业务收入		10 000.00
应交税费——应交增值税（销项税额）		1 300.00

[所附单据] 银行收款通知、增值税专用发票。

（2）结转所售单独计价包装物的成本：

借：其他业务成本	9 000.00	
贷：周转材料——包装物		9 000.00

[所附单据] 包装物成本结转计算表等。

（三）出租包装物的账务处理

出租包装物是指企业将包装物以租赁形式借给购货方暂时使用。企业出租包装物要收取押金，出租期间收到的租金作为其他业务收入，与之对应的成本列为其他业务成本。

（1）收到押金：企业收到出租的包装物押金时，按收到的金额，借记"银行存款"，贷记"其他应付款"。

（2）收到租金：企业收到包装物租金时，按收到的金额，借记"银行存款"，按收到的租金不含税金额，贷记"其他业务收入"，按应交的增值税税额，贷记"应交税费——应交增值税（销项税额）"。

（3）一次摊销：企业出租的包装物，采用一次摊销法时，按出租包装物的实际成本，借记"其他业务成本"，贷记"周转材料——包装物"。

经典实例

【例2-3-19】7月2日，滨海盛泰公司销售一批B产品给九星公司，领用出租包装物实际成本为10 000元，收取押金5 000元，款项已存入银行。7月20日，收到租金1 130元，含增值税130元，押金以银行存款退回。包装物成本于领用时一次摊销。

编制会计分录如下。

（1）收到出租包装物押金时：

借：银行存款	5 000.00	
贷：其他应付款——九星公司（包装物押金）		5 000.00

[所附单据] 收款收据、银行转账凭证收款通知。

（2）收到出租包装物的租金时：

借：银行存款   1 130.00

  贷：其他业务收入   1 000.00

    应交税费——应交增值税（销项税额） 130.00

［所附单据］增值税专用发票、银行收款通知。

（3）出租包装物分摊时：

借：其他业务成本   10 000.00

  贷：周转材料——包装物（出租包装物） 10 000.00

［所附单据］周转材料成本结转计算表。

（4）退回押金：

借：其他应付款——九星公司（包装物押金） 5 000.00

  贷：银行存款   5 000.00

［所附单据］委托凭证、银行付款通知。

（四）出借包装物业务核算

出借包装物是指企业将包装物无偿提供给购货方暂时使用。

出借包装物的账务处理与出租包装物账务处理基本相同，但因出借包装物没有收入，所以出借包装物成本及相关费用直接计入销售费用。出借包装物的成本摊销方法一般采用一次摊销法。

出借包装物时，借记"销售费用"，贷记"周转材料——包装物"。

活动六 库存商品的账务处理

知识准备

库存商品是指在企业已经完成全部生产过程并已验收入库，合乎标准规格和技术条件，可以按照合同规定的条件送交订货单位，或可以作为商品直接对外销售的产品，以及外购或委托加工完成验收入库用于销售的各种商品。

库存商品具体包括四类：①库存产成品；②外购商品；③存放在门市部准备出售的商品；④发出展览的商品及寄存在外的商品等。

已完成销售手续但购货单位尚未提取的商品，不应作为企业的存货，而应作为代管商品处理，单独设置代管商品备查账簿进行登记。

设置账户

为了核算和监督库存商品的增减变化及结存情况，企业需要设置"库存商品"账户。

账户性质：属于资产类账户。

账户结构：借方登记验收入库商品的实际成本，贷方登记发出商品的实际成本，期末余额在借方，反映期末库存商品结存的实际成本。

明细核算：按库存商品的种类、品种、规格等设置明细账，进行明细分类核算。

库存商品的账务处理包括下面两种情况。

（1）结转完成产品的生产成本：对于库存商品采用实际成本核算的企业，当产品生产完成并验收入库时，按其实际生产成本，借记"库存商品"，贷记"生产成本——基本生产成本"。

（2）结转已销商品的生产成本：企业发出销售的商品，在确认销售收入的同时，还要结转已销商品的生产成本，按已销商品的实际生产成本，借记"主营业务成本"，贷记"库存商品"。

经典实例

【例2-3-20】滨海盛泰公司7月验收入库E产品2 000台，单位生产成本230元，计460 000元；H产品1 000台，单位生产成本120元，计120 000元。

编制会计分录如下。

借：库存商品——E产品　　　　　　　　　　　　　　　460 000.00

　　　　　　——H产品　　　　　　　　　　　　　　　120 000.00

　　贷：生产成本——基本生产成本（E产品）　　　　　　460 000.00

　　　　　　　　——基本生产成本（H产品）　　　　　　120 000.00

［所附单据］产品入库单、完工产品成本汇总表、产品成本计算单。

【例2-3-21】滨海盛泰公司7月销售A产品1500台，每台售价450元；销售B产品800台，每台售价320元。款项已存入银行。该月A产品的实际单位成本为230元，B产品的实际单位成本为120元。适用的增值税税率为13%。

编制会计分录如下。

（1）确认销售收入时：

借：银行存款　　　　　　　　　　　　　　　　　　　1 052 030.00

　　贷：主营业务收入——A产品收入　　　　　　　　　　675 000.00

　　　　　　　　　　——B产品收入　　　　　　　　　　256 000.00

　　　　应交税费——应交增值税（销项税额）　　　　　　121 030.00

［所附单据］购销合同复印件、提货单、产品出库单、增值税专用发票、银行收款通知等。

（2）结转销售成本时：

借：主营业务成本　　　　　　　　　　　　　　　　　　441 000.00

　　贷：库存商品——A产品　　　　　　　　　　　　　　345 000.00

　　　　　　　　——B产品　　　　　　　　　　　　　　 96 000.00

［所附单据］已销商品成本计算表。

活动七　存货清查的账务处理

知识准备

存货清查是指通过对存货的实地盘点，确定存货的实有数量，并与账面结存数核对，从而确定存货实存数与账面结存数是否相符的一种专门方法。

对于存货清查中出现的盘盈、盘亏，应填写"存货盘点报告表"，并及时查明原因，按照规定程序报批处理。一般可分为两个步骤。

（1）先将未批准处理前清查的盘盈、盘亏金额转入"待处理财产损溢"账户，并同时调整存货的账面价值。

（2）将清查结果报上级批准，经批准后按其规定进行相应的账务处理。

设置账户

为了核算和监督存货清查中出现的盘盈、盘亏、毁损等，企业需要设置"待处理财产损溢"账户。

账户性质：属于资产类账户。

账户结构：借方登记存货盘亏、毁损金额及经批准转销的盘盈金额；贷方登记存货的盘盈金额及经批准转销的盘亏金额。企业清查发生的各种存货损溢，应在期末结账前处理完毕，期末处理后"待处理财产损溢"账户应无余额。

明细核算：按盘盈、盘亏的资产种类和项目设置明细账，进行明细分类核算。

名师点拨

"待处理财产损溢"属于资产类账户，但不符合资产的确认条件，不得列示于资产负债表中。如果期末未获得批准，则应预先处理，等批准之后再进行调整。因此，该账户期末无余额。

一、存货盘亏的账务处理

账务处理

存货盘亏是指盘点后存货的实际结存数小于账面结存数的情况。

发生存货盘亏时，首先应根据实际结存数，调整账面记录，之后经有关部门批准后，再做进一步处理。

（1）存货盘亏：企业发生存货盘亏时，先按实际盘亏的数额（结存数与账面结存数差额），借记"待处理财产损溢——待处理流动资产损溢"，贷记"原材料"（或"周转材料""库存商品"）。

（2）报批处理：对于应由过失人或保险公司赔偿款，计入"其他应收款"，对于入库的材料残值，计入"原材料"等，扣除残料价值和应由过失人或保险公司赔款后的净损失，计入"营业外支出"。属于非正常损失的部分，计入"营业外支出"。

名师点拨

企业发生的非正常损失的购进货物及非正常损失的在产品、产成品所耗用的购进货物不得从销项税额中抵扣。因此，非正常损失的存货价值应包括其实际成本和应负担的进项税额两部分。因被盗及管理不善等人为因素造成的非正常损失时，应按非正常损失存货的实际成本贷记"原材料"等科目，按非正常损失存货应负担的进项税额，贷记"应交税费——应交增值税（进项税额转出）"；因自然灾害发生的非正常损失和其他非正常损失（如盘亏、购货短缺有赔偿的部分），允许作为进项税额抵扣，但必须有外单位或鉴定单位提供损失的证明。

【例2-3-22】滨海盛泰公司在财产清查中发现毁损丙材料60千克，实际单位成本400元；丁材料100千克，实际单位成本200元。经查明：丙材料毁损属于材料保管员吴伟的过失造成的，按规定由该保管员个人赔偿5 000元，残料已办理入库手续，价值1 000元；丁材料毁损属于自然灾害所致，根据保险合同规定，由平安保险公司赔偿15 000元，余额由公司承担，增值税税率为13%。

计算过程：

毁损丙材料实际成本＝60×400－300＝23 700（元）

丙材料进项税额转出＝23 700×13%＝3 081（元）

编制会计分录如下。

（1）批准处理前：

借：待处理财产损溢——待处理流动资产损溢　　　　　　　　44 000.00

　　　贷：原材料——丙材料　　　　　　　　　　　　　　　　　　24 000.00

　　　　　　　　——丁材料　　　　　　　　　　　　　　　　　　20 000.00

［所附单据］存货盘点报告表。

（2）丙材料批准处理后：

①由过失人赔偿部分：

借：其他应收款——吴伟　　　　　　　　　　　　　　　　　5 000.00

　　　贷：待处理财产损溢——待处理流动资产损溢　　　　　　　　5 000.00

②剩余残料入库：

借：原材料——丙材料　　　　　　　　　　　　　　　　　　1 000.00

　　　贷：待处理财产损溢——待处理流动资产损溢　　　　　　　　1 000.00

③结转丙材料毁损净损失

借：营业外支出——非正常损失　　　　　　　　　　　　　　21 081.00

　　　贷：待处理财产损溢——待处理流动资产损溢　　　　　　　　18 000.00

　　　　　应交税费——应交增值税（进项税额转出）　　　　　　　3 081.00

［所附单据］存货盘亏报告单、非正常损失鉴定书。

（3）丁材料批准处理后：

借：其他应收款——平安保险公司　　　　　　　　　　　　　15 000.00

　　营业外支出——非正常损失　　　　　　　　　　　　　　5 000.00

　　　贷：待处理财产损溢——待处理流动资产损溢　　　　　　　　20 000.00

［所附单据］存货盘亏报告单、非正常损失鉴定书。

二、存货盘盈的账务处理

存货盘盈是指盘点后存货的实际结存数大于账面结存数的情况。

存货发生盘盈时，应根据实际结存数，调整账面记录。

（1）存货盘盈：企业发生存货盘盈时，按实际盘盈的数额（结存数与账面结存数差额），借记"原材料"（或"周转材料""库存商品"等），贷记"待处理财产损溢——待处理流动资产损溢"。

（2）报批处理：查明原因后，按管理权限报经批准，冲减管理费用，借记"待处理财产损溢——待处理流动资产损溢"，贷记"管理费用"。

经典实例

【例2-3-23】滨海盛泰公司7月末在财产清查中盘盈甲材料100千克，实际单位成本80元；乙材料50千克，实际单位成本60元。经查甲材料属于材料收发计量方面的错误，乙材料属于自然升溢。

编制会计分录如下。

（1）批准处理前：

借：原材料——甲材料　　　　　　　　　　　　　　　　8 000.00

　　　　　——乙材料　　　　　　　　　　　　　　　　3 000.00

　　贷：待处理财产损溢——待处理流动资产损溢　　　　　　　　11 000.00

［所附单据］存货盘点报告表。

（2）批准处理后：

借：待处理财产损溢——待处理流动资产损溢　　　　　11 000.00

　　贷：管理费用　　　　　　　　　　　　　　　　　　　　　11 000.00

［所附单据］存货盘盈报告单。

知识巩固

一、单项选择题

1. 原材料采用实际成本法核算时，不需要设置（　　）账户。

A. 在途物资　　　　　　B. 周转材料　　　　　C. 原材料　　　　　　D. 材料成本差异

2. 委托加工应税消费品收回后用于连续生产应税消费品的，按规定由受托方代扣代缴的消费税，委托方应当计入（　·　）科目。

A. 委托加工物资　　　　　　　　　　　　B. 在途物资

C. 营业税金及附加　　　　　　　　　　　D. 应交税费——应交消费税

3. 随商品出售但不单独计价的包装物，应计入（　　）科目。

A. 管理费用　　　　　B. 销售费用　　　　　C. 主营业务成本　　　　D. 其他业务成本

4. 下列各项中，不属于库存商品的是（　　　）。

A. 正在加工中的产品　　　　　　　　　　B. 发出展览的商品

C. 外购直接出售的商品　　　　　　　　　D. 寄存在外的商品

二、多项选择题

1. 企业外购存货的成本包括（　　　）。

A. 购买价　　　　　B. 运杂费　　　　　C. 消费税　　　　　D. 增值税

2. 下列各项中，企业可以采用的发出存货成本计价方法有（　　　）。

A. 先进先出法　　　　　　B. 移动加权平均法　　C. 个别计价法　　　　D. 后进先出法

3. 原材料采用实际成本法核算时，需要设置（　　　）账户。

A. 在途物资　　　　　　　B. 材料采购　　　　　C. 原材料　　　　　　D. 材料成本差异

4. 原材料按计划成本核算时，企业应设置（　　　）账户。

A. 在途物资　　　　　　　B. 原材料　　　　　　C. 材料采购　　　　　D. 材料成本差异

三、判断题

1. 判断是否属于企业的存货，应以企业是否对存货拥有使用权为标志，不应以存货的存放地点作为判断标准。（　　　）

2. 在物价持续上升时，期末存货成本接近于市价，导致发出成本偏低，会高估企业存货价值和当期利润。（　　　）

3. 原材料采用计划成本核算时，材料的日常收入、发出及结存，无论总分类核算还是明细分类核算，均按照计划成本计价。（　　　）

4. 委托加工的物资收回后用于连续生产的，应将受托方代收代缴的消费税计入委托加工物资的成本。（　　　）

任务小结

存货在企业的不同生产过程和阶段中具有不同的实物形态，包括各类原材料（主料、辅料、外购半成品、修理用备件等）、在产品、半成品、产成品、库存商品及周转材料、委托代销商品等。

企业取得的存货应当按照成本进行初始计量，其成本包括采购成本、加工成本和其他成本。企业可以通过外购、自制、委托加工等不同的方式取得存货，不同存货的成本构成内容不同。原材料、商品、低值易耗品等通过购买而取得存货的成本由采购成本构成。产成品、在产品、半成品、委托加工物资等通过进一步加工而取得的存货的成本由采购成本、加工成本及其他成本构成。

企业发出的存货可以按实际成本核算，也可以按计划成本核算。在实际成本核算方式下，发出存货成本的计价方法有个别计价法、先进先出法、月末一次加权平均法和移动加权平均法等。

原材料的核算可以采用实际成本法或计划成本法。采用实际成本法核算时，材料的日常收入、发出及结存，无论总分类核算还是明细分类核算，均按照实际成本计价，企业需要设置"原材料""在途物资"等账户；采用按计划成本核算时，材料的日常收入、发出及结存，无论总分类核算还是明细分类核算，均按照计划成本计价，企业需要设置"原材料""材料采购""材料成本差异"等账户。

企业委托加工物资的核算，需要设置"委托加工物资"账户。委托其他单位加工存货的实际成本包括加工耗用物资的实际成本、支付的加工费、往返的运杂费、保险费及支付的税金等。

周转材料的核算包括低值易耗品和包装物的核算。周转材料的核算，需要设置"周转材料"账户，并按低值易耗品、包装物进行明细分类核算。低值易耗品通常被视同存货，其摊销方法有一次摊销法和分次摊销法。在采用分次摊销法时，需要单独设置"在库""在用""摊销"明细账户。

库存商品包括库存产成品、外购商品、存放在门市部准备出售的商品、发出展览的商品及寄存在外的商品等。库存商品的核算，需要设置"库存商品"账户。

存货清查的核算包括存货盘盈、盘亏和毁损的核算。对于存货的盘盈、盘亏和毁损，应及时填写有关"存货盘点报告单"，查明原因，按照规定程序报批处理。报批处理前，先将清查的盘盈、盘亏金额转入"待处理财产损溢"科目，并同时调整存货的账面价值；报经有关部门批准后，再根据造成盘亏和毁损的原因，做出相应的处理。

	核算内容	设置账户	账务处理内容	重点、难点
存货	原材料	原材料 在途物资 材料采购 材料成本差异	1. 实际成本法 （1）购入原材料 （2）发出原材料 2. 计划成本法 （1）购入原材料 （2）发出原材料 （3）结转材料成本差异	★ ★ ★★
	委托加工物资	委托加工物资	1. 发出委托加工物资 2. 支付加工费、运费 3. 缴纳消费税 4. 加工完成收回加工物资	★★
	周转材料	周转材料 ——低值易耗品 ——包装物	1. 低值易耗品 ①一次摊销 ②分次摊销 2. 包装物 ①生产领用包装物 ②随同商品销售单独计价 ③随同商品销售不单独计价 ④出租、出借包装物	★ ★ ★★ ★★
	库存商品	库存商品	1. 职工预借差旅费 2. 收到赔偿款、罚款 3. 存出保证金 4. 企业备用金	★ ★
	存货清查	待处理财产损溢	1. 存货盘盈 2. 存货盘亏	★★ ★★

技能训练

一、练习原材料实际成本法计价的账务处理

1. 实训资料

滨海致远公司原材料采用实际成本法核算，1#材料、2#材料均为原料及主要材料。6月发生有关经济业务如下。

（1）3日，从本市购入1#材料200千克，单价每千克35元，取得增值税专用发票上注明的价款7 000元，增值税910元，开出转账支票一张付款，材料已验收入库。

（2）6日，从外地购进2#材料一批，价款20 000元，专用发票所列增值税2 600元，运输费545元（含增值税45元），开出为期3个月、面值为23 145元的商业承兑汇票一张，支付价税款，材料已验收入库。

（3）10日，按合同规定，向城投公司预付购料款25 000元，用于采购1#材料，已开出转账支票支付。

（4）12日，从外地购入2#材料600千克，单价每千克25元，价款15 000元，专用发票所列增值税1 950元，上述款项已通过银行划转，但材料尚未收到。

（5）17日，用预付款方式向城投公司采购的1#材料已验收入库，有关增值税专用发票列明材料价款30 000元，增值税3 900元，又开出一张转账支票补付货款8 900元。

（6）22日，从外地购买的2#材料运达，验收入库550千克，短缺50千克，原因待查。

（7）23日，上述2#材料短缺50千克的原因已查明，是供货方少发货所致，经双方协商同意退款，但款项尚未收到。

（8）31日，向青岛韩泰公司采购1#材料，材料已验收入库，结算单据未到，暂估价8 000元。

（9）31日，根据发料凭证汇总表，本月生产甲产品领用1#材料175 000元，生产乙产品领用2#材料142 000元，车间一般性消耗领用1#材料15 000元，行政管理部门领用2#材料34 000元。

2. 实训要求

（1）根据资料，编制必要的会计分录。

（2）设置并登记"原材料"的丁字形账户。

二、练习原材料计划成本法计价的账务处理

1. 实训资料

滨海致远公司的3#原材料采用计划成本法核算，3#材料为原料及主要材料。7月初3#材料账面计划成本120 000元，材料成本差异为超支差5 000元，该企业7月发生有关经济业务如下。

（1）3日，购入3#材料一批，增值税专用发票上注明材料的价款150 000元，税款19 500元，该批材料计划成本145 000元，价税款以银行存款支付，材料已验收入库。

（2）8日，向青鹏公司购买3#材料一批，增值税专用发票上注明材料的价款120 000元，税款15 600元，材料的计划成本123 000元，价款尚未支付，材料已验收入库。

（3）15日，向申远公司购买3#材料一批，价款50 000元，专用发票所列增值税6 500元，材料的计划成本42 000元，该企业已代垫运输费654元（含增值税54元），款项均已通过银行支付，材料尚未收到。

（4）20日，上述3#材料已运达，验收入库。

（5）31日，根据发料凭证汇总表，本月领用3#材料计划成本350 000元，其中生产丙产品领用300 000元，车间一般性消耗30 000元，专设销售机构领用5 000元，厂部管理部门领用15 000元。

2. 实训要求

（1）根据以上经济业务，编制必要的会计分录。

（2）计算7月份材料成本差异率。

（3）计算发出材料应分摊的成本差异，并予以结转。

（4）设置并登记"材料采购""原材料""材料采购成本差异"的丁字形账户。

三、练习周转材料的账务处理

1. 实训资料

滨海致远公司采用实际成本法核算低值易耗品和包装物。低值易耗品摊销采用分次摊销法（估计使用2次），包装物采用一次摊销法。当月发生经济业务如下。

（1）基本生产车间领用生产工具一批，实际成本4 800元。

（2）厂部管理部门领用管理用具一批，实际成本2 000元。

（3）出租包装物150件，单位成本100元，租期3个月，收取押金20 000元。本月收取租金4 000元和按规定应交增值税520元，款项均存入银行。

（4）租赁期满，退还押金20 000元。

（5）生产车间领用包装物一批，实际成本5 000元。

（6）厂部管理部门报废管理用具一批，实际成本3 000元。

（7）销售过程领用随同产品出售不单独计价的包装物一批，实际成本1 000元。

（8）销售过程领用随同产品单独计价的包装物一批，售价5 000元，增值税650元，价税款收存银行，包装物实际成本3 000元。

2. 实训要求

根据上述资料，编制有关会计分录。

四、练习存货清查的账务处理

1. 实训资料

滨海致远公司对存货进行清查，发生如下经济业务：

（1）发现盘盈1#材料30千克，实际单位成本40元；盘亏2#材料100千克，实际单位成本25元，增值税税率13%。

（2）损毁甲产品300件，每件实际成本50元，其应负担的增值税额为1 950元。

（3）上述原因已查明，1#材料盘盈是收发计量差错造成的；2#材料盘亏是企业管理不善造成的；甲产品毁损是意外事故造成的，其残料回收作价1 000元，并获保险公司赔偿12 000元（赔偿款待收）。按管理权限报经批准，对上述清查结果作出处理。

2. 实训要求

根据上述资料，编制有关会计分录。

任务四　固定资产的账务处理

【知识目标】

1. 了解固定资产的概念、特征、分类。

2. 掌握固定资产折旧范围。

3. 熟悉固定资产折旧的计算方法。

4. 掌握固定资产取得、折旧、处置的账务处理。

5. 了解固定资产清查方法，掌握固定资产清查的账务处理。

【技能目标】

1. 能开设固定资产总账和所属明细账，建立固定资产台账。

2. 能正确审核有关原始凭证，做好固定资产的验收管理工作。

3. 能根据原始凭证编制固定资产外购、自营建造、处置的记账凭证。

4. 能设立并登记固定资产总分类账和明细分类账。

5. 能定期对固定资产进行盘点，核实固定资产台账的准确性，及时发现、处理盘亏、被盗等问题，确保资产的安全和完整。

【素养目标】

1. 具备良好的沟通能力，做好与采购、生产等各部门的协调工作。

2. 具备较强的组织管理能力，能够有效地组织、管理固定资产工作。

3. 具备一定的语言表达能力和文字写作能力，准确传达国有资产管理文件精神。

4. 具有吃苦耐劳的品质和具备较强的抗压能力。

任务描述

滨海盛泰公司外购一台生产设备，取得的增值税专用发票上注明的价款为3 000 000元，增值税税额为390 000元，运输费、装卸费及保险费共计30 000元，款项已通过银行转账支付。在安装过程中，先后领用工程物资80 000元，支付安装工人工资120 000元。一个月后安装完毕，设备交付使用。

思考与讨论：这台生产设备的成本是多少？通过哪些方式可以取得固定资产？如何核算这笔业务？

提出任务：如何进行固定资产的账务处理？

任务分解

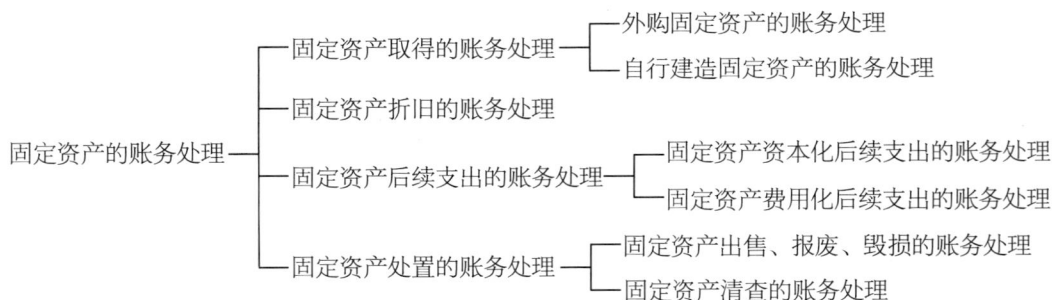

任务实施

活动一　固定资产取得的账务处理

知识准备

固定资产是指为生产产品、提供劳务、出租或经营管理而持有的、使用寿命超过一个会计年度的有形资产。

一、固定资产的特征

作为企业的固定资产应具备以下三个特征。①持有的目的是生产经营活动使用的需要。企业持有固定资产是为了生产产品、提供劳务、出租或经营管理的需要，而不是为了对外出售。该特征使固定资产区别于存货等流动资产。②使用寿命超过一个会计年度。固定资产的使用寿命一般超过12个月，即一个会计年度。该特征表明企业固定资产属于非流动资产，区别于流动资产。③固定资产是有形资产。固定资产具有实物资产，该特征使固定资产区别于无形资产。

二、固定资产的分类

根据不同的管理需要和核算要求，固定资产有以下不同的分类。

第一，按经济用途分类，分为生产经营用固定资产和非生产经营用固定资产。生产经营用固定资产是指直接服务于生产、经营过程的固定资产，如生产用厂房、机器设备等。非生产经营用固定资产是指不直接服务于生产经营过程的各种固定资产，如职工宿舍、食堂、医务室等。

第二，按固定资产的经济用途和使用情况，可分为生产经营用固定资产、非生产经营用固定资产、租出固定资产、不需用固定资产、未使用固定资产、土地、租入固定资产七大类。

另外，固定资产按使用情况还可分为使用中固定资产、未使用固定资产、不需用固定资产；按产权归属可分为自有固定资产和租入固定资产。

三、固定资产的入账价值

企业的固定资产应按照取得时的实际成本（即原值）入账。由于企业取得固定资产的途径和方式不同，其入账价值的确定也有所差异。

（一）外购固定资产的入账价值

外购固定资产的入账价值包括实际支付的购买价款、进口关税等相关税费，以及为使固定资产达到预定可使用状态前所发生的可直接归属于该项资产的场地整理费、运输费、装卸费、安装费和专业人员服务费等。

（二）自行建造固定资产的入账价值

企业自行建造的固定资产，应当按照建造该项资产达到预定可使用状态前所发生的必要支出，包括工程用物资成本、人工成本、交纳的相关税费、应予资本化的借款费用及应分摊的间接费用等，作为固定资产的入账价值。

（三）改建、扩建固定资产的入账价值

在原有固定资产基础上进行改建、扩建的固定资产，按原固定资产的账面价值加上由于改建、扩建而使该项资产达到预定可使用状态前发生的支出，减去改建、扩建过程中发生的变价收入和被替换部分的账面价值，作为入账价值。

设置账户

为了核算和监督固定资产取得，企业应当设置"固定资产""在建工程""工程物资"等账户。

（1）"固定资产"账户：为了核算和监督企业持有固定资产的原价，需要设置"固定资产"账户。

账户性质：属于资产类账户。

账户结构：该账户借方登记增加的固定资产原价，贷方登记减少的固定资产原价，期末余额在借方，表示企业固定资产的原价。

明细核算：该账户按照固定资产类别和项目设置明细账，进行明细分类核算。

（2）"在建工程"账户：为了核算和监督企业自建、更新改造等在建工程发生的支出，需要设置"在建工程"账户。

账户性质：属于资产类账户。

账户结构：借方登记企业在建造工程过程中发生的各项支出，包括领用工程物资、职工薪酬、安装设备、安装成本、出包工程价款和基建管理费等，贷方登记已验收交付使用在建工程成本，期末余额在借方，表示企业尚未达到预定可使用状态的在建工程的成本。

明细核算：该账户可按照"建筑工程""安装工程""安装设备"及单项工程等设置明细账户，进行明细分类核算。

（3）"工程物资"账户：为了核算和监督企业为在建工程准备的各种物资的价值，需要设置"工程物资"账户。

账户性质：属于资产类账户。

账户结构：借方登记购入工程物资的实际成本，贷方登记领出工程物资的实际成本，期末余额在借方，表示企业为在建工程准备的各种物资的成本。

明细核算：该账户可按"专用材料""专用设备""工器具"等设置明细账，进行明细分类核算。

一、外购固定资产的账务处理

账务处理

（一）购入不需要安装固定资产的账务处理

购入不需要安装的固定资产，直接通过"固定资产"账户核算。应按实际支付的购买价款、运输费、装卸费、专业人员服务费和其他相关税费等作为固定资产的入账价值，借记"固定资产"，按增值税专用发票注明的税额，借记"应交税费——应交增值税（进项税额）"，按银行支付的款项金额，贷记"银行存款"。

经典实例

【例2-4-1】滨海盛泰公司购入一台不需要安装即可投入使用的设备，取得的增值税专用发票上注明的价款为455 000元，税率13%，增值税税额为59 150元。另支付包装费并取得增值税专用发票，注明包装费1 000元，税率6%，增值税税额为60元，款项以银行存款支付。

编制会计分录如下。

固定资产入账价值＝455 000＋1 000＝456 000（元）

借：固定资产——设备	456 000.00
应交税费——应交增值税（进项税额）	59 210.00
贷：银行存款	515 210.00

［所附单据］购销合同复印件、增值税专用发票、银行付款通知、固定资产验收单（见图2-4-1）等。

固定资产验收单

编号：23-143

名 称	数控机床	出厂编号	2300139
型 号	SK-5—012L	原 值	455 000.00
生产厂家	蓝海市第一数控机床有限责任公司	购入日期	2023 年 7 月 4 日
主要技术参数：最大回转直径 mm ≥Φ360 最大切削长度 mm ≥950 最大切削直径 mm ≥Φ560 主轴孔直径 mm ≥Φ60 主轴转速范围 r/min 100-2500 主电机功率 kW ≥5.5 X 轴行程 mm ≥180 Z 轴行程 mm ≥600 尾座行程 mm ≥120			
随机附件及数量：略			
设备安装调试情况：安装调式完成			
设备验收结论：该数控机床工作正常，可正式投入使用			
参加验收人员：	徐金刚　　李宇春　　范学云　　赵长青　　黄 宗		
保管部门签章：	张 丰	日期：2023.7.9	
使用部门签章：	张红旭	日期：2023.7.9	

图 2-4-1

（二）购入需要安装固定资产的账务处理

购入需要安装固定资产的账务处理具体如下。

（1）购入固定资产：购入需要安装固定资产，应先通过"在建工程"账户核算。按增值税专用发票上注明的固定资产价款，借记"在建工程"，按增值税专用发票上注明的税额，借记"应交税费——应交增值税（进项税额）"，按银行转账支付的款项金额，贷记"银行存款"。

（2）支付安装费用：按支付的安装费用金额，借记"在建工程"，贷记"银行存款"。

（3）安装完毕：按支付的固定资产购买价款和安装调试费用合计金额，作为购入固定资产的入账价值，借记"固定资产"，贷记"在建工程"。

经典实例

【例2-4-2】滨海盛泰公司用银行存款购入一台需要安装的设备，增值税专用发票上注明的价款为250 000元，增值税税额为32 500元。在安装过程中，支付安装费12 000元（未取得增值税专用发票）。

编制会计分录如下。

（1）购入设备进行安装时：

借：在建工程　　　　　　　　　　　　　　　　　　250 000.00

　　应交税费——应交增值税（进项税额）　　　　　32 500.00

　　　贷：银行存款　　　　　　　　　　　　　　　　　282 500.00

［所附单据］购销合同复印件、增值税专用发票、银行付款通知。

（2）支付安装费时：

借：在建工程　　　　　　　　　　　　　　　　　　12 000.00

　　　贷：银行存款　　　　　　　　　　　　　　　　　12 000.00

［所附单据］增值税普通发票、银行付款通知。

（3）设备安装完毕交付使用时：

借：固定资产　　　　　　　　　　　　　　　　　262 000.00
　　贷：在建工程　　　　　　　　　　　　　　　　　　262 000.00

［所附单据］固定资产验收单。

二、自行建造固定资产的账务处理

企业自行建造固定资产主要有自营和出包两种方式。

自营方式建造固定资产，是指企业自行组织采购工程物资、自行组织施工人员施工的建筑工程和安装工程。

出包方式建造固定资产，是指企业通过招标方式将工程项目发包给建造承包商，由建造承包商组织施工的建筑工程和安装工程。

账务处理

（一）自营方式建造固定资产的账务处理

企业自营工程应当按照直接材料、直接人工、直接机械施工费等计量。

企业自行建造固定资产，需要通过"在建工程""工程物资"账户进行核算。

（1）购买工程物资：按实际支付的买价、运输费、保险费等作为工程物资的入账成本，借记"工程物资"，贷记"银行存款"。

（2）领用工程物资：按领用工程物资的成本，借记"在建工程"，贷记"工程物资"。

（3）领用生产用原材料：按领用原材料的成本，借记"在建工程"，贷记"原材料""应交税费——应交增值税（进项税额转出）"。

（4）领用生产产品：工程领用本企业生产的完工产品时，按使用产品的生产成本，借记"在建工程"，贷记"库存商品""应交税费——应交增值税（销项税额）"。

（5）支付工资：按应分配的工程人员工资额，借记"在建工程"，贷记"应付职工薪酬"。

（6）工程达到预定可使用状态：按固定资产的入账价值，借记"固定资产"，贷记"在建工程"。

（7）剩余工程物资：工程完工后，将剩余的工程物资转作企业存货，按其实际成本，借记"原材料"，贷记"工程物资"。

经典实例

【例2-4-3】滨海盛泰公司自行建造自动化生产车间一幢，用银行存款购入工程用的各种物资2 000 000元，支付的增值税税额为260 000元，全部用于工程建设。领用本企业生产的A产品一批，实际生产成本为150 000元，税务部门确定的组成计税价格为185 000元，增值税税率13%。工程人员应计工资325 000元，支付的其他费用120 000元。工程完工并达到预定可使用状态。

编制会计分录如下。

（1）购入工程物资时：

借：工程物资　　　　　　　　　　　　　　　　　2 000 000.00
　　应交税费——应交增值税（进项税额）　　　　　260 000.00
　　贷：银行存款　　　　　　　　　　　　　　　　2 260 000.00

［所附单据］购销合同复印件、增值税专用发票、银行付款通知。

（2）领用工程物资时：

借：在建工程   2 000 000.00

  贷：工程物资   2 000 000.00

［所附单据］工程物资领料单。

（3）领用本企业生产的产品：

借：在建工程   209 050.00

  贷：库存商品——A产品   185 000.00

    应交税费——应交增值税（销项税额） 24 050.00

［所附单据］产品出库单。

（4）分配工程人员工资时：

借：在建工程   325 000.00

  贷：应付职工薪酬   325 000.00

［所附单据］工资费用分配表。

（5）支付工程发生的其他费用时：

借：在建工程   120 000.00

  贷：银行存款   120 000.00

［所附单据］银行付款通知。

（6）工程完工达到预定可使用状态：

转入固定资产的成本＝2 000 000＋209 050＋325 000＋120 000＝2 654 050（元）

借：固定资产   2 654 050.00

  贷：在建工程   2 654 050.00

［所附单据］固定资产验收单。

（二）出包方式建造固定资产的账务处理

企业按合理估计的发包工程进度和合同规定，向承包商结算的进度款，通过"在建工程"科目核算；工程达到预定可使用状态后，按其成本，计入"固定资产"。

（1）企业预付工程款：按支付的金额，借记"在建工程"，贷记"银行存款"。

（2）工程完成补付工程款：按补付工程款的金额，借记"在建工程"，贷记"银行存款"。

（3）工程完工交付使用：按固定资产的入账价值，借记"固定资产"，贷记"在建工程"。

经典实例

【例2-4-4】滨海盛泰公司将一幢厂房的建造工程出包给建安公司承建，按合理估计的发包工程进度和合同规定向建安公司结算进度款2 500 000元，工程完工后，收到甲公司有关工程结算单据，工程总造价4 800 000元，增值税税率9%，工程完工并达到预定可使用状态。用银行存款补付剩余工程款。

编制会计分录如下。

（1）预付工程款时：

借：预付账款——建安公司   2 500 000.00

    贷：银行存款   2 500 000.00

［所附单据］工程承包合同复印件、银行付款通知等。

（2）结算工程价款，并补付工程款时：

借：在建工程——厂房   4 800 000.00

    应交税费——应交增值税（进项税额）   432 000.00

    贷：银行存款   2 732 000.00

        预付账款——建安公司   2 500 000.00

［所附单据］增值税专用发票、银行付款通知书等。

（3）工程完工并达到预定可使用状态时：

借：固定资产——厂房   4 800 000.00

    贷：在建工程——厂房   4 800 000.00

［所附单据］固定资产验收单。

活动二　固定资产折旧的账务处理

知识准备

固定资产在使用过程中虽然保持其原有的实物形态不变，但会发生有形损耗和无形损耗，最终会导致固定资产报废或停止使用。

固定资产折旧是指企业在固定资产的使用寿命内，按照确定的方法对应计折旧额进行系统分摊。

应计折旧额是指应当计提折旧的固定资产原值扣除其预计净残值后的金额。

一、影响计提固定资产折旧的因素

影响折旧的因素主要有：①固定资产原值；②固定资产的预计净残值；③固定资产减值准备；④固定资产的使用寿命。

企业应当根据固定资产的性质和使用情况，合理确定固定资产的使用寿命和预计净残值。固定资产的使用寿命、预计净残值、折旧方法一经确定，不得随意变更。

二、计提固定资产折旧的范围

除下列两种情况外，企业应对所有固定资产计提折旧：①已提足折旧仍继续使用的固定资产；②单独计价入账的土地。

在确定计提折旧范围时，还应注意以下五点。

第一，固定资产应当按月计提折旧，当月增加的固定资产，当月不计提折旧，从下月起计提折旧；当月减少的固定资产，当月仍计提折旧，从下月起不计提折旧。

第二，固定资产提足折旧后，不论能否继续使用，均不再计提折旧；提前报废的固定资产，也不再补提折旧。

第三，已达到预定可使用状态的固定资产但尚未办理竣工决算，应当按照估计价值确定其成本，并计提折旧；待办理竣工决算后，再按实际成本调整原来的暂估价值，但不需要调整原已计提的折旧额。

第四，融资租入的固定资产，等同企业自有固定资产，应当采用与其相一致的折旧政策。能够合理确定租赁期满时取得资产所有权的，按该固定资产的使用寿命计提折旧；不能合理确定租赁期满时取得资产所有权的，应当在租赁期与租赁资产使用寿命两者中较短的期间计提折旧。

第五，处于更新改造停止使用的固定资产，应在更新改造期间停止计提折旧；更新改造达到预定可使用状态后，再按重新确定的折旧方法、使用寿命计提折旧；进行大维修而停止使用的固定资产，应当照提折旧。

三、固定资产折旧计算方法

固定资产的折旧方法包括年限平均法、工作量法、双倍余额递减法和年数总和法。年限平均法和工作量法属于直线法，而双倍余额递减法和年数总和法是加速折旧法。

企业应根据固定资产经济利益的预期实现方式，合理选择折旧方法。固定资产的折旧方法将直接影响应提折旧总额在固定资产各使用年限之间的分配结果，从而影响当年的净收益和所得税。因此，固定资产折旧方法一经确定，不得随意变更。

（一）年限平均法

年限平均法（又称直线法）是指将固定资产应计折旧总额按使用年限平均计算折旧的方法。其计算公式为：

年折旧率＝（1－预计净产值率）÷预计使用年限

月折旧率＝年折旧率÷12

月折旧额＝固定资产原价×月折旧率

做中学

滨海盛泰公司有一幢厂房，原价为3 850 000元，预计可使用20年，预计报废时的净残值率为2%。厂房的折旧率和折旧额的计算如下。

年折旧率＝（1－2%）÷20＝4.9%

月折旧率＝4.9%÷12＝0.41%

余额折旧额＝3 850 000×0.41%＝15 785（元）

年限平均法计算比较简单，每期计提的折旧额是相等的。这种方法适用于固定资产在各个使用期间的损耗较均衡的情况。

（二）工作量法

工作量法是指按实际工作量计提固定资产折旧额的一种方法。其计算公式为：

单位工作量折旧＝固定资产原值×（1－预计净残值率）÷预计总工作量

固定资产月折旧额＝该项固定资产当月工作量×单位工作量折旧额

滨海盛泰公司一套生产设备的原价为1 000 000元，预计总工作时长为50 000小时，预计报废时的净残值率为5%，本月运转455小时。该设备的月折旧额计算如下。

单位小时折旧额＝1 000 000×（1—5%）÷50 000＝19（元/小时）

本月折旧额＝455×19＝8 645（元）

工作量法适用于那些在使用期间负担程度差异很大、提供的经济效益很不均衡的固定资产。

（三）双倍余额递减法

双倍余额递减法是在不考虑固定资产残值的情况下，用直线法折旧率的2倍作为固定的折旧率，乘以逐年递减的固定资产期初净值，得出各年应提折旧额的方法。双倍余额递减法计提折旧时，将可使用年限分为两部分计算：第一部分为从开始使用到寿命到期前2年；第二部分为寿命到期前2年内。其计算公式为：

（1）从开始使用至寿命到期前2年：

年折旧率＝2/预计可使用年限×100%

年折旧额＝（固定资产的原值—累计折旧额）×年折旧率

　　　　＝年初固定资产账面净值×年折旧率

月折旧额＝年折旧额÷12

（2）寿命到期前2年内：

最后两年每年的年折旧额＝（固定资产的原值—累计折旧额—预计净残值）÷2

滨海盛泰公司一项固定资产的原价为3 000 000元，预计使用年限为5年，预计净残值为10 000元。按双倍余额递减法计提折旧，每年的折旧额计算如下。

年折旧率＝2/5×100%＝40%

第1年应计提的折旧额＝3 000 000×40%＝1 200 000（元）

第2年应计提的折旧额＝（3 000 000—1 200 000）×40%＝720 000（元）

第3年应计提的折旧额＝（3 000 000—1 200 000—720 000）×40%＝432 000（元）

第4、5年为折旧最后2年，每年的折旧额为：

年折旧额＝[（3 000 000—1 200 000—720 000—432 000）—10 000]÷2＝319 000（元）

（四）年数总和法

年数总和法是以计算折旧当年年初固定资产尚可使用年数做分子，以各年年初固定资产尚可使用年数的总和做分母，分别确定各年折旧率，然后用各年折旧率乘以固定资产原值减去预计净残值后的余额，计算每年折旧的一种方法。其计算公式为：

年折旧率＝尚可使用年限÷预计可使用寿命的年数总和

年折旧额＝（固定资产原值—预计净残值）×年折旧率

月折旧额＝年折旧额÷12

接上例资料，若采用年数总和法，计算的各年折旧额如表2-4-1所示。

表2-4-1

年份	原价—净残值/元	尚可使用年限/年	变动折旧率	年折旧额/元	累计折旧/元
1	2 990 000.00	5	5/15	996 666.67	996 667.67
2	2 990 000.00	4	4/15	797 333.33	1 794 000.00
3	2 990 000.00	3	3/15	598 000.00	2 392 000.00
4	2 990 000.00	2	2/15	398 666.67	2 790 666.67
5	2 990 000.00	1	1/15	199 333.33	2 990 000.00

年数总和法主要用于以下两个方面的固定资产：一是由于技术进步，产品更新换代较快的；二是常年处于强震动、高腐蚀状态的。

设置账户

为了核算和监督企业固定资产累计折旧的增减变动情况，需要设置"累计折旧"账户。

账户性质：属于资产类账户，亦是固定资产的备抵账户。

账户结构：贷方登记折旧的增加（每期期末计提的固定资产折旧），借方登记固定资产折旧的减少或注销，期末余额在贷方，表示现有固定资产已提取的累计折旧额。

明细核算：一般不需要进行二级明细分类核算。

名师点拨

固定资产能多次使用且不改变其原有的形态，因此固定资产因损耗而减少的价值不能直接计入"固定资产"账户的贷方，需要单设"累计折旧"账户，用来反映固定资产因折旧而减少的价值。

账务处理

固定资产应当按月计提折旧，计提的折旧应当计入"累计折旧"科目。月末，企业根据编制的"固定资产折旧分配计算表"，按固定资产用途计入相关资产的成本或当期损益。

（1）基本生产车间使用的固定资产：其计提的折旧应计入"制造费用"。

（2）管理部门所使用的固定资产：其计提的折旧应计入"管理费用"。

（3）销售部门所使用的固定资产：其计提的折旧应计入"销售费用"。

【例2-4-5】滨海盛泰公司7月各部门应分配的固定资产折旧额为：生产一车间2 385 400元，生产二车间3 850 750元，管理部门3 500 000元，销售部门1 850 000元。当月二车间新购置生产用机器设备一台，价值15 600 000元，预计使用寿命为15年。

编制会计分录如下。

本月新购置的机器设备，本月不计提折旧。

借：制造费用——生产一车间		2 385 400.00
——生产二车间		3 850 750.00
管理费用		3 500 000.00
销售费用		1 850 000.00
贷：累计折旧		11 586 150.00

[所附单据] 固定资产折旧计算表（见图2-4-2）。

固定资产折旧计算表

2023 年 7 月 31 日

单位：元

使用部门	类别	月折旧率	上月计提折旧额	上月增加固定资产		上月减少固定资产		本月计提折旧额
				原值	折旧额	原值	折旧额	
一车间	房屋及建筑物	0.2%	985 300.00					985 300.00
	机器设备	0.6%	1 399 800.00	50 000.00	300.00			1 400 100.00
	小 计		2 385 400.00					2 385 400.00
二车间	房屋及建筑物	0.2%	1 573 570.00					1 573 570.00
	机器设备	0.6%	2 277 180.00					2 277 180.00
	小 计		3 850 750.00					3 850 750.00
行政管理部门	房屋及建筑物	0.2%	2 350 000.00					2 350 000.00
	运输工具	0.6%	1 150 000.00					1 150 000.00
	小 计		3 500 000.00					3 500 000.00
销售部门	其他		1 850 000.00					1 850 000.00
合 计			11 586 150.00					11 586 150.00

复核： 张 洋　　　　　　　　　　　　　　　　　制表： 徐成龙

图 2-4-2

活动三　固定资产后续支出的账务处理

固定资产的后续支出是指固定资产在使用过程中发生的更新改造支出、修理费用等。

企业的固定资产投入使用后，由于各个组成部分耐用程度不同，或者使用条件不同，往往会发生固定资产的局部损坏，为了保持固定资产的正常运转和使用，或者是为了提高固定资产的使用寿命或性能，需要对现有的固定资产进行维护、改建、扩建，就必然产生必要的后续支出。

固定资产的修理是指企业通过一定的手段对固定资产进行修复工作，从而使其达到正常运营状态的过程。固定资产修理的主要目的是恢复其使用价值。

固定资产的改扩建是指对原有固定资产进行的改建和扩建。固定资产的改建是指为了提高固定资产的质量而采取的措施；固定资产的扩建是指为了提高固定资产的生产能力或运营能力而采取的措施。由于固定资产改扩建后，可以使固定资产的质量和性能有所提高，因而其原值也会有所增加。

固定资产的更新改造等后续支出，满足固定资产确认条件，应当计入固定资产成本，称为资本化的后续支出；不满足固定资产确认条件的固定资产修理等，应当在发生时计入当期损益，称为费用化后续支出。

一、固定资产资本化后续支出的账务处理

账务处理

固定资产发生资本化的后续支出，应当通过"在建工程"账户进行核算。

（1）发生改扩建：企业固定资产发生改扩建时，先将固定资产的账面价值、已计提的累计折旧转入"在建工程"，借记"在建工程""累计折旧"，贷记"固定资产"。

（2）发生后续支出：企业发生可资本化的后续支出时，借记"在建工程"，贷记"银行存款"等。

（3）工程完工：企业改扩建工程完工达到预定可使用状态时，借记"固定资产"，贷记"在建工程"。

经典实例

【例2-4-6】滨海盛泰公司2019年12月自行建成了一条2#生产线，建造成本为5 000 000元，采用年限平均法计提折旧，净残值率为固定资产账面价值的2.5%，预计使用年限为6年。

2023年1月1日，滨海盛泰公司决定对现有的2#生产线进行改扩建，以提高其生产能力。至2023年3月31日，经过3个月的改扩建，完成了对这条生产线的改扩建工程，共发生支出1 000 000元，全部以银行存款支付。

该生产线改扩建工程达到预定可使用状态后，大大提高了生产能力，预计将其使用年限延长4年，即预计使用年限为10年。假定改扩建后的生产线的预计净残值率为改扩建后固定资产账面价值的3%；折旧方法仍为年限平均法。不考虑其他相关税费；公司按年度计提固定资产折旧。

生产线改扩建后生产能力将大大提高，能够为企业带来更多的经济利益，改扩建的支出金额也能可靠计量，因此该后续支出符合固定资产的确认条件，应计入固定资产成本，按资本化的后续支出处理方法进行账务处理。

计算固定资产账面价值，并编制会计分录如下。

（1）2019年12月31日，该公司有关账户的余额：

生产线的年折旧额＝5 000 000×（1－2.5%）÷6＝812 500（元）

累计折旧的账面价值＝812 500×2＝1 625 000（元）

固定资产的账面净值＝5 000 000－1 625 000＝3 375 000（元）

（2）2023年1月1日，固定资产转入改扩建时：

借：在建工程	3 375 000.00
累计折旧	1 625 000.00
贷：固定资产	5 000 000.00

［所附单据］固定资产调拨单、建筑安装工程合同复印件。

（3）2023年1月1日至3月31日，发生改扩建工程支出时：

借：在建工程　　　　　　　　　　　　　　　　　　　　1 000 000.00

　　贷：银行存款　　　　　　　　　　　　　　　　　　　　　1 000 000.00

［所附单据］银行转账凭证付款通知。

（4）2023年3月31日，生产线改扩建工程达到预定可使用状态时：

固定资产的入账价值＝3 375 000＋1 000 000＝4 375 000（元）

借：固定资产　　　　　　　　　　　　　　　　　　　　4 375 000.00

　　贷：在建工程　　　　　　　　　　　　　　　　　　　　　4 375 000.00

［所附单据］固定资产验收单。

（5）2023年3月31日，重新转为固定资产后，应按重新确定的使用寿命、预计净残值和折旧方法计提折旧。

应计提折旧额＝4 375 000×（1－2.5%）＝4 265 625（元）

月折旧额＝4 265 625÷（7×12＋9）≈45 866.94（元）

年折旧额＝45 866.94×12＝550 403.28（元）

2023年应计提的折旧额＝45 866.94×9＝412 802.46（元）

借：制造费用　　　　　　　　　　　　　　　　　　　　412 802.46

　　贷：累计折旧　　　　　　　　　　　　　　　　　　　　　412 802.46

［所附单据］固定资产折旧计算表。

二、固定资产费用化后续支出的账务处理

账务处理

固定资产费用化的后续支出，一般指固定资产日常修理费用。发生的不可资本化的日常修理费用，按用途进行分配如下。

（1）生产车间、行政部门发生修理费用支出：生产车间和行政部门发生的固定资产修理费用等后续支出时，按实际发生的数额，借记"管理费用""销售费用"，贷记"银行存款"等。

（2）专设销售机构发生修理费用支出：企业专设销售机构发生的固定资产修理费用等后续支出时，按实际发生的数额，借记"销售费用"，贷记"银行存款"。

经典实例

【例2-4-7】2023年7月10日，滨海盛泰公司对5#生产车间使用的机器设备进行日常修理，发生维修费并取得增值税专用发票，注明修理费20 000元，增值税2 600元，款项通过银行转账支付。

编制会计分录如下。

借：管理费用　　　　　　　　　　　　　　　　　　　　20 000.00

　　应交税费——应交增值税（进项税额）　　　　　　　　2 600.00

　　贷：银行存款　　　　　　　　　　　　　　　　　　　　　22 600.00

［所附单据］增值税专用发票、银行付款通知。

活动四　固定资产处置的账务处理

知识准备

固定资产的处置包括因不适用或不需用的固定资产的对外出售、转让，或因磨损、技术进步等原因对固定资产的报废，以及遭受自然灾害等导致的固定资产的毁损等进行处理。

固定资产处置一般通过"固定资产清理"账户核算。

设置账户

为了核算和监督企业因出售、报废和毁损等原因清理的固定资产净值及在清理过程中所发生的清理费用和清理收入，需要设置"固定资产清理"账户。

账户性质：属于资产类账户。

账户结构：借方登记清理过程中发生的各项费用，包括转入清理的固定资产账面价值、发生的清理费用及支付的相关税费等，贷方登记清理过程中发生的收入，包括转让收入、残料发生的变价收入及应向保险公司或责任人收取的赔款等。借方余额，表示清理后净损失；贷方余额，表示清理后净收益。

期末还需要进行损益结转，借方登记结转的清理净收益，贷方登记结转的清理净损失。结转后，该账户无余额。

明细核算：按照被清理的固定资产项目设置明细账，进行明细分类核算。

一、固定资产出售、报废、毁损的账务处理

账务处理

固定资产因出售、报废、毁损等原因进行处置时，应按该项固定资产的账面价值转入"固定资产清理"。清理完毕后，净收益转入"营业外收入"账户，净损失转入"营业外支出"账户。

（1）转入清理：企业固定资产转入清理时，根据固定资产清理申请单、固定资产出售（调拨）单等，按固定资产的账面价值（净值），借记"固定资产清理"，按已计提的累计折旧，借记"累计折旧"，按固定资产的原值，贷记"固定资产"。

> **名师点拨**
>
> 按照税法规定不得从增值税销项税额中抵扣的进项税额，借记"固定资产清理"，贷记"应交税费——应交增值税（进项税额转出）"。

（2）发生清理费用：在清理过程中支付的相关税费及其他费用，借记"固定资产清理""应交税费——应交增值税（进项税额）"，贷记"银行存款"。

（3）出售收入：按出售固定资产取得的收入金额，借记"银行存款"，按不含税收入额，贷记"固定资产清理"，按应交的增值税额，贷记"应交税费——应交增值税（销项税额）"。

（4）回收残料：按回收残料的价值，借记"原材料"，贷记"固定资产清理"。

（5）过失人或保险赔偿：企业计算或收到的应由保险公司或过失人赔偿的损失，应冲减清理支出，借

记"其他应收款"或"银行存款"等，贷记"固定资产清理"。

（6）处理清理净损益：固定资产清理完成后，填制"固定资产清理损益计算表"。如为借方余额，表示清理的净损失；如为贷方余额，则表示清理的净收益，需要进一步结转损益。

①"固定资产清理"账户如为借方余额（表示清理的净损失）时，按净损失数额，借记"营业外支出——非流动资产处置净损失"，贷记"固定资产清理"。

②"固定资产清理"账户如为贷方余额（表示清理的净收益）时，按净收益数额，借记"固定资产清理"，贷记"营业外收入——非流动资产处置净收益"。

经典实例

【例2-4-8】滨海盛泰公司出售市区内的一幢门面房，原价为5 000 000元，已提折旧2 654 500元。经过买卖双方共同协商，最后的实际出售含税价格为2 600 000元（增值税税率为9%），款项已收到。在出售过程中，该公司用银行存款支付含税清理费用65 000元。

计算增值税销项税额、出售净损益额，并编制会计分录如下。

增值税销项税额＝2 600 000÷（1＋9%）×9%≈214 678.90（元）

出售净收益＝2 600 000－（5 000 000－2 654 500）－65 000＝189 500（元）

（1）将出售固定资产转入清理：

借：固定资产清理——门面房	2 345 500.00
累计折旧	2 654 500.00
贷：固定资产——门面房	5 000 000.00

［所附单据］固定资产清理申请单、固定资产出售（调拨）单。

（2）支付清理费用时：

借：固定资产清理——门面房	65 000.00
贷：银行存款	65 000.00

［所附单据］银行转账支出报销单、增值税普通发票、银行付款通知。

（3）收到出售固定资产的价款：

借：银行存款	2 600 000.00
贷：固定资产清理——门面房	2 385 321.10
应交税费——应交增值税（销项税额）	214 678.90

［所附单据］房屋买卖合同复印件、增值税专用发票、银行收款通知。

（4）结转固定资产清理后净收益：

借：固定资产清理——门面房	189 500.00
贷：营业外收入——非流动资产处置净收益	189 500.00

［所附单据］固定资产清理损益计算表。

【例2-4-9】滨海盛泰公司现有一辆轿车，因交通事故提前报废，原价为650 000元，已计提折旧350 000元。报废时，取得保险公司赔偿款250 000元；变卖残料取得现金收入300元（含税）；支付清理费用100元。有关收入、支出均通过银行办理结算，适用增值税税率为13%。计算报废轿车残料价款不含税金额、增值税销项税额及净损失，并编制会计分录。

残料价款不含税金额＝300÷（1＋13%）≈265.49（元）

增值税销项税额＝300－265.49＝34.51（元）

报废轿车净损失＝（650 000－350 000）－250 000－265.49－100＝49 634.51（元）

（1）将报废轿车转入清理：

借：固定资产清理——轿车   300 000.00

  累计折旧   350 000.00

  贷：固定资产——轿车   650 000.00

［所附单据］固定资产报废申请单、固定资产报废单。

（2）获得保险公司赔偿款：

借：银行存款   250 000.00

  贷：固定资产清理——轿车   250 000.00

［所附单据］财产保险单复印件、银行收款通知。

（3）收回残料变价收入：

借：银行存款   300.00

  贷：固定资产清理——轿车   265.49

    应交税费——应交增值税（销项税额）   34.51

［所附单据］材料出库单、增值税普通发票，银行收款通知。

（4）支付清理费用：

借：固定资产清理——轿车   100.00

  贷：银行存款   100.00

［所附单据］劳务报酬支出单、银行付款通知。

（5）结转报废固定资产发生的净损失：

借：营业外支出——非流动资产处置净损失   49 634.51

  贷：固定资产清理——轿车   49 634.51

［所附单据］固定资产清理单。

二、固定资产清查的账务处理

固定资产清查是指企业对实际拥有的固定资产进行的清查盘点。

账务处理

企业应当定期或至少于每年年末对固定资产进行清查盘点，以保证固定资产核算的真实性。清查过程中，如果发现盘盈、盘亏，应当填制"固定资产盘盈盘亏报告表"，并通过"待处理财产损溢"账户核算。查明原因，按规定程序报批处理。

（1）固定资产盘盈：盘盈的固定资产，应按照同类或类似固定资产的市场价格扣除该项资产按照新旧程度估计的折旧后的余额，借记"固定资产"，贷记"待处理财产损溢——待处理非流动资产损溢"；按照管理权限报批处理，借记"待处理财产损溢——待处理非流动资产损溢"，贷记"营业外收入——盘盈收益"。

（2）固定资产盘亏：盘亏的固定资产，按折余价值，借记"待处理财产损溢——待处理固定资产损溢"，按已计提的折旧数额，借记"累计折旧"，按固定资产原值，贷记"固定资产"；按管理权限经批准后，借记"营业外支出"，贷记"待处理财产损溢——待处理固定资产损溢"。

名师点拨

企业发生固定资产盘亏，确认为非正常损失的，应在当月按下列公式计算不得抵扣的进项税额：

不得抵扣的进项税额 = 固定资产净值 × 增值税适用税率

经典实例

【例2-4-10】滨海盛泰公司在固定资产清查中，发现账外机器一台，同类市场价格为150 000元，七成新。编制会计分录如下。

（1）发现盘盈时：

借：固定资产	150 000.00
贷：待处理财产损溢——待处理非流动资产损溢	105 000.00
累计折旧	45 000.00

［所附单据］固定资产盘存单。

（2）按照管理权限经批准后处理时：

借：待处理财产损溢——待处理非流动资产损溢	105 000.00
贷：营业外收入——盘盈收益	105 000.00

［所附单据］固定资产盘点报告表。

【例2-4-11】滨海盛泰公司在固定资产清查中，发现短缺一台办公设备，原价12 500元，已提折旧3 580元。无法查明原因。

计算办公设备净值、进项税额转出额，并编制会计分录如下。

办公设备净值＝12 500－3 580＝8 920（元）

增值税进项税额转出＝8 920×13%＝1 159.60（元）

（1）发现盘亏时：

借：待处理财产损溢——待处理非流动资产损溢	10 079.60
累计折旧	3 580.00
贷：固定资产	12 500.00
应交税费——应交增值税（进项税额转出）	1 159.60

［所附单据］固定资产盘存单。

（2）处理盘亏：

借：营业外支出——非流动资产处置净损失	10 079.60
贷：待处理财产损溢——待处理非流动资产损溢	10 079.60

［所附单据］固定资产盘点报告表。

一、单项选择题

1. 企业购入需要安装的固定资产发生的安装费用应计入（　　　）。

A. 固定资产　　　　　B. 在建工程　　　　　C. 管理费用　　　　　D. 营业外支出

2. 不需要通过"在建工程"科目核算的是（　　　）。

A. 购入需要安装的固定资产　　　　　　　　B. 购入不需要安装的固定资产

C. 出包方式建造固定资产　　　　　　　　　D. 自营方式建造固定资产

3. 某固定资产使用年限为5年，在采用年数总和法计提折旧的情况下，第1年的年折旧率为（　　　）。

A. 20%　　　　　　　B. 33%　　　　　　　C. 40%　　　　　　　D. 50%

4. 某固定资产原值为100 000元，预计净残值2 000元，预计可以使用5年，按照双倍余额递减法计算，第2年应计提的折旧为（　　　）元。

A. 40 000　　　　　　B. 24 000　　　　　　C. 14 400　　　　　　D. 9 800

5. 固定资产发生资本化的后续支出，应当通过（　　　）账户核算。

A. 固定资产　　　　　B. 在建工程　　　　　C. 工程物资　　　　　D. 制造费用

二、多项选择题

1. 下列各项中，会引起固定资产账面价值发生增减变化的有（　　　）。

A. 购入固定资产　　　B. 计提固定资产折旧　　C. 固定资产改扩建　　D. 经营租入固定资产

2. 下列各项中，计入外购固定资产入账价值的有（　　　）。

A. 购买价款　　　　　B. 进口关税　　　　　C. 增值税　　　　　D. 运输费及安装费

3. 属于加速折旧法的是（　　　）。

A. 年限平均法　　　　B. 工作量法　　　　　C. 双倍余额递减法　　D. 年数总和法

4. 下列需要计提折旧的固定资产有（　　　）。

A. 已提足折旧仍然使用的固定资产　　　　　B. 经营租出的固定资产

C. 未提足折旧，提前报废的设备　　　　　　D. 在建工程转入固定资产后的第2个月

5. 下列各项应通过"固定资产清理"科目核算的有（　　　）。

A. 盘亏的固定资产　　B. 报废的固定资产　　C. 毁损的固定资产　　D. 出售的固定资产

三、判断题

1. 企业的固定资产应按照取得时的实际成本（即原值）入账。（　　　）

2. 外购的固定资产，一律先通过"在建工程"账户核算。（　　　）

3. 企业应当对所有固定资产计提折旧。（　　　）

4. 企业一般应当按月提取折旧，当月增加的固定资产，当月计提折旧；当月减少的固定资产，当月不提折旧。（　　　）

5. 固定资产发生的更新改造后续支出，应当计入"制造费用"。（　　　）

固定资产具有两个特征：①为生产商品、提供劳务、出租或经营管理而持有的；②使用寿命超过一个会计年度。为了加强对固定资产的取得、折旧、后续支出及处置等核算，企业需要设置"固定资产""累计折旧""在建工程""工程物资""固定资产清理"账户。

固定资产取得的核算包括外购固定资产和自行建造固定资产的核算。固定资产应当按照成本进行初始计量。它包括企业购建某项固定资产达到预定可使用状态前所发生的一切合理、必要的支出。固定资产发生的进项税额，可凭增值税专用发票、海关进口增值税专用缴款书和货物运输业增值税专用发票从销项税额中抵扣。其中允许抵扣增值税的固定资产主要是机器、机械、运输工具，以及其他与生产、经营有关的设备、工具、器具，但不包括房屋建筑物等不动产，也不包括不动产在建工程（包括新建、改建、扩建、修缮、装饰不动产的原料费和修理费）。

固定资产折旧的核算主要是按照确定的方法对应计折旧额进行系统分摊。除已提足折旧仍继续使用的固定资产和按照规定单独估价作为固定资产入账的土地两种情况外，企业应对所有固定资产计提折旧。企业应当合理地选择固定资产折旧方法。可选用的折旧方法包括年限平均法、工作量法、双倍余额递减法和年数总和法等。

固定资产后续支出的核算包括资本化后续支出核算和费用化后续支出核算。固定资产后续支出包括更新改造支出、修理费用等。与固定资产有关的更新改造等后续支出，符合固定资产确认条件的，应当计入固定资产成本；与固定资产有关的修理费用等后续支出，不符合固定资产确认条件的，应当计入当期损益（管理费用或销售费用）。

固定资产处置核算包括固定资产出售、转让、报废、毁损核算和固定资产清查核算。固定资产处置包括固定资产的出售、转让、报废和毁损等。固定资产处置一般通过"固定资产清理"科目核算。固定资产因毁损、报废产生的净收益、净损失分别计入"营业外收入"和"营业外支出"账户。

	核算内容	设置账户	账务处理内容	重点、难点
固定资产	固定资产取得	固定资产 在建工程 工程物资	1. 外购固定资产 2. 自行建造固定资产 （1）自营方式建造 （2）出包方式建造	★ ★
	固定资产折旧	累计折旧	1. 固定资产折旧方法 （1）平均年限法 （2）工作量法 （3）双倍余额递减法 （4）年数总和法 2. 计提折旧	★ ★★ ★★
	固定资产后续支出	在建工程	1. 资本化后续支出 2. 费用化后续支出	★★ ★★
	固定资产处置	固定资产清理 待处理财产损溢	1. 固定资产出售、转让、报废和毁损 2. 固定资产清查 （1）固定资产盘盈 （2）固定资产盘亏	★ ★ ★

一、练习固定资产取得的账务处理

1. 实训资料

滨海致远公司7月发生有关固定资产取得的经济业务如下。

（1）3日，购买不需要安装生产设备一台，取得增值税专用发票上注明的价款550 000元，增值税税额71 500元。以上款项均以银行存款支付，设备已交付使用。

（2）5日，购入一台需要安装的机器设备，专用发票上注明的设备价款为400 000元，增值税为52 000元，支付的运输费为2 500元。款项已通过银行支付，设备直接交付安装；7日，安装设备时，领用本公司原材料一批，价值36 000元，购进该批原材料时支付的增值税进项税额为4 680元；8日，领用本公司所生产的产品一批，成本为24 000元，计税价格32 000元，增值税税率13%；9日，结转应付安装工人的工资5 000元；10日，设备安装完毕交付车间使用。

（3）12日，自行建造一条流水生产线（生产设备），以存款购入为工程准备的各种物资230 000元，专用发票所列增值税额为29 900元；13日，领用工程物资120 000元；15日，领用生产用的原材料一批，实际成本为30 000元，应负担的增值税税额为3 900元；29日，分配工程人员工资35 600元；30日，工程达到预定可使用状态，交付生产使用。

（4）以出包方式委托滨海市第二建筑公司建造一栋原材料仓库，工程总造价预计为600 000元，施工期3个月。7月20日按合同规定预付工程款250 000元；9月20日，按合同规定结算应付工程进度款450 000元，以存款支付工程进度款200 000元；10月20日工程达到预定可使用状态，经验收后交付使用，结算实际工程造价650 000元，款项通过银行转账支付，固定资产投入使用。

2. 实训要求

（1）根据上述资料，编制有关会计分录。

（2）设置并登记7月份"在建工程""固定资产"的丁字形账户。

二、练习固定资产后续支出及计提折旧的账务处理

1. 实训资料

滨海致远公司7月发生有关固定资产后续支出及计提折旧的业务如下。

（1）1日，公司决定对现有一条生产线进行改扩建，工期1个月。设备原值1 000 000元，已计提折旧600 000元。

（2）10日，公司对厂部办公用房进行维修，领用维修材料9 000元，发生修理人员应付薪酬3 000元。

（3）25日，公司对甲产品生产车间的设备进行检修，发生修理费用23 000元；对厂部管理设施进行修理，发生检修费2 000元；对专设销售机构用房进行修理，发生维修费1 500元，以上费用均以存款支付。

（4）31日，改扩建工程共发生支出700 000元，取得变价收入10 000元，以上款项均通过银行转账收付。改扩建工程达到预定可使用状态，交付生产使用，结转工程成本。

（5）31日，本月固定资产应计提折旧额208 000元，其中生产车间计提折旧156 000元，行政管理部门计提折旧35 000元，专设销售机构计提折旧12 000元，经营性出租固定资产计提折旧5 000元。

2. 实训要求

根据上述资料，编制有关会计分录。

三、练习固定资产处置、清查的账务处理

1. 实训资料

滨海致远公司发生有关固定资产处置、清查的业务如下。

（1）公司一生产设备在交付使用后的第4年年末提前报废，原值为360 000元，已提折旧280 000元，在清理中，以存款支付清理费2 000元，收到残料变价收入款5 500元存入银行。

（2）公司出售一套闲置的生产设备，原价为150 000元，已计提折旧68 000元，出售取得收入45 000元存入银行，无清理费用。

（3）因车间线路老化发生火灾，造成厂房报废，原价300 000元，已计提折旧250 000元，清理时以银行存款支付费用12 000元，残料变卖收入为3 000元存入银行；另外收到保险公司赔偿清单，金额为50 000元，款未到账。结转当期净损益。

（4）公司在固定资产清查中，发现账外生产设备一台，同类市场价格为80 000元，八成新；发现短缺一台办公设备，原价20 000元，已提折旧5000元。均无法查明原因，报经批准后予以结转。

2. 实训要求

根据上述资料，编制有关会计分录。

任务五　无形资产的账务处理

任务目标

【知识目标】

1. 了解无形资产的概念、特征、分类。

2. 掌握无形资产的初始计量。

3. 掌握无形资产取得、摊销、处置的账务处理。

【技能目标】

1. 能编制无形资产有关业务的原始凭证和记账凭证。

2. 能设立并登记无形资产总分类账和明细分类账。

【素养目标】

1. 具有"尊重劳动、尊重知识、尊重人才、尊重创造"的时代精神。

2. 具有热爱科学、勇于挑战、注重开发和创造、不断开拓进取的科学精神。

任务描述

袁隆平农业高科技股份有限公司（隆平高科000998）是由湖南省农业科学院作为主要发起人，联合湖南杂交水稻研究中心、湖南东方农业产业公司、袁隆平先生等共同发起设立的，主要从事以杂交水稻、杂交辣椒、西甜瓜为主的高科技农作物种子、种苗的培育、繁殖和推广销售。该公司的特别之处就在于其中的一项无形资产是我国著名科学家袁隆平先生的名字。

袁隆平是中国工程院院士、"世界杂交水稻之父"，以他几十年在杂交水稻方面的研究成果，为解决我们这个泱泱大国14亿人口的吃饭问题，起了举足轻重的作用。而"袁隆平"这三个字的品牌价值，据在一项无形资产评估中，估价超过1 000亿元。

思考与讨论：你了解袁隆平先生的事迹吗？无形资产对一个企业来说有何重要性？无形资产如何计价？

提出任务：如何进行无形资产的账务处理？

任务分解

无形资产的账务处理 —— 无形资产取得的账务处理
　　　　　　　　　—— 无形资产摊销的账务处理
　　　　　　　　　—— 无形资产处置的账务处理

任务实施

知识准备

无形资产是指企业拥有或控制的没有实物形态的可辨认非货币性资产。

一、无形资产的特征

无形资产具有三个主要特征。①不具有实物形态，通常表现为法律赋予的某种权利，没有物质实体；②具有可辨认性，该无形资产能区别于其他资产，可单独确认；③属于非货币性资产，因没有发达的交易市场，不容易转化为货币资金，并且能够在多个会计期间为企业带来经济利益。

二、无形资产的内容

无形资产包括专利权、非专利技术、商标权、著作权、土地使用权、特许权等。

名师点拨

作为无形资产核算的资产通常包括专利权、非专利技术、商标权、著作权、土地使用权、特许权。商誉、广告费、展览费不属于无形资产。

专利权是指国家专利主管机关依法授予发明创造专利申请人对其发明创造在法定期限内所享有的专有权利，包括发明专利权、实用新型专利权和外观设计专利权。

非专利技术也称专有技术，是指不为外界所知、在生产经营活动中应采用的、不享有法律保护的、可以带来经济效益的各种技术和诀窍。

商标权是指专门在某类指定的商品或产品上使用特定的名称或图案的权利。

著作权是指制作者对其创作的文学、科学和艺术作品依法享有的某些特殊权利。

土地使用权是指国家准许某企业在一定期间内对国有土地享有开发、利用、经营的权利。

知识拓展

根据《中华人民共和国土地法》的规定，我国实行土地公有制，即全民所有制和劳动群众集体所有制。任何单位和个人不得侵占、买卖或者以其他形式非法转让土地。土地使用权可以依法转让。企业取得土地使用权，应将取得时发生的支出资本化，作为土地使用权的成本，计入"无形资产"科目。

特许权又称经营特许权、专营权，是指企业在某一地区经营或销售某种特定商品的权利或是一家企业接受另一家企业使用其商标、商号、技术秘密等的权利。

设置账户

为了核算和监督无形资产的取得、摊销和处置等情况，企业应当设置"无形资产""研发支出""累计摊销"账户进行核算。

（1）"无形资产"账户：为了核算和监督企业持有的无形资产的成本及其增减变化，需要设置"无形资产"账户。

账户性质：属于资产类账户。

账户结构：借方登记取得无形资产的成本，贷方登记出售无形资产转出的无形资产账面余额，期末借方余额，反映企业无形资产的成本。

明细核算：按照无形资产的项目设置明细账，进行明细分类核算。

（2）"研发支出"账户：为了核算和监督企业自行研究与开发无形资产过程中发生的各项支出，企业应当设置"研发支出"账户。

账户性质：属于成本类账户。

账户结构：借方登记企业发生的研究阶段支出和开发阶段支出，贷方登记期末计入当期损益的研究阶段支出和开发项目完成达到预定用途，需转入无形资产的开发阶段支出。期末借方余额表示企业开发阶段支出的累计数。

明细核算：分别设置"费用化支出""资本化支出"进行明细核算。

（3）"累计摊销"账户：为了核算和监督企业对使用寿命有限的无形资产计提的累计摊销，需要设置"累计摊销"账户。

账户性质：属于资产类账户，是"无形资产"的调整账户。

账户结构：贷方登记企业计提的无形资产摊销，借方登记处置无形资产转出的累计摊销，期末贷方余额，反映企业无形资产的累计摊销额。

无形资产应当按照实际成本进行初始计量。企业主要通过外购、自行研究开发等方式取得无形资产。

一、无形资产取得的账务处理

账务处理

（一）外购无形资产的账务处理

企业外购的无形资产应以实际支付的价款作为入账价值。实际支付的价款包括购买价款、相关税费及直接归属于使该项资产达到预定用途所发生的其他支出。

购入无形资产时，按实际支付的价款，借记"无形资产"，贷记"银行存款"。

经典实例

【例2-5-1】滨海盛泰公司购入一项产品的专利技术，增值税普通发票支付的价款1 200 000元，以银行存款支付。

编制会计分录如下。

借：无形资产——非专利技术　　　　　　　　　　　　　　1 200 000.00

　　贷：银行存款　　　　　　　　　　　　　　　　　　　　　　1 200 000.00

［所附单据］购买合同复印件、专利权证明复印件、增值税普通发票等。

（二）自行研发无形资产的账务处理

企业内部研究开发项目所发生的支出，应区分研究阶段支出和开发阶段支出。

研究阶段的支出全部费用化，在发生时计入当期损益（管理费用）；开发阶段的支出，符合资本化条件的计入无形资产成本，不符合资本化条件的计入当期损益；无法区分研究阶段和开发阶段的支出，应将其发生的研发支出全部费用化，计入当期损益。

（1）发生研发支出：按符合费用化条件的研究阶段支出金额，借记"研发支出——费用化支出"，按符合资本化条件的开发阶段支出金额，借记"研发支出——资本化支出"，按研发阶段领用的材料成本，贷记"原材料"，按研发阶段支出的职工薪酬金额，贷记"应付职工薪酬"，按研发阶段的其他支出金额，贷记"银行存款"。

（2）费用化的研发支出：期末按当期发生的费用化的研发支出金额计入当期损益，借记"管理费用"，贷记"研发支出——费用化支出"。

（3）研发成功：开发项目完成达到预定用途形成无形资产，需将资本化的研发支出转入无形资产成本，借记"无形资产"，贷记"研发支出——资本化支出"。

经典实例

【例2-5-2】滨海盛泰公司自行研究、开发一项专利技术，截至2022年12月31日，发生研发支出合计1 500 000元，经测试该项研发活动完成了研究阶段，从2023年1月1日开始进入开发阶段，发生研发支出850 000元，假定符合开发支出资本化的条件。2023年6月30日，该项研发活动结束。

编制会计分录如下。

（1）2022年发生的研发支出：

借：研发支出——费用化支出　　　　　　　　　　　　　　1 500 000.00

　　贷：银行存款　　　　　　　　　　　　　　　　　　　　　1 500 000.00

（2）2022年12月31日，发生的研发支出全部属于研究阶段的支出：

借：管理费用　　　　　　　　　　　　　　　　　　　　　　1 500 000.00

　　贷：研发支出——费用化支出　　　　　　　　　　　　　　　1 500 000.00

（3）2023年，发生开发支出并满足资本化确认条件：

借：研发支出——资本化支出　　　　　　　　　　　　　　　850 000.00

　　贷：银行存款　　　　　　　　　　　　　　　　　　　　　850 000.00

（4）2023年6月30日，该技术研发完成并形成无形资产：

借：无形资产　　　　　　　　　　　　　　　　　　　　　　850 000.00

　　贷：研发支出——资本化支出　　　　　　　　　　　　　　850 000.00

二、无形资产摊销的账务处理

账务处理

现行制度规定，无形资产自取得当月起，在预计使用年限内分期平均摊销。当月增加的无形资产，当月开始摊销；当月减少的无形资产，当月不再摊销。

无形资产摊销方法包括年限平均法（直线法）、生产产量法等。企业选择的无形资产的摊销方法，应当反映与该项无形资产有关的经济利益的预期实现方式一致，并不得随意变更摊销方法。无法可靠确定预期实现方式的，应当采用直线法摊销。

（1）无形资产的摊销：企业无形资产的摊销一般应计入当期损益，即借记"管理费用"，贷记"累计摊销"。

（2）用于生产产品的无形资产的摊销：企业专门用于生产产品的无形资产的摊销时，借记"制造费用"，贷记"累计摊销"。

（3）销售机构的无形资产的摊销：企业专设销售机构的无形资产的摊销时，借记"销售费用"，贷记"累计摊销"。

（4）出租无形资产的摊销：企业经营出租的无形资产摊销时，借记"其他业务成本"，贷记"累计摊销"。

经典实例

【例2-5-3】滨海公司购买了一项管理用专利权，成本为360 000元，合同规定受益年限为20年。

计算每月摊销额，并编制会计分录如下。

每月应摊销额＝360 000÷20÷12＝1 500（元）

（1）购买专利权时：

借：无形资产　　　　　　　　　　　　　　　　　　　　　　360 000.00

　　贷：银行存款　　　　　　　　　　　　　　　　　　　　　360 000.00

［所附单据］购买合同复印件、增值税普通发票、银行付款通知。

（2）每月摊销时：

借：管理费用　　　　　　　　　　　　　　　　　　　1 500.00

　　贷：累计摊销　　　　　　　　　　　　　　　　　　　　　1 500.00

［所附单据］无形资产摊销计算表。

三、无形资产处置的账务处理

无形资产处置是指企业对无形资产采取的措施或行为，包括无形资产的出租、出售、对外捐赠、报废等。

账务处理

企业处置无形资产，应当将取得的价款扣除该无形资产账面价值及出售时发生的相关税费后的差额作为营业外收入或营业外支出处理。

（1）出租无形资产：按收到的租金收入金额，借记"银行存款"，贷记"其他业务收入""应交税费——应交增值税"；进行摊销时，按每月摊销额，借记"其他业务成本"，贷记"累计摊销"。

（2）出售无形资产：按取得的出售价款，借记"银行存款"，按已计提的全部摊销额，借记"累计摊销"，按无形资产原值，贷记"无形资产"，按发生的相关税费后的差额，借记"营业外支出"（借方差额，即发生损失），或贷记"营业外收入"（贷方差额，即获得收益），同时按增值税相关的税率规定计算应交的增值税税额，贷记"应交税费——应交增值税"。

经典实例

【例2-5-4】滨海盛泰公司将其购买的一项专利权转让给华兴公司，该专利权的成本为1 000 000元，已摊销450 000元，该项无形资产按增值税条例规定为免税项目，实际取得的转让价款为900 000元，款项已存入银行。

编制会计分录如下。

借：银行存款　　　　　　　　　　　　　　　　　　　900 000.00

　　累计摊销　　　　　　　　　　　　　　　　　　　450 000.00

　　贷：无形资产　　　　　　　　　　　　　　　　　　　1 000 000.00

　　　　营业外收入　　　　　　　　　　　　　　　　　　　350 000.00

［所附单据］增值税普通发票、银行收款凭证、转让合同复印件、专利权转移证明复印件等。

知识巩固

一、单项选择题

1. 下列各项中，不属于无形资产的是（　　　　）。

A. 非专利技术　　　　　B. 商标权　　　　　C. 商誉　　　　　D. 特许权

2. 出售无形资产取得的收入，应计入（　　　　）科目。

A. 主营业务收入　　　　B. 营业外收入　　　　C. 投资收益　　　　D. 其他业务收入

二、多项选择题

1. 无形资产的特征是（　　　　）。

A. 不具有实物形态　　　B. 具有可辨认性　　　C. 属于非货币性资产　　　D. 可以长期使用

2. 无形资产的摊销方法有（　　　）。

A. 年限平均法　　　　B. 一次摊销法　　　　C. 生产产量法　　　　D. 分次摊销法

三、判断题

1. 现行制度规定，当月增加的无形资产，当月不摊销，下月开始摊销；当月减少的无形资产，当月继续摊销，下月不再摊销。（　　　）

2. 无形资产的摊销额均应计入当期损益。（　　　）

任务小结

无形资产是指企业拥有或控制的没有实物形态的可辨认非货币性资产。无形资产的核算包括无形资产取得、无形资产摊销和无形资产处置的核算。为了加强对无形资产的取得、摊销、后续支出及处置的核算，企业需要设置"无形资产""研发支出""累计摊销"等账户。

无形资产取得的核算包括外购无形资产和自行研发无形资产的核算。企业从外部购入无形资产的成本，按实际支付的价款确定，包括购买价款、进口关税和其他税费，以及直接归属于使该项资产达到预定用途所发生的其他支出。企业从外部取得的无形资产，只要取得符合抵扣条件的增值税专用发票，都可以进行抵扣。企业自行研究开发项目所发生的支出应区分研究阶段支出和开发阶段支出。发生的研发支出，不满足资本化条件的，计入当期损益；满足资本化条件的，计入研发支出。研究开发项目达到预定用途形成无形资产的，转入无形资产。如果无法可靠区分研究阶段的支出和开发阶段的支出，则应将其所发生的研发支出全部费用化，计入当期损益。

无形资产摊销核算包括选择无形资产的摊销方法和无形资产的会计处理。无形资产摊销方法有平均法、生产产量法。无形资产摊销的会计处理，借记"管理费用""制造费用""销售费用""其他业务成本"，贷记"累计摊销"。

无形资产处置核算包括无形资产的出租、出售核算等。企业处置无形资产，应当将取得的价款扣除该无形资产账面价值及出售时发生的相关税费后的差额作为营业外收入或营业外支出处理。

	核算内容	设置账户	账务处理内容	重点、难点
无 形 资 产	无形资产取得	无形资产 研发支出	1. 外购无形资产 2. 自行研发无形资产 （1）资本化的研发支出 （2）费用化的研发支出	★ ★★ ★★
	无形资产摊销	累计摊销	1. 无形资产摊销方法 （1）平均年限法 （2）工作量法 2. 无形资产摊销	★ ★
	无形资产处置		1. 出租无形资产 2. 出售无形资产	★

练习无形资产的账务处理

1. 实训资料

滨海致远公司发生下列有关无形资产的经济业务：

（1）购入一项专利，买价150 000元，价款以存款支付，该项专利权已投入使用。

（2）公司有偿取得一项土地的使用权，使用年限为30年，以存款支付土地出让金10 000 000元，已办妥相关手续。

（3）自行研究开发一项新技术，研究试制过程中领用原材料80 000元，购买该批材料的进项税为10 400元，应付人工费用45 000元，应负担的固定资产折旧费5 000元。

（4）月末，将上述研究阶段发生的支出予以转销。

（5）开发项目取得初步成功，进入开发阶段，发生应付人工费58 000元，以存款支付相关费用25 000元，经确认开发阶段支出符合资本化条件。

（6）开发项目取得成功，达到预定用途，申请取得专利权，形成无形资产，结转开发阶段的资本化支出。

（7）公司出售一项商标权，账面价值500 000元，累计摊销额为280 000元，取得收入150 000元存入银行，增值税税率为6%。

（8）公司用于出租的专利权（ZL25），取得租金收入12 000元，存入银行。

（9）当期公司无形资产摊销共计157 200元，其中土地使用权摊销额150 000元；专门用于生产产品的专利权（ZL21）摊销额5 000元；商标权摊销额1 200元；经营出租的专利权（ZL25）摊销额1 000元。

2. 实训要求

根据以上资料，编制有关会计分录。

任务六　交易性金融资产的账务处理

任务目标

【知识目标】

1. 了解交易性金融资产的内容。

2. 明确交易性金融资产的确认与计量。

3. 掌握交易性金融资产的相关业务的账务处理。

【技能目标】

1. 能审核、填制交易性金融资产业务相关的原始凭证和记账凭证。

2. 能正确设立并登记交易性金融资产总分类账和明细分类账。

【素养目标】

1. 具有敏捷的观察力和分析能力。
2. 具有风险意识和竞争意识。

任务描述

随着经济的发展和市场竞争的加剧，企业经常会面临资金闲置的问题。如何有效利用闲置资金，提高资金使用效率，成为企业必须面对的重要问题。将企业闲置资金投入金融市场是一项重要的财务管理任务。为了避免资金闲置带来的浪费，企业往往从市场上购入一些股票、债券等，以获取收益，提高资金利用率。

思考与讨论：你的家人、亲友有买债券、股票、基金或期货的吗？企业为何要将资金投入金融市场？

提出任务：如何进行交易性金融资产的账务处理？

任务分解

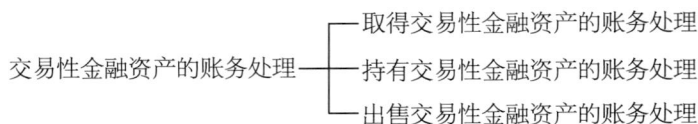

交易性金融资产的账务处理 ── 取得交易性金融资产的账务处理
交易性金融资产的账务处理 ── 持有交易性金融资产的账务处理
交易性金融资产的账务处理 ── 出售交易性金融资产的账务处理

任务实施

知识准备

交易性金融资产是指企业为了近期内出售而持有的金融资产。主要包括企业以赚取差价为目的从二级市场购入的股票、债券、基金等。

企业取得交易性金融资产时，应按公允价值计量。取得交易性金融资产所支付的价款中包含的已宣告但尚未发放的现金股利或已到付息期但尚未领取的债券利息，应单独确认为应收项目，不构成交易性金融资产的初始入账金额。

企业取得交易性金融资产所发生的相关交易费用应当在发生时计入当期损益，作为投资收益进行会计处理。发生交易费用取得增值税专用发票的，进项税额经认证后可从当月销项税额中扣除。

交易费用主要包括支付给代理机构、咨询公司、券商、证券交易所等的手续费、佣金、相关税费及其他必要支出。

设置账户

为了反映和监督交易性金融资产的取得、收取的现金股利或利息、出售等情况，企业应设置"交易性金融资产""公允价值变动损益""投资收益"等账户。

（1）"交易性金融资产"账户：为了核算企业为交易目的所持有的债券投资、股票投资、基金投资等交易性金融资产的公允价值，企业需要设置"交易性金融资产"账户。

账户性质：属于资产类账户。

账户结构：借方登记交易性金融资产的取得成本、资产负债表日其公允价值高于账面余额的差额；贷方登记资产负债表日其公允价值低于账面余额的差额，以及企业出售交易性金融资产时结转的成本和公允价值变动损益。

明细核算：按交易性金融资产的类别和品种，分别设置"成本""公允价值变动"等明细分类账，进行明细分类核算。

（2）"公允价值变动"账户：为了核算企业交易性金融资产等公允价值变动而形成的应计入当期损益的利得或损失，企业应设置"公允价值变动损益"账户。

账户性质：属于损益类账户。

账户结构：贷方登记资产负债表日企业持有的交易性金融资产等的公允价值高于账面余额的差额；借方登记资产负债表日企业持有的交易性金融资产等的公允价值低于账面余额的差额。期末应将该账户的余额转入"本年利润"账户，结转后该账户无余额。

（3）"投资收益"账户：为了核算企业对外投资所发生的损益，企业需设置"投资收益"账户。

账户性质：属于损益类账户。

账户结构：贷方登记在持有交易性金融资产等投资资产期间取得的投资收益，以及处置交易性金融资产等投资资产实现的投资收益；借方登记在持有交易性金融资产等投资资产期间发生的投资损失，以及企业在对外投资活动中发生的交易费用等。期末应将该账户余额转入"本年利润"账户，结转后该账户无余额。

一、取得交易性金融资产的账务处理

账务处理

企业购入交易性金融资产时，应当按照该金融资产取得时的公允价值，借记"交易性金融资产——成本"；按支付的相关交易费用，借记"投资收益"，发生交易费用取得增值税专用发票的，按其注明的增值税进项税额，借记"应交税费——应交增值税（进项税额）"，按企业所支付的价款总额，贷记"其他货币资金——存出投资款"或"银行存款"等。

名师点拨

支付的价款中包含了已宣告但尚未发效的现金股利或已到付息期但尚未领取的债券利息的，单独计入"应收股利"或"应收利息"，不计入交易性金融资产的初始入账金额。

经典实例

【例2-6-1】2023年2月10日，滨海盛泰公司从上交所购入一上市公司股票100 000股，计划短期持有，公司将其划分为交易性金融资产。该股票每股价格为10.50元，包含已宣告但尚未支付的股利0.50元。同时支付相关交易费用金额为2 300元。

编制会计分录如下。

（1）购买股票时：

借：交易性金融资产——成本   1 000 000.00

  应收股利   50 000.00

   贷：其他货币资金——存出投资款   1 050 000.00

［所附单据］交易对账单、股票交割单。

（2）支付相关交易费用时：

借：投资收益   2 500.00

   贷：其他货币资金——存出投资款   2 500.00

［所附单据］投资银行回单。

二、持有交易性金融资产的账务处理

账务处理

（1）现金股利和利息：企业持有交易性金融资产期间，被投资企业宣告发放的现金股利或在资产负债表日按分期付息、一次还本债券投资的票面利率计算的利息收入，确认应收项目，并计入投资收益，借记"应收股利"或"应收利息"，贷记"投资收益"。

（2）期末计价：资产负债表日，交易性金融资产应当按照公允价值计量，公允价值与账面余额之间的差额计入当期损益。

①当其公允价值高于其账面价值时，借记"交易性金融资产——公允价值变动"，贷记"公允价值变动损益"。

②当其公允价值低于其账面价值时，借记"公允价值变动损益"，贷记"交易性金融资产——公允价值变动"。

经典实例

【例2-6-2】接【例2-6-1】，7月5日，A公司宣告分配现金股利，甲公司可得现金股利10 000元。7月15日，收到现金股利。

编制会计分录如下。

（1）7月5日，A公司宣告分配现金股利时：

借：应收股利   10 000.00

   贷：投资收益   10 000.00

［所附单据］宣告分配现金股利公告复印件。

（2）7月15日，收到现金股利时：

借：其他货币资金——存出投资款   10 000.00

   贷：应收股利   10 000.00

［所附单据］银行进账单。

【例2-6-3】2023年10月3日，滨海盛泰公司购买某上市公司股票，当日其市价为500 000元，另支付交易费用1 250元。2023年12月31日，该股票市价为550 000元。

编制会计分录如下。

（1）2023年10月3日，购买股票时：

借：交易性金融资产——成本	500 000.00	
投资收益	1 250.00	
贷：其他货币资金——存出投资款		501 250.00

（2）2023年12月31日，确认股票公允价值变动损益：

| 借：交易性金融资产——公允价值变动 | 50 000.00 | |
| 贷：公允价值变动损益 | | 50 000.00 |

三、出售交易性金融资产的账务处理

企业出售交易性金融资产时，应将该金融资产出售时的公允价值与其账面余额之间的差额，计入投资收益，同时将原计入的公允价值变动损益转入投资收益。按实际收到的金额，借记"其他货币资金——存出投资款"，按账面余额，贷记"交易性金融资产——成本"，按账面余额，贷记"交易性金融资产——公允价值变动"，按差额，贷（或借）记"投资收益"。同时，按账面余额，借记"公允价值变动损益"，贷记"投资收益"，或借记"投资收益"，贷记"公允价值变动损益"。

经典实例

【例2-6-4】接【例2-6-3】，2024年1月10日，出售了所持有的股票，收到股票价款为560 500元。
编制会计分录如下。

借：其他货币资金——存出投资款	560 500.00	
贷：交易性金融资产——成本		500 000.00
交易性金融资产——公允价值变动		50 000.00
投资收益		10 500.00

同时：

| 借：公允价值变动损益 | 50 000.00 | |
| 贷：投资收益 | | 50 000.00 |

知识巩固

一、单项选择题

1. 我国企业会计准则规定，企业的交易性金融资产在资产负债表日计量时，应采用（　　）。

A. 历史成本　　　　B. 公允价值　　　　C. 净值　　　　D. 市场价值

2. 某企业购入一上市公司股票500 000股，并划分为交易性金融资产，共支付款项1 000 000元，其中包括已宣告但尚未发放的现金股利150 000元。另外，支付相关交易费用10 000元。该项交易性金融资产的入账价值为（　　）元。

A. 1 150 000　　　　B. 1 000 000　　　　C. 850 000　　　　D. 840 000

二、多项选择题

1. "交易性金融资产"账户借方登记的内容有（　　　）。

A. 交易性金融资产的取得成本

B. 资产负债表日其公允价值高于账面余额的差额

C. 取得交易性金融资产所发生的相关交易费用

D. 公允价值变动损益

2. 下列各项中，在购入交易性金融资产时不应计入其入账价值的有（　　　）。

A. 买入价   B. 支付的手续费

C. 支付的印花税   D. 已到付息期但尚未领取的利息

三、判断题

1. 企业取得交易性金融资产所发生的相关交易费用应当在发生时计入交易性金融资产的初始入账价值。（　　　）

2. 取得交易性金融资产所支付的价款中包含的已宣告但尚未发放的现金股利或已到付息期但尚未领取的债券利息，不应单独确认为应收项目，而应构成交易性金融资产的初始入账金额。（　　　）

任务小结

交易性金融资产包括股票投资、债券投资和基金投资。

取得交易性资产核算包括购入交易性金融资产核算和支付交易费用核算。企业取得交易性金融资产时，应按公允价值计量。取得交易性金融资产所支付的价款中包含的已宣告但尚未发放的现金股利，或已到付息期但尚未领取的债券利息，应当单独确认为应收项目。取得交易性金融资产所发生的相关交易费用应当直接计入当期损益。

企业对持有交易性金融资产核算时，对于被投资单位宣告发放的现金股利或企业在资产负债表日按分期付息、一次还本债券投资的票面利率计算的利息收入，应当确认为投资收益。资产负债表日，交易性金融资产应当按照公允价值计量，公允价值与账面余额之间的差额计入"交易性金融资产——公允价值变动"科目。

企业出售交易性金融资产核算时，应当将该金融资产出售时的公允价值与其初始入账价值金额之间的差额确认为投资收益，同时调整公允价值变动损益。

	核算内容	设置账户	账务处理内容	重点、难点
交易性金融资产	取得交易性金融资产	交易性金融资产 其他货币资金	1. 购入交易性金融资产 2. 支付交易费用	★★
	持有交易性金融资产	投资收益 公允价值变动损益	1. 宣告发放现金股利、利息 2. 期末计价	★
	出售交易性金融资产	投资收益 公允价值变动损益	出售无形资产	★

技能训练

练习交易性金融资产的账务处理

1. 实训资料

滨海致远公司2023年发生有关交易性金融资产的经济业务如下。

（1）3月20日，按每股10元的价格，购入A公司股票作为交易性金融资产，共购入30 000股。另外支付交易费用2 000元。股票购买价格中包含每股0.30元已经宣告但尚未领取的现金股利，款项均以银行存款支付。

（2）6月15日，发放上述股利。

（3）6月30日，对持有的交易性金融资产按公允价值进行再计量，确认公允价值变动损益。持有的交易性金融资产公允价值为308 000元。

（4）8月20日，A公司宣告2023年上半年度利润分配方案，每股分派现金股利0.20元。

（5）9月25日，收到上述现金股利。

（6）11月15日，公司将持有的A公司股票售出，实际收到出售价款355 000元。

2. 实训要求

（1）根据上述资料编制会计分录。

（2）设置并登记"交易性金融资产"的丁字形账户。

项目三　负债的账务处理

项目介绍

负债是指企业过去的交易或事项形成的、预期会导致经济利益流出企业的现时义务。

企业的负债按其流动性可分为流动负债和非流动负债。流动负债是指预计在1年内或超过1年的一个正常营业周期内清偿的债务，主要包括短期借款、应付及预收款项、应付职工薪酬、应交税费、应付利息等。流动负债通常是按照其实际发生额入账。非流动负债是指流动负债以外的负债，包括长期借款、应付债券、长期应付款等。非流动负债应当按照其实际发生额入账。

负债是企业的一项重要的资金来源。一个企业的自有资金是有限的，适度的负债经营是企业生产经营的策略和方式，对企业发展有重要意义。企业应当正确把控负债规模，加强企业负债经营的风险意识，尽可能做到合理的负债规模，防止过度负债导致企业发生财务危机。

为了帮助学生熟练掌握负债的核算内容和账务处理，本项目以滨海盛泰公司2023年7月的经济业务资料为案例，结合相关会计工作岗位核算的内容与要求，提炼出五个学习任务：①短期借款的账务处理；②应付款项的账务处理；③应付职工薪酬的账务处理；④应交税费的账务处理；⑤非流动负债的账务处理。

任务一　短期借款的账务处理

任务目标

【知识目标】

1. 了解短期借款的业务流程。

2. 掌握短期借款取得、计息和归还的账务处理。

【技能目标】

1. 能编制短期借款业务相关的原始凭证和记账凭证。

2. 能设立并登记短期借款明细分类账和总分类账。

【素养目标】

1. 具有合理利用与支配各类金融资源的能力。

2. 具有良好的沟通能力和社交能力。

3. 具有优良的诚信品德，诚信为人，立信于人。

任务描述

滨海盛泰公司因扩大生产规模，急需2 000 000元的周转资金，期限9个月。在申请贷款前，先联系了两家银行，询问了不同贷款产品的利率、期限和申请条件等信息：滨海市建设银行采用按月计付利息方式给公司提供借款，年利率为6%；滨海市工商银行采用分期（按季）付息方式给公司提供借款，年利率为6.1%。

思考与讨论：作为公司的会计，你认为选择哪家银行比较合适？计付利息有哪几种方式？实务中如何对借款利息进行会计处理？

提出任务：如何进行短期借款的账务处理？

任务分解

短期借款的账务处理———短期借款取得的账务处理
　　　　　　　　　　　———短期借款利息的账务处理
　　　　　　　　　　　———短期借款归还的账务处理

任务实施

知识准备

短期借款是指企业向银行或其他金融机构借入的期限在1年以下（含1年）的各种借款。

短期借款通常是企业为了维持正常的生产经营所需或为抵偿某项债务面临资金短缺时临时借入的资金。

短期借款的种类主要有生产经营周转借款、临时借款、票据贴现借款等。

生产经营周转借款是指企业为了满足本身生产经营对流动资金的需要而向银行或其他金融机构等借入的款项。

临时借款是指企业为了满足季节性等生产经营流动资金的需要而临时向银行或其他金融机构等借入的款项。

票据贴现借款是指企业因流动资金周转发生困难时，将持有的商业承兑汇票或银行承兑汇票向银行申请票据贴现的借款。

设置账户

为了核算短期借款的取得、偿还等，企业需要设置"短期借款"账户。

账户性质：属于负债类账户。

账户结构：贷方登记企业取得的借款本金，借方登记企业偿还的借款本金，期末余额在贷方，表示尚未归还的借款本金。

明细核算：按借款种类和贷款人设置明细账，进行明细分类核算。

短期借款的账务处理包括取得借款、归还借款和支付借款利息三个方面。

一、短期借款取得的账务处理

账务处理

企业从银行或其他金融机构取得短期借款时，根据银行借款凭证，按获取的借款金额，借记"银行存款"，贷记"短期借款"。

经典实例

【例3-1-1】滨海盛泰公司因生产经营的临时性需要，从当地建设银行取得一笔为期6个月的临时借款300 000元。

编制会计分录如下。

（1）取得借款时：

借：银行存款   300 000.00

    贷：短期借款——建设银行   300 000.00

[所附单据]借款合同复印件、银行借款凭证（见图3-1-1）。

中国建设银行借款凭证（回单）

2023 年 07 月 01 日   编号：1018

借款单位名称	滨海市盛泰实业有限责任公司	存款账户	×××××20000019642418		贷款账户	×××××20000030621359							
借款金额	人民币（大写）：叁拾万元整			佰	十	万	仟	佰	十	元	角	分	
				¥	3	0	0	0	0	0	0	0	
种类	生产周转借款	单位提出期限	自 2023 年 07 月 01 日至 2023 年 12 月 31 日止			利率			月利率 5‰				
		银行核定期限	自 2023 年 07 月 01 日至 2023 年 12 月 31 日止										
上列款项已收入你单位往来户内。此致			备注：到期一次还本付息。										

中国建设银行滨海市高新区分行
（银行签章）
2023年07月01日
中国建设银行滨海市高新区分行
业务清讫

图 3-1-1

二、短期借款利息的账务处理

账务处理

短期借款发生的应付利息属于筹资费用，应作为财务费用计入当期损益。

（1）按月计付利息：如果借款利息是按月计付的，可在支付时直接计入财务费用，借记"财务费用"，贷记"银行存款"。

（2）分期支付利息：如果借款利息是分期（季、本年）支付，或者到期连同本金一次支付，应采用月末预提方式，按照短期借款合同利率计算确定的利息费用，借记"财务费用"，贷记"应付利息"；支付利息时，借记"应付利息"，贷记"银行存款"。

经典实例

【例3-1-2】6月30日，滨海盛泰公司从当地建设银行取得短期借款300 000元，期限6个月，年利率

6%，要求在12月30日到期时一次性还本付息。

编制会计分录如下。

（1）6月30日，借入款项时：

借：银行存款　　　　　　　　　　　　　　　300 000.00

　　贷：短期借款——建设银行　　　　　　　　　　　300 000.00

［所附单据］借款合同复印件、银行借款凭证。

（2）每月月末计提利息时：

每月应付利息＝300 000×6%÷12＝1 500（元）

借：财务费用　　　　　　　　　　　　　　　1 500.00

　　贷：应付利息　　　　　　　　　　　　　　　　1 500.00

［所附单据］利息计算单（见图3-1-2）。

短期借款利息计算单

2023 年 7 月 31 日　　　　　　　　单位：元

所属期间	借款余额	月利率	计息金额
2023.07.01－2023.07.31	300 000.00	5‰	1 500.00
合计			1 500.00

会计主管：张洋　　　　复核：李峰　　　　制单：徐成龙

图 3-1-2

（3）12月30日，借款到期，还本付息时：

借：短期借款　　　　　　　　　　　　　　　300 000.00

　　应付利息　　　　　　　　　　　　　　　　9 000.00

　　贷：银行存款　　　　　　　　　　　　　　　309 000.00

［所附单据］银行还款凭证、借款利息通知单（付息通知）（见图3-1-3）。

中国建设银行　　借款利息通知单　（付息通知）

签发日期：2023 年 12 月 31 日

付款人	全称	滨海市盛泰实业有限责任公司		收款人	全称	中国建设银行滨海高新区分行									
	账号	×××××20000019642418			账号	×××××20000034245406									
						仟	佰	十	万	仟	佰	十	元	角	分
金额		人民币（大写）玖仟元整							¥	9	0	0	0	0	0
结息期	7-12月结息	计息本金	30 000.00	月利率				5‰							
备注：7-11月已预提利息7 500元。				上列款项已收入你单位往来户内。　此致　中国建设银行滨海市高新区分行（银行签章）2023.12.31　中国建设银行滨海市高新区分行业务清讫											

图 3-1-3

三、短期借款归还的账务处理

账务处理

企业从银行取得的短期借款，到期归还本金时，借记"短期借款"，贷记"银行存款"。

经典实例

【例3-1-3】滨海盛泰公司借入的短期借款3个月已到期，以银行存款归还本金300 000元。

编制会计分录如下。

借：短期借款——交通银行　　　　　　　　　　　300 000.00

　　货：银行存款　　　　　　　　　　　　　　　　300 000.00

［所附单据］银行还款凭证。

知识巩固

一、单项选择题

1. 某企业月初"短期借款"账户贷方余额为500 000元，本月向银行借入6个月的借款200 000元，归还以前的短期借款400 000元。本月末，该企业的短期借款账户的余额为（　　　）元。

　　A. 贷方300 000.00　　　　B. 贷方700 000.00　　　　C. 借方300 000.00　　　　D. 借方700 000.00

2. 企业计提短期借款利息费用时应贷记的会计科目是（　　　）。

　　A. 财务费用　　　　　　B. 其他应付款　　　　　　C. 短期借款　　　　　　D. 应付利息

二、多项选择题

1. 短期借款的用途主要有（　　　）。

　　A. 生产经营周转借款　　　　　　　　　　　B. 临时借款

　　C. 票据贴现借款　　　　　　　　　　　　　D. 购买设备借款

2. 如果借款利息是分期（季、半年）支付，或者到期连同本金一次支付，应采用月末预提方式，涉及的会计科目有（　　　）。

　　A. 银行存款　　　　　　B. 应付利息　　　　　　C. 财务费用　　　　　　D. 短期借款

三、判断题

1. 短期借款一般用于固定资产改扩建、大修理等方面的需要。（　　　）

2. 短期借款期限一般在1年以下。（　　　）

任务小结

短期借款是指企业向银行或其他金融机构等借入的、偿还期在1年以内（含1年）的各种借款。短期借款的种类主要有生产经营周转借款、临时借款、票据贴现借款等。

短期借款往往是为了解决流动资金的问题，其最大的风险是到期无法偿还。

为了核算短期借款的取得、偿还等，企业需要设置"短期借款"账户。其核算内容包括短期借款的取得、计息和到期归还的核算。短期借款发生的应付利息，属于筹资费用，应作为财务费用计入当期损益。

	核算内容	设置账户	账务处理内容	重点、难点
短期借款	短期借款取得	短期借款	取得短期借款	
	短期借款利息	财务费用 应付利息	按月计付利息 分期支付利息	★ ★★
	短期借款归还		归还短期借款	★

技能训练

练习短期借款的账务处理

1. 实训资料

滨海致远公司发生有关短期借款的经济业务如下。

（1）5月1日，因生产经营需要，从滨海市交通银行红星支行取得一项为期3个月的临时借款300 000元，年利率为5.3%；借款利息因数额不大，于6月1日借款到期时，一并以存款还本付息。

（2）7月1日，公司因生产经营需要，从滨海市建设银行太白支行取得一项为期半年的生产周转借款500 000元，年利率5.2%，借款利息按月提取，按季支付，到期还本。

①7月1日取得借款；

②7月、8月末计提利息；

③9月末支付此借款本季应付利息；

④10月、11月末计提借款利息；

⑤12月末归还借款本金，支付本季借款利息。

2. 实训要求

（1）根据上述资料编制会计分录。

（2）设置并登记"短期借款"的丁字形账户。

任务二　应付款项的账务处理

任务目标

【知识目标】

1. 掌握应付票据、应付账款、预付账款及其他应付的账务处理。

2. 掌握预收账款的入账价值及其账务处理。

【技能目标】

1. 能审核、填制应付款项业务相关的原始凭证和记账凭证。

2. 能设立并登记应付票据、应付账款、预收账款和其他应付款的明细分类账和总分类账。

【素养目标】

1. 具备诚信品质，遵循诚信原则，维护企业的良好信用。

2. 提升责任意识，正确处理应付款项，保证企业的资金安全。

任务描述

滨海盛泰公司因资金周转状况不佳，无法支付拖欠开元公司的货款520 000元。经与开元公司协商，并达成如下协议：开元公司同意滨海盛泰公司用生产的B产品抵偿上述债务，这批B产品的总成本450 000元，公允价值为520 000元，增值税税率为13%。

思考与讨论：应付账款是在什么情况下产生的？应付款项包括哪些内容？对于上述情况，如何进行账务处理？

提出任务：如何进行应付款项的账务处理？

任务分解

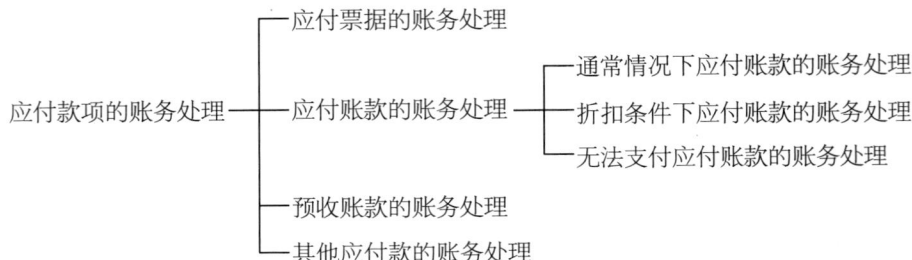

任务实施

活动一　应付票据的账务处理

知识准备

应付票据是指企业采用商业汇票支付方式购买材料、商品或接受劳务等而开出的商业汇票。

商业汇票的优点在于有固定的日期，付款人必须于到期日前支付款项给票据的收款人。

按照承兑人不同，商业汇票分为商业承兑汇票和银行承兑汇票；按照票据是否带息分为带息应付票据和不带息应付票据两种。带息商业汇票有确定的票面利率，票据到期时除应支付票面金额外，还应按票面利率计算支付利息。

应付票据利息＝本金×利率×期限

设置账户

为了核算企业因购买材料、商品、接受劳务供应等而开出承兑商业汇票引起的应付票据的增减变动，需要设置"应付票据"账户。

账户性质：属于负债类账户。

账户结构：贷方登记企业签发、承兑商业汇票的面值，借方登记偿还的应付票据的面值，期末贷方余额表示企业开出、承兑的尚未到期的商业汇票的票面金额。

明细核算：按债权人设置明细账，进行明细分类核算。

为了加强对应付票据的管理，企业应设置"应付票据备查簿"，详细登记商业汇票的种类、号数、出票日期、到期日、票面金额、交易合同号、收款人姓名（或单位名称）、付款日期和金额等。应付票据到期结清时，应在备查簿内注销登记。

账务处理

无论是带息应付票据，还是不带息应付票据，均按照票据面值计价入账。

（1）开出商业汇票：企业开出商业汇票支付货款时，借记"材料采购"（或"在途物资""原材料"等），贷记"应付票据"，涉及增值税进项税额的，还应借记"应交税费——应交增值税（进项税额）"。

（2）支付商业汇票手续费：属于银行承兑汇票的，需要支付银行承兑汇票手续费，借记"财务费用"，贷记"银行存款"。

（3）支付票据利息：在票据到期支付票据利息时，直接计入财务费用，借记"财务费用"，贷记"银行存款"。

（4）支付票款：应付票据到期，企业如期支付票款，借记"应付票据"，贷记"银行存款"。

（5）无力支付票款：

①属于银行承兑汇票，企业无力支付到期的票款时，票款由承兑银行垫付，企业应将应付票据票面金额转为短期借款，借记"应付票据"，贷记"短期借款"。对计收的利息，按短期借款利息的办法处理。

②属于商业承兑汇票，企业无力支付到期的票款时，应将应付票据票面金额转为应付账款，借记"应付票据"，贷记"应付账款"。待协商后再行处理。

经典实例

【例3-2-1】7月6日，滨海盛泰公司从开元公司购买一批丙材料，收到的增值税专用发票上注明的价款为100 000元，增值税税率为13%，税额为13 000元，材料已验收入库（按实际成本计价）。开出一张期限为3个月、面值为113 000元的商业承兑汇票，用于支付上述款项。

编制会计分录如下。

（1）企业开出商业承兑汇票时：

借：原材料——丙材料	100 000.00
应交税费——应交增值税（进项税额）	13 000.00
贷：应付票据——开元公司	113 000.00

［所附单据］购买合同复印件、增值税专用发票、材料入库单。

（2）偿付到期票据款时：

借：应付票据——开元公司	113 000.00
贷：银行存款	113 000.00

［所附单据］购商业承兑汇票复印件、银行付款通知。

（3）假设票据到期，企业没有能力偿付票据款时：

借：应付票据——开元公司   113 000.00

  贷：应付账款——开元公司   113 000.00

［所附单据］商业承兑汇票复印件。

【例3-2-2】接【例3-2-1】，假设滨海盛泰公司开出一张期限为3个月、面值为113 000元的银行承兑汇票，用于支付上述丙材料款项。此外，用银行存款支付了手续费100元。

编制会计分录如下。

（1）开出银行承兑汇票时：

借：原材料——丙材料   100 000.00

  应交税费——应交增值税（进项税额）   13 000.00

  贷：应付票据——开元公司   113 000.00

支付手续费时：

借：财务费用——手续费   100.00

  贷：银行存款   100.00

［所附单据］购买合同复印件、增值税专用发票、材料入库单、银行付款通知。

（2）企业按时偿付到期票据时：

借：应付票据   113 000.00

  贷：银行存款   113 000.00

［所附单据］银行承兑汇票复印件。

（3）假如企业没有能力偿付票据时：

借：应付票据   113 000.00

  贷：短期借款   113 000.00

［所附单据］银行承兑汇票复印件。

【例3-2-3】接【例3-2-2】，假设滨海盛泰公司开出一张期限3个月、面额113 000元、票面年利率6%的银行承兑汇票，用以结算上述款项。另用银行存款支付承兑手续费260元，材料已验收入库（按实际成本计价）。

编制会计分录如下。

（1）向银行申请承兑，支付承兑手续费时：

借：财务费用——手续费   260.00

  贷：银行存款   260.00

［所附单据］银行承兑汇票相关单据。

（2）持票购买材料，并验收入库时：

借：原材料——丙材料   100 000.00

  应交税费——应交增值税（进项税额）   13 000.00

  贷：应付票据——开元公司   113 000.00

［所附单据］购买合同复印件、增值税专用发票、材料入库单等。

（3）支付到期的票据本息时：

应付利息＝113 000×6%÷12×3＝1 695（元）

借：应付票据——开元公司		113 000.00
财务费用——利息支出	1 695.00	
贷：银行存款		114 695.00

［所附单据］银行承兑协议复印件、银行付款通知。

（4）若票据到期，公司无力付款，由承兑银行承担付款责任：

借：应付票据——开元公司		113 000.00
财务费用——利息支出	1 695.00	
贷：短期借款		114 695.00

［所附单据］银行承兑协议复印件。

活动二　应付账款的账务处理

知识准备

应付账款是指企业因购买材料、商品和接受劳务供应等而发生的债务。

应付账款的入账价值应按未来应付的金额确定，包括应支付的货款、增值税进项税和购货方应负担的运杂费、包装费等。

设置账户

为了核算企业购买材料、商品和接受劳务供应等应付而未付的款项，需要设置"应付账款"账户进行核算。

账户性质：属于负债类账户。

账户结构：贷方登记企业因购买材料、商品和接受劳务供应而应付款项，借方登记企业偿还、抵付的应付账款。期末余额一般在贷方，表示企业尚未支付的应付账款。

明细核算：按债权人设置明细账，进行明细分类核算。

一、通常情况下应付账款的账务处理

账务处理

通常情况下应付账款的账务处理具体如下。

（1）购入材料未付款：企业购入材料，货款尚未支付，应根据收到的增值税专用发票上注明的材料价款，借记"原材料"（或"在途物资""材料采购"），按可抵扣的增值税进项税额，借记"应交税费——应交增值税（进项税额）"，按应付的价款，贷记"应付账款"。

（2）偿付应付账款：企业偿付应付账款时，借记"应付账款"，贷记"银行存款"。

（3）材料先到，单据未到：企业购买的材料，月末已经入库，但发票等结算单据尚未收到，应按暂估金额入账，下月初冲回。

【例3-2-4】7月10日，滨海盛泰公司与兴州公司签订购买合同，购进一批乙材料，收到的增值税专用发票上注明的价款为200 000元，增值税税额为26 000元，材料已验收入库，货款未付。7月29日，企业用银行存款偿付了所欠兴州公司的货款。

编制会计分录如下。

（1）7月10日，企业确认应付账款：

借：原材料——乙材料   200 000.00

　　应交税费——应交增值税（进项税额）   26 000.00

　　　贷：应付账款——兴州公司   226 000.00

［所附单据］购买合同复印件、增值税专用发票、材料入库单。

（2）7月29日，偿付货款：

借：应付账款——兴州公司   226 000.00

　　　贷：银行存款   226 000.00

［所附单据］银行转账凭证付款通知。

【例3-2-5】7月15日，滨海盛泰公司购进一批乙材料，材料已验收入库，但到月末尚未收到发票账单。已知该批材料计划成本为50 000元。

编制会计分录如下。

（1）7月31日，将该批材料暂估入账：

借：原材料——乙材料   50 000.00

　　　贷：应付账款   50 000.00

（2）8月1日，红字冲回：

借：原材料——乙材料   50 000.00（红字）

　　　贷：应付账款   50 000.00（红字）

二、折扣条件下应付账款的账务处理

账务处理

折扣条件下应付账款的账务处理具体如下。

（1）如果是商业折扣，则按扣除了商业折扣以后的金额入账，也就是根据发票结算金额入账。

（2）如果是现金折扣，则按不扣除现金折扣金额入账，待实际发生折扣时，再将折扣金额计入当期财务费用。

经典实例

【例3-2-6】7月11日，滨海盛泰公司与赛宝公司签订购买合同，购进其一大批生产所需的甲原材料，收到的增值税专用发票上注明原材料价款为500 000元，增值税税率为13%，增值税税额为65 000元，原材料已验收入库，货款未支付。赛宝公司提供的现金折扣为"2/10、1/20、n/30"。假定计算现金折扣时不考虑增值税税额。

编制会计分录如下。

（1）7月11日，确认应付账款时：

借：原材料   500 000.00

    应交税费——应交增值税（进项税额）   65 000.00

      贷：应付账款——赛宝公司   565 000.00

［所附单据］购买合同复印件、增值税专用发票、材料入库单等。

（2）如果在10天内付清货款时：

现金折扣金额＝500 000×2%＝10 000（元）

借：应付账款——赛宝公司   565 000.00

      贷：财务费用   10 000.00

        银行存款   555 000.00

［所附单据］银行付款通知。

（3）如果在20天内付清货款时：

现金折扣金额＝500 000×1%＝5 000（元）

借：应付账款——赛宝公司   565 000.00

      贷：财务费用   5 000.00

        银行存款   560 000.00

（4）如果公司超过20天付款时：

借：应付账款——赛宝公司   565 000.00

      贷：银行存款   565 000.00

三、无法支付应付账款的账务处理

账务处理

企业由于债权单位撤销或其他原因而无法支付的应付账款，应按其账面余额直接转入当期损益，借记"应付账款"，贷记"营业外收入"。

经典实例

【例3-2-7】滨海盛泰公司有一笔应付B公司的货款1 500元，时间久远，并且无法与B公司取得联系。经核实，B公司已注销，确实无法支付，滨海盛泰公司决定对此予以转销。

编制会计分录如下。

借：应付账款——B公司   1 500.00

      贷：营业外收入   1 500.00

［所附单据］人民法院判决书复印件、应付账款处理通知书。

活动三　预收账款的账务处理

预收账款是指企业的买卖双方通过协议商定，由购货方预先支付一部分货款给供应方而发生的一项负债。

预收账款虽然表现为企业货币资金的增加，但它并不是企业的收入，其实质是一项负债，要求企业在短期内以某种商品、提供劳务或服务来补偿。

预收账款通常包括预收销售货款、预收租金、预收工程款等。

想一想

应付账款和预收账款均属商品交易形成的流动负债，有哪些区别？

设置账户

为了核算和监督企业发生的预收账款的取得、偿付等业务，需要设置"预收账款"账户。

账户性质：属于负债类账户。

账户结构：贷方登记企业预收的款项和购货方补付的款项，借方登记应收的款项和退回多收的款项。期末如为贷方余额表示企业向购货单位预收的款项；期末如为借方余额，表示企业应由购货单位补付的款项，即应收款项。

明细核算：按购货单位设置明细账，进行明细分类核算。

名师点拨

预收账款情况不多的企业，也可以不设置"预收账款"账户，而直接将预收账款并入"应收账款"账户进行核算。"应收账款"账户有关明细账户的期末贷方余额，反映的就是企业的预收账款。

账务处理

预收账款的账务处理具体如下。

（1）预收货款：企业预先收到货款时，按实际收到的金额，借记"银行存款"等，贷记"预收账款"。

（2）发出商品：企业发出商品，实现销售收入时，按价税合计金额，借记"预收账款"，按实现的不含税收入金额，贷记"主营业务收入"，按应交的增值税额，贷记"应交税费——应交增值税（销项税额）"。

经典实例

【例3-2-8】7月10日，滨海盛泰公司按合同规定预收国宏公司货款50 000元，款项存入银行。7月20日，实际销售给国宏公司A产品计价80 000元，增值税10 400元。7月23日，收到国宏公司补付的货款差额40 400元。

编制会计分录如下。

（1）7月10日，收到预收款项时：

借：银行存款　　　　　　　　　　　　　　　　　　50 000.00

　　贷：预收账款——国宏公司　　　　　　　　　　　　　　50 000.00

［所附单据］购销合同复印件、银行收款通知、收款收据。

（2）7月20日，发出产品，确认收入时：

借：预收账款——国宏公司　　　　　　　　　　　　90 400.00

　　贷：主营业务收入 ——A产品销售收入　　　　　　　　　80 000.00

　　　　应交税费——应交增值税（销项税额）　　　　　　　10 400.00

［所附单据］提货单、产品出库单、增值税专用发票。

（3）7月23日收到补付的款项时：

借：银行存款　　　　　　　　　　　　　　　　　　40 400.00

　　贷：预收账款——国宏公司　　　　　　　　　　　　　　40 400.00

［所附单据］银行收款通知。

想一想

假如滨海盛泰公司不设置"预收账款"科目，而是通过"应收账款"科目来核算，如何编制有关会计分录？

活动四　其他应付款的账务处理

知识准备

其他应付款是指企业除应付票据、应付账款、预收账款、应付职工薪酬、应付利息、应付利润、应交税费、长期应付款等以外的其他各项应付、暂收款项，包括应付经营租入固定资产和包装物的租金、存入保证金、暂收所属单位或个人的款项等。

设置账户

为了核算其他应付款的增减变动及其结存情况，企业需要设置"其他应付款"账户。

账户性质：属于负债类账户。

账户结构：贷方登记发生的各种应付、暂收的款项，借方登记偿还或转销的各种应付、暂收款项。期末余额在贷方，表示企业应付未付的其他应付款项。

明细核算：按其他应付款的项目和对方单位（或个人）设置明细账，进行明细核算。

账务处理

其他应付款的账务处理具体如下。

（1）发生应付、暂收款项：企业发生其他各种应付、暂收款项时，按实际发生的数额，借记"管理费用"或"银行存款"等，贷记"其他应付款"。

（2）偿还或退回应付、暂收款项：企业偿还或退回其他各种应付、暂收款项时，按偿还或退回的数额，借记"其他应付款"，贷记"银行存款"。

（3）无法支付的其他应付款：企业无法支付的其他应付款，按其账面金额，转入营业外收入，借记"其他应付款"，贷记"营业外收入"。

经典实例

【例3-2-9】某公司出借给关系客户一批包装物，收取包装物押金50 000元，存入银行。1个月后，收回出借的包装物，用银行存款退还押金。

编制会计分录如下。

（1）收取押金时：

借：银行存款　　　　　　　　　　　　　　　　　　　50 000.00

　　贷：其他应付款——存入保证金　　　　　　　　　　　　50 000.00

［所附单据］包装物出借合同复印件、押金收据、银行收款通知。

（2）退回押金时：

借：其他应付款——存入保证金　　　　　　　　　　　50 000.00

　　贷：银行存款　　　　　　　　　　　　　　　　　　　　50 000.00

［所附单据］银行付款通知。

知识巩固

一、单项选择题

1. 应付票据是指（　　　）。

A. 银行本票和银行汇票　　　　　　　B. 现金支票和转账支票

C. 商业承兑汇票和银行承兑汇票　　　D. 商业汇票和银行汇票

2. 企业确实无法支付的应付账款，应计入（　　　）账户。

A. 财务费用　　　　　　　　　　　　B. 营业外收入

C. 销售费用　　　　　　　　　　　　D. 其他业务收入

3. 甲公司为一般纳税人，购入一批材料，货款为100 000元，增值税税额为13 000元，对方代垫运杂费2 000元，材料已入库，货款未付，应付账款的入账价值是（　　　）元。

A. 115 000　　　　　　　　　　　　B. 113 000

C. 102 000　　　　　　　　　　　　D. 100 000

4. 预收货款业务不多的企业，可以不设置"预收账款"科目，其所发生的预收货款，可以通过（　　　）核算。

A. "应收账款"科目借方　　　　　　B. "应付账款"科目借方

C. "应收账款"科目贷方　　　　　　D. "应付账款"科目贷方

二、多项选择题

1. 下列关于应付票据的说法中，正确的有（　　　　）。

A. 应付票据包括银行汇票和银行本票

B. 应付票据到期结清时，应当在备查簿内予以注销

C. 应付票据余额在借方，表示企业尚未到期的商业汇票的票面金额

D. 商业汇票按照是否带息，分为带息票据和不带息票据

2. 下列应计入应付账款入账价值的是（　　　　）。

A. 购入材料未付的货款

B. 购入材料应付的增值税

C. 销货方代垫的运杂费

D. 现金折扣

3. 下列关于应付账款的处理中，正确的有（　　　　）。

A. 货物与发票账单同时到达，按发票账单登记入账

B. 货物已到，发票账单月末仍未到，应暂估入账

C. 应付账款一般按到期时应付金额的现值入账

D. 应付账款的入账价值不需考虑将要发生的现金折扣

4. 预收账款通常包括（　　　　）。

A. 预收销售货款　　　　　　　　　　B. 预收租金

C. 预收工程款　　　　　　　　　　　D. 预收押金

三、判断题

1. "应付票据"核算企业购买材料、商品和接受劳务供应等而开出、承兑的银行汇票。（　　　）

2. 应付票据不论是不带息应付票据，还是带息应付票据，均按照票据面值计价入账。（　　　）

3. 应付账款附有现金折扣的，企业应按扣除现金折扣后的净额入账。（　　　）

4. 预收账款表现为企业货币资金的增加，因而是企业的一项收入。（　　　）

任务小结

应付票据是指企业采用商业汇票支付方式购买材料、商品或接受劳务等而开出的商业汇票。按照承兑人不同，商业汇票分为商业承兑汇票和银行承兑汇票；按照票据是否带息分为带息应付票据和不带息应付票据两种。其账务处理内容包括应付票据的开出、到期清偿、到期无力清偿的核算。

应付账款是指企业因购买材料、商品和接受劳务供应等而发生的债务。应付账款的入账价值包括应支付的货款、增值税进项税和购货方应负担的运杂费、包装费等。应付账款一般按应付金额入账，如果购货附有现金折扣条件，则应付账款入账金额按发票上记载的应付金额的总值（不扣除现金折扣）记账，企业获得的现金折扣，冲减财务费用。

预收账款是指企业按照合同规定向购货单位预收的款项，它是企业的一项负债。与应付账款不同的

是，预收账款所形成的负债不是以货币偿付，而是以货物来偿付。预收账款的会计核算，通过单独设置"预收账款"账户进行核算；在预收账款业务不多的情况下，也可以不设置"预收账款"科目，而将预收的款项直接计入"应收账款"科目的贷方。

其他应付款是指企业除应付票据、应付账款、预收账款、应付职工薪酬、应付利息、应付利润、应交税费、长期应付款等以外的其他各项应付、暂收款项，其核算内容包括应付经营租入固定资产和包装物的租金、存入保证金、暂收所属单位或个人的款项等。

	核算内容	设置账户	账务处理内容	重点、难点
应付款项	应付票据	应付票据	1. 开出商业汇票 2. 支付手续费 3. 支付票据利息 4. 支付票款	★ ★
	应付账款	应付账款	1. 通常情况下应付账款的核算 2. 折扣条件下应付账款的核算 3. 无法支付应付账款的核算	★ ★★
	预收账款	预收账款	1. 预收货款 2. 发出商品	★
	其他应付款	其他应付款	1. 发生其他各种应付、暂收款项 2. 偿还或退回 3. 无法支付	★

技能训练

练习应付款项的账务处理

1. 实训资料

滨海致远公司7月发生有关应付款项的经济业务如下。

（1）1日，从三星公司购入1#材料一批，货款60 000元，增值税税率13%，取得增值税专用发票，材料已验收入库，价税款尚未支付，双方商定的现金折扣（按货款）比例为"2/10；1/20；n/30"。原材料按实际成本计价核算。

（2）3日，公司按合同向申达公司预付货款30 000元，用于采购一批2#材料，款项以银行存款支付。

（3）10日，公司以银行存款支付给豪都公司上月购入的2#原材料的应付未付的价款26 500元。

（4）15日，公司从泰源公司购入1#材料一批，货款50 000元，取得的增值税专用发票上所列增值税为6 500元，材料已验收入库。签发一张为期3个月的不带息商业承兑汇票，用于支付货款。

（5）19日，以银行存款向三星公司支付购入的1#材料的价税款，应计现金折扣6 000元，付款61 800元。

（6）22日，从申达公司购进2# 材料一批，取得的增值税专用发票上的价款28 000元，增值税3 640元，以银行存款补付货款1 640元。

（7）23日，从三星公司购入2#材料一批，货款60 000元，增值税专用发票上所列增值税7 800元，材料已验收入库，企业签发并经开户银行承兑一张为期2个月的带息银行承兑汇票支付价税款，票面利率5.4%，并以银行存款支付承兑手续费1 000元。

（8）25日，公司经核准将一项确实无法支付的应付科达公司的购货款6 500元予以转销。

（9）27日，向海飞公司购入2#材料一批，材料已验收入库，价款因发票等结算账单尚未收到而暂时无法支付。

（10）29日，向泰达公司出租包装物一批，收取押金5 600元存入银行。

（11）31日，月末结计本月应付滨海市供电公司的电费38 000元，其中，生产车间用电32 000元，厂部行政管理部门用电6 000元。

（12）31日，向海飞公司购入的2#材料，至月终仍未收到发票账单，按暂估价27 000元入账。

2. 实训要求

（1）根据上述经济业务编制会计分录。

（2）设置并登记"应付账款"的丁字形账户。

任务三　应付职工薪酬的账务处理

任务目标

【知识目标】

1. 熟悉应付职工薪酬的内容。

2. 掌握应付职工薪酬的账务处理方法。

【技能目标】

1. 能编制"工资结算汇总表""工资费用分配表"等。

2. 能编制应付职工薪酬业务相关的记账凭证。

3. 能设立并登记应付职工薪酬明细分类账和总分类账。

【素养目标】

1. 热爱劳动，尊重劳动，树立正确的职业观和价值观。

2. 贯彻"大国工匠、匠心筑梦"理念，激发民族自豪感和爱国情怀。

任务描述

滨海盛泰公司行政管理人员张明的月基本工资为5 684元，7月病假2天，事假1天，病假工资按基本工资的90%发放；2#车间工人安峰负责生产A产品，7月份生产完工A产品18件，其中合格品15件，料废品2件，工废品1件，计价单价300元。

思考与讨论：7月职工张明、安峰领取的工资薪酬各是多少？如何计算职工的应付职工薪酬？会计上如何处理账务？

提出任务：如何进行应付职工薪酬的账务处理？

任务分解

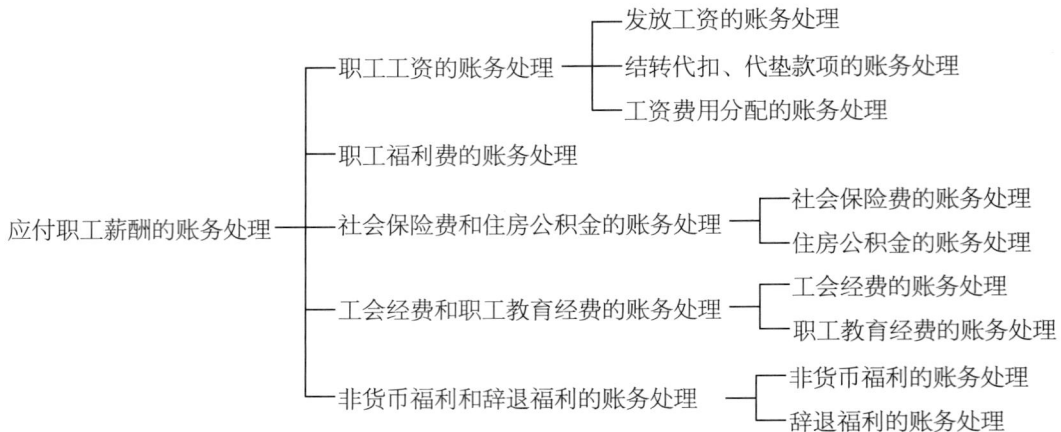

任务实施

活动一　职工工资的账务处理

知识准备

职工薪酬是指企业为获得职工提供的服务或解除劳动关系而给予的各种形式的报酬或补偿。职工薪酬包括职工工资、奖金、津贴和补贴，职工福利费，社会保险，住房公积金，非货币性福利，因解除与职工的劳动关系给予的补偿（辞退福利），以及其他与获得职工提供的服务相关的支出。

这里的"职工"是指与企业订立劳动合同的所有人员，包括全职、兼职和临时职工，也包括虽未与企业订立劳动合同，但由企业正式任命的人员，如董事会成员、监事会成员等。在企业的计划和控制下，虽未与企业订立劳动合同或未由其正式任命，但为其提供服务与职工类似服务的人员（如劳务派遣人员），也纳入职工范畴。另外，特别情况下，还包括职工配偶、子女或其他被赡养人。

一、职工工资、奖金、津贴和补贴

职工工资、奖金、津贴和补贴是指构成工资总额的计时工资、计件工资、支付给职工的超额劳动报酬和增收节支的劳动报酬、为了补偿职工特殊或额外的劳动消耗和因其他特殊原因支付给职工的津贴，以及为了保证职工工资水平不受物价影响支付给职工的物价补贴等。

二、职工工资的计算

企业职工工资有计时工资和计件工资两种形式。

（一）计时工资的计算

考勤记录是记载和反映每个职工缺勤情况的原始记录，是计算计时工资的主要依据。不论当月实际日历天数多少，只要职工按规定出全勤，就可以获得固定的月工资。如果有缺勤，则应按有关规定从月标准工资中扣除缺勤工资。计算公式如下：

应付计时工资＝月工资－缺勤应扣工资＋加班加点工资

其中：

缺勤应扣工资＝缺勤日数×日工资×应扣比例

加班加点工资＝加班天数×日工资×规定比例

知识拓展

缺勤日数含职工旷工、事假及病假日数。根据有关规定：①对旷工和事假缺勤，按100%扣发缺勤日的全部工资；②对因公负伤、探亲假、婚丧假、产假等缺勤应视同出勤，不扣工资；③对病假缺勤，则应根据国家规定按病假期限和工龄的长短扣发缺勤日一定比例的工资。

对于不同性质的加班，支付日工资的标准是不同的：①法定节假日加班按日工资的300%计算加班工资；②休息日（双休日）加班（在不能安排调休的情况下，下同）按日工资的200%计算加班工资；③延长劳动时间按日工资的150%计算加班加点工资。

（二）计件工资的计算

产量记录是反映工人或生产小组在出勤时间内完成产量和耗用工时的原始记录，是计算计件工资的主要依据。计件工资是根据当月产量记录中的产品数量和规定的计件单价计算的工资。

应付计件工资＝Σ［（合格品数量+料废品数量）×计件单价］

这里的产品数量包括实际完成的合格品数量及生产过程中因材料不合格而造成的废品（料废）数量。对于因工人生产过失而造成的废品（工废），则不计付工资。

（三）应付工资和实发工资的计算

计算出每个职工的计时工资、计件工资以后，再根据有关资料和标准确定每个职工的奖金、津贴和补贴等，从而计算出职工的应付工资。从中扣除应收回的垫付款项（由职工个人承担的房租、水电费等代垫款）和代扣代缴款项（个人所得税、应由职工个人缴纳的社会保险费等），即为实发工资。

应付工资＝计时工资（或计件工资）＋奖金＋津贴和补贴＋其他工资

实发工资＝应付工资－各种代扣、代垫款项

设置账户

为了核算应付给职工的工资及各种薪酬，企业应设置"应付职工薪酬"账户。

账户性质：属于负债类账户。

账户结构：贷方登记实际应付的职工薪酬，借方登记企业实际支付的职工薪酬和结转从应付职工薪酬中扣还各种款项（代垫款、代扣款等）。期末贷方余额，反映企业应付未付的职工薪酬。

明细核算：按"职工工资""职工福利费""社会保险费""住房公积金""工会经费""职工教育经费""非货币福利""辞退福利"等设置明细账，进行明细分类核算。

一、发放工资的账务处理

账务处理

会计实务中，企业财会部门一般在每月发放工资前，编制"工资结算单"（或"工资结算明细表"），按照"工资结算单"中的"实发工资"总额，从银行提取现金，发放工资；企业发放工资，也可以采用银行代发形式，由银行将工资直接转入职工个人银行储蓄账户中。

职工工资的核算，一般通过"应付职工薪酬——职工工资"账户核算。

（1）提取现金：按照"工资结算单"中的"实发工资"总额，开出现金支票，从银行提取现金，根据现金支票存根，借记"库存现金"，贷记"银行存款"。

（2）支付工资：企业根据"工资结算单"，用提取的现金发放工资，借记"应付职工薪酬——职工工资"，贷记"库存现金"。

（3）银行代发工资：企业采用银行代发工资，应根据开出的转账支票存根和"工资结算单"（或"工资结算明细表"），借记"应付职工薪酬——职工工资"，贷记"银行存款"。

经典实例

【例3-3-1】滨海盛泰公司7月"工资结算单"（见表3-3-1）中"实发工资"合计数为735 317元，会计人员按此金额从银行提取现金，发放工资。

编制会计分录如下。

（1）从银行提取现金时：

借：库存现金   735 317.00

  贷：银行存款   735 317.00

［所附单据］现金支票存根。

（2）用现金发放工资时：

借：应付职工薪酬——职工工资   735 317.00

  贷：库存现金   735 317.00

［所附单据］工资结算单。

表 3-3-1

工 资 结 算 单

2023 年 7 月 31 日 单位：元

序号	姓名	应付工资				代扣款项							实发工资
		工资	奖金	津贴	小计	个人所得税	养老保险	医疗保险	失业保险	住房公积金	代扣水电费	小计	
1	赵冬梅	3 600.00	400.00	100.00	4 100.00	0.00	328.00	82.00	41.00	410.00	5.00	866.00	3 234.00
2	李爽	2 000.00	300.00	50.00	2 350.00	0.00	188.00	47.00	23.50	235.00		493.50	1 856.50
3	赵涛	4 800.00	500.00	150.00	5 450.00	13.50	436.00	109.00	54.50	545.00	12.00	1 170.00	4 280.00
...	......	...	...	...	...	...	...	...	...	...	...	...	...
317合计		667 595.00	193 100.00	76 305.00	937 000.00	3 698.00	74 960.00	18 740.00	9 370.00	93 700.00	1 215.00	201 683.00	735 317.00

（3）若通过开户银行代发工资时：

借：应付职工薪酬——职工工资　　　　　　　735 317.00

　　贷：银行存款　　　　　　　　　　　　　　　735 317.00

［所附单据］转账支票存根、工资结算单（或工资结算明细表）。

二、结转代扣、代垫款项的账务处理

账务处理

企业财会部门应将"工资结算单"进行汇总，编制"工资结算汇总表"，对于"工资结算汇总表"中的各种代扣、代垫款项，在支付工资时予以结转。

（1）结转代扣款项：若为代扣款（应由职工个人缴纳的住房公积金、社会保险费等），应借记"应付职工薪酬——职工工资"，贷记"其他应付款"。

（2）结转代垫款项：若为代垫款（如职工借款、代垫职工房租、水电费等），应借记"应付职工薪酬——职工工资"，贷记"其他应收款"。

（3）结转代扣个人所得税：若为代扣个人所得税，应借记"应付职工薪酬——职工工资"，贷记"应交税费——应交个人所得税"。

经典实例

【例3-3-2】根据滨海盛泰公司7月"工资结算汇总表"（见表3-3-2）资料，结转代扣代垫款项。

编制会计分录如下。

借：应付职工薪酬——职工工资　　　　　　　201 683.00

　　贷：其他应收款——代垫水电费　　　　　　　1 215.00

　　　　其他应付款——代扣社会保险费（个人缴存）　103 070.00

　　　　　　　　　　——代扣住房公积金（个人缴存）　93 700.00

　　　　应交税费——应交个人所得税　　　　　　3 698.00

［所附单据］工资结算汇总表、税收电子转账专用完税凭证、特种委托收款凭证等。

表 3-3-2

工资结算汇总表

单位名称：滨海市盛泰实业有限责任公司　　　　　2023年7月31日　　　　　　　　　　单位：元

人员类别		职工工资	资金	补贴津贴	应付工资	个人所得税	社会保险（个人缴存）				住房公积金（10%）	代扣水电费	扣款合计	实发工资
							养老保险（8%）	医疗保险（2%）	失业保险（1%）	小计				
生产人员	A产品	125 000	43 000	12 000	180 000	650	14 400	3 600	1 800	19 800	18 000	340	38 790	141 210
	B产品	176 550	50 450	23 000	250 000	850	20 000	5 000	2 500	27 500	25 000	210	53 560	196 440
车间管理人员		36 500	21 000	7 500	65 00	150	5 200	1 300	650	7 150	6 500	45	13 845	51 155
供电车间人员		10 095	850	1 055	12 000	45	960	240	120	1 320	1 200		2 565	9 435
维修车间人员		30 350	1 350	2 300	34 000	63	2 720	680	340	3 740	3 400		7 203	26 797
行政管理人员		153 800	35 450	20 750	210 000	1 350	16 800	4 200	2 100	23 100	21 000	350	45 800	164 200
销售人员		67 000	13 500	4 500	85 000	230	6 800	1 700	850	9 350	8 500	120	18 200	66 800
在建工程人员		31 150	12 500	2 350	46 000	110	3 680	920	460	5 060	4 600		9 770	36 230
研发部门人员		37 150	15 000	2 850	55 000	250	4 400	1 100	550	6 050	5 500	150	11 950	43 050
合计		667 595	193 100	76 305	937 000	3 698	74 960	18 740	9 370	103 070	93 700	1 215	201 683	735 317

三、工资费用分配的账务处理

账务处理

月末，为了便于进行职工工资分配的核算，企业应按"工资结算汇总表"中的"应付工资"金额，编制"工资费用分配表"，根据工资发生的部门和用途进行分配，借记有关账户。

（1）直接从事产品生产工人的工资：借记"生产成本——基本生产成本"。

（2）辅助车间生产工人的工资：借记"生产成本——辅助生产成本"。

（3）车间管理人员的工资：借记"制造费用"。

（4）企业行政管理人员的工资：借记"管理费用"。

（5）专设销售机构的人员工资：借记"销售费用"。

（6）单独从事无形资产研发人员的工资：借记"研发支出"。

（7）在建工程人员的工资：借记"在建工程"。

经典实例

【例3-3-3】根据滨海盛泰公司7月"工资费用分配表"（见表3-3-3）资料，进行工资费用的分配。

编制会计分录如下。

借：生产成本——基本生产成本（A产品）	180 000.00
——基本生产成本（B产品）	250 000.00
生产成本——辅助生产成本（供电车间）	12 000.00
——辅助生产成本（维修车间）	34 000.00
制造费用	65 000.00
管理费用	210 000.00
销售费用	85 000.00
在建工程	46 000.00
研发支出	55 000.00

贷：应付职工薪酬——职工工资　　　　　　　　　　　937 000.00

［所附单据］工资费用分配表。

表 3-3-3

工资费用分配表

单位：滨海盛泰公司　　　　　　　　2023年7月31日

应借科目		生产工时/时	职工工资		奖金、津贴、补贴/元	合计/元
			分配率	分配额/元		
基本生产	A产品	6 250.000	20	125 000.00	55 000.00	180 000.00
	B产品	8 827.500	20	176 550.00	73 450.00	250 000.00
辅助生产	供电车间	4562.500	8	10 095.00	1 905.00	12 000.00
	维修车间	1261.875	8	30 350.00	3 650.00	34 000.00
制造费用				36 500.00	28 500.00	65 000.00
管理费用				153 800.00	56 200.00	210 000.00
销售费用				67 000.00	18 000.00	85 000.00
在建工程				31 150.00	14 850.00	46 000.00
研发支出				37 150.00	17 850.00	55 000.00
合　计				667 595.00	269 405.00	937 000.00

活动二　职工福利费的账务处理

职工福利费是指尚未实行医疗统筹企业职工的医疗费用、职工因公负伤赴外地就医路费、职工生活困难补助，以及按照国家规定开支的其他职工福利支出。

企业职工除领取工资之外，还应按照有关规定享受福利待遇。职工福利费按职工工资总额的14%计提。

账务处理

月末，为了便于进行职工福利费、个人所得税、各项社会保险费、住房公积金、工会经费、职工教育经费的核算，企业应编制"应付职工薪酬明细表"，进行有关账务处理。

企业向职工提供福利而发生的费用，应通过"应付职工薪酬——职工福利"账户进行核算。

（1）计提职工福利费：企业计提职工福利费时，根据"计提职工福利费计算表"或"应付职工薪酬明细表"，借记"生产成本""制造费用""管理费用""销售费用""在建工程""研发支出"等，贷记"应付职工薪酬——职工福利"。

（2）支付福利费用：企业实际支付福利费用时，按实际支付的金额，借记"应付职工薪酬——职工福利费"，贷记"库存现金"（或"银行存款"）。

经典实例

【例3-3-4】滨海盛泰公司以现金向张祥、王吉两职工支付生活困难补助各1 000元。

编制会计分录如下。

借：应付职工薪酬——职工福利　　　　　　　　　　　2 000.00

　　贷：库存现金　　　　　　　　　　　　　　　　　　2 000.00

［所附单据］职工困难补助发放表（见图3-3-1）。

职工困难补助发放表

2023 年 07 月 31 日

姓　名	补助金额 / 元	签名	备注
张祥	1 000.00	张祥	现金付讫
王吉	1 000.00	王　吉	
合　计	2 000.00		

审批： 于建军　　　　审核： 沙翠红　　　　制表： 李玉春

图 3-3-1

【例3-3-5】根据滨海盛泰公司7月的"应付职工薪酬明细表"（见表3-3-4）计提本月职工福利费。

编制会计分录如下。

```
借：生产成本——基本生产成本（A产品）          25 200.00
         ——基本生产成本（B产品）          35 000.00
    生产成本——辅助生产成本（供电车间）         1 680.00
         ——辅助生产成本（维修车间）         4 760.00
    制造费用                          9 100.00
    管理费用                         29 400.00
    销售费用                         11 900.00
    在建工程                          6 440.00
    研发支出                          7 700.00
    贷：应付职工薪酬——职工福利费                   131 180.00
```

［所附单据］应付职工薪酬明细表（或职工福利费计提表）。

表3-3-4

应付职工薪酬明细表

单位名称：滨海市盛泰实业有限责任公司　　　　2023年7月31日　　　　　　　　　　单位：元

人员类别		工资总额	职工福利费（14%）	企业缴存							工会经费（2%）	职工教育经费（1.5%）	合计
				养老保险（20%）	医疗保险（8%）	失业保险（1%）	工伤保险（0.2%）	生育保险（0.8%）	住房公积金（10%）	合计			
生产人员	A产品	180 000.00	25 200.00	36 000.00	14 400.00	1 800.00	360.00	1 440.00	18 000.00	72 000.00	3 600.00	2 700.00	103 500.00
	B产品	250 000.00	35 000.00	50 000.00	20 000.00	2 500.00	500.00	2 000.00	25 000.00	100 000.00	5 000.00	3 750.00	143 750.00
车间管理人员		65 000.00	9 100.00	13 000.00	5 200.00	650.00	130.00	520.00	6 500.00	26 000.00	1 300.00	975.00	37 375.00
供电车间人员		12 000.00	1 680.00	2 400.00	960.00	120.00	24.00	96.00	1 200.00	4 800.00	240.00	180.00	6 900.00
维修车间人员		34 000.00	4 760.00	6 800.00	2 720.00	340.00	68.00	272.00	3 400.00	13 600.00	680.00	510.00	19 550.00
行政管理人员		210 000.00	29 400.00	42 000.00	16 800.00	2 100.00	420.00	1 680.00	21 000.00	84 000.00	4 200.00	3 150.00	120 750.00
销售人员		85 000.00	11 900.00	17 000.00	6 800.00	850.00	170.00	680.00	8 500.00	34 000.00	1 700.00	1 275.00	48 875.00
在建工程人员		46 000.00	6 440.00	9 200 .00	3 680.00	460.00	92.00	368.00	4 600.00	18 400.00	920.00	690.00	26 450.00
研发部门人员		55 000.00	7 700.00	11 000.00	4 400.00	550.00	110.00	440.00	5 500.00	22 000.00	1 100.00	825.00	31 625.00
合计		937 000.00	131 180.00	187 400.00	74 960.00	9 370.00	1 874.00	7 496.00	93 700.00	374 800.00	18 740.00	14 055.00	538 775.00

活动三　社会保险费和住房公积金的账务处理

一、社会保险费的账务处理

社会保险是指企业按照国家规定的基准和比例计算，向社会保险经办机构缴纳的医疗保险费、养老保险费、失业保险费、工伤保险费和生育保险费。

社会保险费中的养老保险、医疗保险、失业保险一般以工资总额为基础，缴纳比例由各地人民政府确定，由企业单位和个人共同缴纳。由个人缴纳的部分，在发放工资时采用代扣代缴办法。工伤保险和生育保险完全是由用人单位缴纳，个人不需要缴纳。

账务处理

企业按规定缴纳的各项社会保险费是职工薪酬的组成部分，应通过"应付职工薪酬——社会保险费"账户进行核算。

（1）计提社会保险费：企业按期计算提取应交的各项社会保险费时，根据职工提供服务的受益对象（即工资分配的去向），分别借记"生产成本""制造费用""管理费用""在建工程""销售费用"等，贷记"应付职工薪酬——社会保险费（单位缴存）"。

（2）缴纳社会保险费：企业按规定缴纳各项社会保险费时，借记"应付职工薪酬——社会保险费（单位缴存）""其他应付款——代扣社会保险费（个人缴存）"，贷记"银行存款"。

经典实例

【例3-3-6】根据滨海盛泰公司7月的"应付职工薪酬明细表"（见表3-3-4），计提本月单位缴存的各项社会保险费。

编制会计分录如下。

借：生产成本——基本生产成本（A产品）	72 000.00
——基本生产成本（B产品）	100 000.00
生产成本——辅助生产成本（供电车间）	4 800.00
——辅助生产成本（维修车间）	13 600.00
制造费用	26 000.00
管理费用	84 000.00
销售费用	34 000.00
在建工程	18 400.00
研发支出	22 000.00
贷：应付职工薪酬——社会保险费（单位缴存）	374 800.00

［所附单据］应付职工薪酬明细表（或社会保险费计提分配表）。

企业以银行存款上缴本期应缴的各项社会保险费时：

借：应付职工薪酬——社会保险费（单位缴存）	374 800.00
其他应付款——代扣社会保险费（个人缴存）	103 070.00

贷：银行存款 477 870.00

[所附单据] 社会保险费电子转账凭证、银行转账付款通知。

二、住房公积金的账务处理

住房公积金是指企业和职工本人按工资总额的相同比例计算，向住房公积金管理机构缴存的住房公积金。

住房公积金的缴纳基数也是职工的工资总额，并且是单位和职工本人同数额缴纳。计提比例由各地人民政府确定，一般为5%~12%。

账务处理

企业按规定缴纳的住房公积金是职工薪酬的组成部分，应通过"应付职工薪酬——住房公积金"账户进行核算。

（1）计提住房公积金：企业按期计算提取应交的住房公积金时，根据职工提供服务的受益对象，分别借记"生产成本""制造费用""管理费用""在建工程""销售费用"等，贷记"应付职工薪酬——住房公积金（单位缴存）"。

（2）缴纳住房公积金：企业按规定缴纳住房公积金时，借记"应付职工薪酬——住房公积金（单位缴存）""其他应付款——代扣住房公积金（个人缴存）"，贷记"银行存款"。

经典实例

【例3-3-7】根据滨海盛泰公司7月的"应付职工薪酬明细表"（见表3-3-4），计提本月单位缴存的住房公积金。

编制会计分录如下。

借：生产成本——基本生产成本（A产品） 18 000.00
　　　　　　——基本生产成本（B产品） 25 000.00
　　生产成本——辅助生产成本（供电车间） 1 200.00
　　　　　　——辅助生产成本（维修车间） 3 400.00
　　制造费用 6 500.00
　　管理费用 21 000.00
　　销售费用 8 500.00
　　在建工程 4 600.00
　　研发支出 5 500.00
　　　贷：应付职工薪酬——住房公积金（单位缴存） 93 700.00

[所附单据] 应付职工薪酬明细表（或住房公积金计算表）。

企业以银行存款上缴本期应缴的住房公积金时：

借：应付职工薪酬——住房公积金（单位缴存） 93 700.00
　　其他应付款——代扣住房公积金（个人缴存） 93 700.00
　　　贷：银行存款 187 400.00

[所附单据] 住房公积金电子转账凭证、银行付款通知。

活动四　工会经费和职工教育经费的账务处理

一、工会经费的账务处理

工会经费是指工会依法取得并开展正常活动所需的费用。

工会经费的主要来源是工会会员缴纳的会费和企业按每月全部职工工资总额的2%向工会拨交的经费。

账务处理

企业计提的工会经费应列为管理费用，并通过"应付职工薪酬——工会经费"账户进行核算。

（1）计提工会经费：企业计提工会经费时，可按工资费用分配的去向，分配计入成本、费用，借记"生产成本""制造费用""管理费用""销售费用"等，贷记"应付职工薪酬——工会经费"。

（2）划拨工会经费：企业划拨应交工会经费时，借记"应付职工薪酬——工会经费"，贷记"银行存款"。

经典实例

【例3-3-8】根据滨海盛泰公司7月的"应付职工薪酬明细表"（见表3-3-4），按工资总额的2%计提工会经费。

编制会计分录如下。

借：生产成本——基本生产成本（A产品）		3 600.00
——基本生产成本（B产品）		5 000.00
生产成本——辅助生产成本（供电车间）		240.00
——辅助生产成本（维修车间）		680.00
制造费用		1 300.00
管理费用		4 200.00
销售费用		1 700.00
在建工程		920.00
研发支出		1 100.00
贷：应付职工薪酬——工会经费		18 740.00

［所附单据］应付职工薪酬明细表（或工会经费计提分配表）。

（2）下月初，划拨应交工会经费时：

借：应付职工薪酬——工会经费	18 740.00
贷：银行存款	18 740.00

［所附单据］银行付款通知。

二、职工教育经费的账务处理

职工教育经费是指企业按工资总额一定比例（1.5%）提取用于职工教育事业的一项经费，是企业为职工学习先进技术和提高文化水平而支付的费用。

企业计提的职工教育经费应列为管理费用，并通过"应付职工薪酬——职工教育经费"账户进行核算。

（1）支付职工教育经费：企业支付职工教育经费时，按照实际支付的金额，借记"应付职工薪酬——职工教育经费"，贷记"银行存款"或"库存现金"等。

（2）结转职工教育经费：企业结转职工教育经费时，可以按工资费用分配的去向分配计入成本、费用，借记"生产成本""制造费用""管理费用""销售费用"等，贷记"应付职工薪酬——职工教育经费"。

经典实例

【例3-3-9】滨海盛泰公司7月15日，以存款支付车间技术员技能培训费2 000元。

编制会计分录如下。

借：应付职工薪酬——职工教育经费　　　　　　　　　　2 000.00

　　贷：银行存款　　　　　　　　　　　　　　　　　　　　2 000.00

［所附单据］增值税普通发票、银行付款通知。

【例3-3-10】根据滨海盛泰公司7月的"应付职工薪酬明细表"（见表3-3-4），按工资总额的1.5%计提职工教育经费。

编制会计分录如下。

借：生产成本——基本生产成本（A产品）　　　　　　　2 700.00

　　　　　　　——基本生产成本（B产品）　　　　　　　3 750.00

　　生产成本——辅助生产成本（供电车间）　　　　　　　180.00

　　　　　　　——辅助生产成本（维修车间）　　　　　　510.00

　　制造费用　　　　　　　　　　　　　　　　　　　　　975.00

　　管理费用　　　　　　　　　　　　　　　　　　　　3 150.00

　　销售费用　　　　　　　　　　　　　　　　　　　　1 275.00

　　在建工程　　　　　　　　　　　　　　　　　　　　　690.00

　　研发支出　　　　　　　　　　　　　　　　　　　　　825.00

　　贷：应付职工薪酬——职工教育经费　　　　　　　　14 055.00

［所附单据］应付职工薪酬明细表（或职工教育经费计提分配表）。

活动五　非货币福利和辞退福利的账务处理

一、非货币福利的账务处理

非货币性福利是指企业以非货币形式向职工提供的福利，包括企业以自产的产品或外购商品发放给职工作为福利、将企业拥有的资产无偿提供给职工使用及为职工无偿提供医疗保健服务等。

职工福利费为非货币性福利的，一般通过"应付职工薪酬——非货币性福利"核算。由于非货币性福利的形式多样，这里仅介绍三种常见的非货币性福利的会计处理。

（一）发放自产产品

企业以自产产品作为非货币福利发放给职工的，应当根据受益对象，按照该产品的公允价值计入相关资产成本或当期损益，同时确认非货币性职工薪酬。

（1）确认非货币性职工薪酬时：借记"管理费用""生产成本""制造费用"等，贷记"应付职工薪酬——非货币职工福利"。

（2）实际发放时：借记"应付职工薪酬——非货币福利"，贷记"主营业务收入""应交税费——应交增值税（销项税额）"。同时结转成本，借记"主营业务成本"，贷记"库存商品"。

（二）房产、车辆无偿提供给职工使用

企业将拥有的房产、车辆等资产无偿提供给职工使用的，应当根据受益对象，将该住房每期应计提的折旧计入相关资产成本或当期损益，同时确认非货币性职工薪酬。

（1）确认非货币性职工薪酬时：借记"管理费用""生产成本""制造费用"等，贷记"应付职工薪酬——非货币职工福利"。

（2）期末结转时：借记"应付职工薪酬——非货币职工福利"，贷记"累计折旧"。

（三）租赁住房无偿提供给职工使用

企业将租赁住房等资产无偿提供给职工使用的，应当根据受益对象，将每期应付的租金计入相关资产成本或当期损益，同时确认非货币性职工薪酬：

（1）确认非货币性职工薪酬时：借记"管理费用""生产成本""制造费用"等，贷记"应付职工薪酬——非货币职工福利"。

（2）支付租金时：借记"应付职工薪酬——非货币职工福利"，贷记"银行存款"。

经典实例

【例3-3-11】某公司将自产的一批产品作为福利发放给职工。该公司共有职工200名，其中170名为生产工人，30名为企业管理人员。发放的产品每台成本价为800元，市场销售价为1 000元（不含税）。

计算过程：

按含税价确认的非货币性职工薪酬＝200×1 000×（1＋13%）＝226 000（元）

计入"生产成本"科目的金额＝170×1 000×（1＋13%）＝192 100（元）

计入"管理费用"科目的金额＝30×1 000×（1＋13%）＝33 900（元）

根据计算结果，编制会计分录如下。

（1）确认非货币性职工薪酬时：

借：生产成本   192 100.00

  管理费用   33 900.00

   贷：应付职工薪酬——非货币性福利   226 000.00

［所附单据］职工福利分配表。

（2）发放非货币性福利时：

借：应付职工薪酬——非货币性福利　　　　　　　　226 000.00

　　贷：主营业务收入　　　　　　　　　　　　　　　　200 000.00

　　　　应交税费——应交增值税（销项税额）　　　　　26 000.00

同时：

借：主营业务成本　　　　　　　　　　　　　　　　　160 000.00

　　贷：库存商品　　　　　　　　　　　　　　　　　　160 000.00

［所附单据］职工福利发放表、产品出库单。

【例3-3-12】某公司为5名高管每人提供一辆轿车免费使用，假定每辆轿车每月计提折旧2 000元。

编制会计分录如下。

（1）确认非货币性职工薪酬时：

借：管理费用　　　　　　　　　　　　　　　　　　　10 000.00

　　贷：应付职工薪酬——非货币性福利　　　　　　　　10 000.00

（2）期末结转时：

借：应付职工薪酬——非货币性福利　　　　　　　　　10 000.00

　　贷：累计折旧　　　　　　　　　　　　　　　　　　10 000.00

［所附单据］折旧计提表。

【例3-3-13】某公司为10名高级技术人员每人租赁一套面积为156平方米带有家具和家电设施的住房，月租金每套2 300元。

编制会计分录如下。

（1）确认非货币性职工薪酬时：

借：管理费用　　　　　　　　　　　　　　　　　　　23 000.00

　　贷：应付职工薪酬——非货币性福利　　　　　　　　23 000.00

（2）支付租金时：

借：应付职工薪酬——非货币性福利　　　　　　　　　23 000.00

　　贷：银行存款　　　　　　　　　　　　　　　　　　23 000.00

二、辞退福利的账务处理

辞退福利是指因解除与职工的劳动关系给予的补偿，即由于分离办社会职能、实施主辅分离辅业改制分流安置富余人员、实施重组、改组计划、职工不能胜任等原因，企业在职工劳动合同尚未到期之前解除与职工的劳动关系，或者为了鼓励职工自愿接受裁减而提出补偿建议的计划中给予职工的经济补偿。

账务处理

企业因解除与职工的劳动关系给予的补偿（即辞退福利），不按受益对象划分，企业全部计入管理费用。辞退福利一般通过"应付职工薪酬——辞退福利"核算。

（1）计提辞退福利费时：借记"管理费用"，贷记"应付职工薪酬——辞退福利"。

（2）发放辞退福利费时：借记"应付职工薪酬——辞退福利"，贷记"银行存款"。

经典实例

【例3-3-14】某公司2022年年末，由于销售情况不佳，决定辞退没有家庭负担的20名员工，每人补偿50 000元。

编制会计分录如下。

（1）计提辞退福利费时：

借：管理费用   1 000 000.00

    贷：应付职工薪酬——辞退福利   1 000 000.00

（2）发放辞退福利费时：

借：应付职工薪酬——辞退福利   1 000 000.00

    贷：银行存款   1 000 000.00

知识巩固

一、单项选择题

1. 职工生活困难补助，需要从（　　　）项目中列支。

A. 工会经费　　　　　　B. 职工福利费　　　　C. 社会保险费　　　　D. 职工教育经费

2. 企业向解除劳动关系职工支付的辞退福利应计入（　　　）账户。

A. 生产成本　　　　　　B. 营业务支出　　　　C. 其他业务支出　　　　D. 管理费用

3. 下列各项中，不属于职工薪酬核算内容的是（　　　）。

A. 住房公积金　　　　　　　　　　　　　B. 工会经费和职工教育经费

C. 因公出差的差旅费　　　　　　　　　　D. 因解除与职工的劳动关系给予的补偿

二、多项选择题

1. 应付职工薪酬包括（　　　）。

A. 工会经费　　　　　　B. 社会保险　　　　C. 出差补助　　　　D. 职工福利

2. 企业分配工资费用时，可能借记的科目有（　　　）。

A. 生产成本　　　　　　B. 制造费用　　　　C. 管理费用　　　　D. 销售费用

3. 工资总额包括的内容有（　　　）。

A. 计件工资　　　　　　B. 津贴和补贴　　　　C. 奖金　　　　D. 生活困难补助

三、判断题

1. 企业为职工购买的商业养老保险，不属于应付职工薪酬。（　　　）

2. 企业为职工支付的社会保险费应通过"其他应付款"账户核算。（　　　）

3. 一般纳税人企业将自产产品作为非货币性福利发放给职工的，应按照该产品的账面价值，计入相关资产成本或费用，同时确认为应付职工薪酬。（　　　）

任务小结

应付职工薪酬核算内容包括职工工资、职工福利费，"五险一金"，工会经费和职工教育经费，非货币性职工薪酬等。

为了总括反映企业与职工之间工资的提取、结算和分配等情况，企业应当设置"应付职工薪酬"账户。企业按照有关规定向职工支付工资、奖金、津贴时，借记"应付职工薪酬"，贷记"银行存款"（或"库存现金"）等；企业从应付职工薪酬中扣还各种款项（代垫的家属药费、个人所得税等），借记本科目，贷记"其他应收款""应交税费——应交个人所得税"等；企业向职工支付职工福利费，借记本科目，贷记"银行存款"（或"库存现金"）；企业支付工会经费和职工教育经费用于工会运作和职工培训，借记本科目，贷记"银行存款"等科目；企业按照国家有关规定缴纳社会保险费和住房公积金，借记本科目，贷记"银行存款"；企业因解除与职工的劳动关系向职工给予的补偿，借记本科目，贷记"银行存款""库存现金"等科目。

	核算内容	账户	账务处理内容	重点、难点
应付职工薪酬	职工工资	应付职工薪酬 ——职工工资	1. 发放工资 2. 结转代扣代垫款项 3. 工资费用分配	★ ★★ ★
	职工福利费	应付职工薪酬 ——职工福利费	1. 计提职工福利费 2. 支付福利费用	
	"五险一金"	应付职工薪酬 ——社会保险费 ——住房公积金	1. 社会保险费的核算 （1）计提社会保险费 （2）缴纳社会保险费 2. 住房公积金的核算 （1）计提住房公积金 （2）缴纳住房公积金	★ ★
	工会经费 职工教育经费	应付职工薪酬 ——工会经费 ——职工教育经费	1. 工会经费的核算 （1）计提工会经费 （2）划拨工会经费 2. 职工教育经费的核算 （1）支付职工教育经费 （2）结转职工教育经费	
	非货币性 职工薪酬	应付职工薪酬 ——非货币福利 ——辞退福利	1. 非货币福利的核算 2. 辞退福利的核算	★★

练习应付职工薪酬的账务处理

1. 实训资料

滨海致远公司7月发生下列有关应付职工薪酬业务。

（1）根据"工资结算单"进行工资结算。签发支票1张，通过开户银行以打卡方式发放本月工资1 042 500元。

（2）根据"工资结算汇总表"结转代扣款项共计294 000元，其中，个人所得税10 500元，个人应缴纳的"三险"部分148 500元，住房公积金135 000元。

（3）以银行存款缴纳本月代扣的个人所得税10 500元。

（4）月末根据"工资费用分配表"，进行本月工资费用的分配。其中生产工人工资860 000元，车间管理人员工资70 000元，厂部管理人员工资170 000元，在建工程人员工资110 000元，专设销售机构人员工资50 000元，无形资产开发人员工资90 000元。

（5）以现金支付职工邓梅生活困难补助3 000元。

（6）以现金支付解除劳动合同职工赵群按规定应付的辞退补贴26 000元。

（7）根据本月职工工资总额，按一定比例预提职工福利费共计162 000元，其中，生产工人103 200元，车间管理人员8 400元，厂部管理人员20 400元，在建工程人员13 200元，专设销售机构人员6 000元，无形资产开发人员10 800元。

（8）根据本月工资总额1 350 000元，按规定比例2%计提工会经费。

（9）以银行存款向公司工会拨交本月工会经费。

（10）本月按规定比例计提职工基本医疗保险、基本养老保险、失业保险、生育保险、工伤保险等各项社会保险费（见表3-3-5）。

表 3-3-5

滨海致远公司社会保险费计提表

2023年7月

单位：元

部门及人员		工资总额	单位缴纳（34.5%）	个人缴纳（14%）
生产车间	生产工人	860 000.00	296 700.00	94 600.00
	管理人员	70 000.00	24 150.00	7 700.00
厂部管理人员		170 000.00	58 650.00	18 700.00
在建工程人员		110 000.00	37 950.00	12 100.00
专设销售机构人员		50 000.00	17 250.00	5 500.00
无形资产开发人员		90 000.00	31 050.00	9 900.00
合　计		1 350 000.00	465 750.00	148 500.00

（11）以银行存款缴纳单位和个人应缴的社会保险费。

（12）根据职工工资总额1 350 000元，按1.5%的比例预提结转职工教育经费。

（13）将本月支付的辞退福利26 000元予以结转。

2. 实训要求

根据上述资料，编制有关会计分录。

任务四　应交税费的账务处理

任务目标

【知识目标】

1. 掌握增值税、消费税及其他税费的计算。
2. 掌握增值税、消费税及其他税费的账务处理方法。

【技能目标】

1. 能正确计算企业应交的增值税、消费税及其他税费。
2. 能运用所学税法知识，做好企业税收筹划工作。
3. 能审核和填制应交税费业务相关的原始凭证和记账凭证。
4. 能设立并登记应交税费明细分类账和总分类账。

【素养目标】

1. 做到"知法、懂法、用法、守法"，做一个遵纪守法的公民。
2. 当好税收宣传员，充分理解党和国家的税收方针和政策。
3. 树立依法办事观念，增强纳税意识。

任务描述

滨海盛泰公司因业务需要，向进口地青岛海关申报进口原产于德国的2辆轿车。进口商业发票显示，2辆轿车的成交价为1 200 000元，从德国工厂到德国出货港运输费、保险费共计14 500元，国际海运费、保险费共计6 500元。此外，青岛捷通物流公司提供的有关物流单据显示，从青岛港口到滨海盛泰公司的运输费及保险费1 600元。（假设均采用人民币计价）

思考与讨论：公司在向青岛海关进口申报环节，需要缴纳哪些税费？会计上如何进行账务处理？

提出任务：如何进行应交税费的账务处理？

任务分解

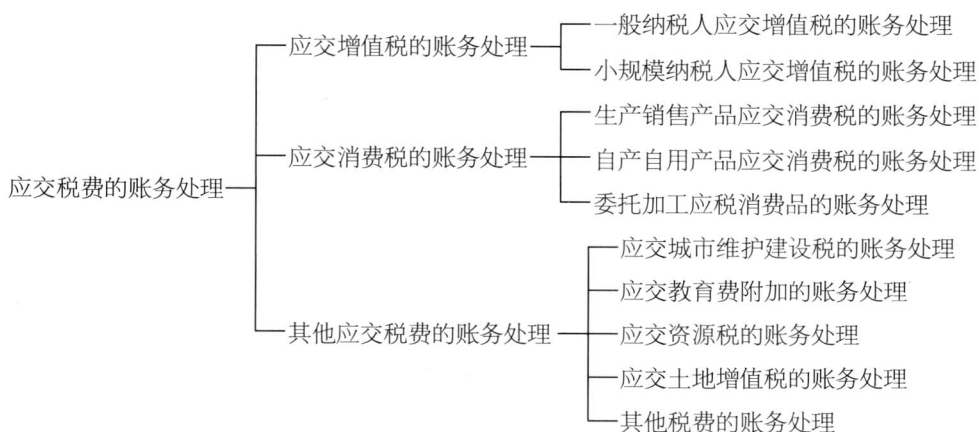

应交税费的账务处理
- 应交增值税的账务处理
  - 一般纳税人应交增值税的账务处理
  - 小规模纳税人应交增值税的账务处理
- 应交消费税的账务处理
  - 生产销售产品应交消费税的账务处理
  - 自产自用产品应交消费税的账务处理
  - 委托加工应税消费品的账务处理
- 其他应交税费的账务处理
  - 应交城市维护建设税的账务处理
  - 应交教育费附加的账务处理
  - 应交资源税的账务处理
  - 应交土地增值税的账务处理
  - 其他税费的账务处理

任务实施

企业在一定时期内取得的收入或实现的利润或发生特定经营行为等，按照税法规定，应向国家缴纳各种税金和费用。在尚未向国家缴纳之前，形成企业的一项负债，即应交税费。

应交税费包括应交税金和应交费用两部分。

应交税金是指企业按国家税法规定应该缴纳的各种税金，主要包括增值税、消费税、关税、所得税、城市维护建设税、资源税、土地增值税、房产税、车船税、土地使用税、印花税、耕地占用税等。

应交费用是指企业按国家或地方政府有关规定应缴纳的款项，如教育费附加、矿产资源补偿费、水利建设基金等。

应交税费是企业一项重要的流动负债。由于各种税费的征收依据不同，其金额的计算及账务处理也存在差异。

活动一　应交增值税的账务处理

知识准备

增值税是指对在我国境内销售货物或提供加工、修理修配劳务、销售服务、转让无形资产、销售不动产及进口货物的增值额征收的一种流转税。

增值税的计税依据是商品（应税劳务）在流转过程中产生的增值额。增值税是一种价外税，也是我国目前的第一大税种。

知识拓展

我国增值税相关法规规定，在我国境内销售货物或提供加工、修理修配劳务（以下简称"应税劳务"）、交通运输业、邮政业、电信业、部分现代服务业服务（以下简称"应税服务"）及进口货物的企业单位和个人为增值税的纳税人。

按照纳税人的经营规模和会计核算的健全程度，增值税的纳税人分为一般纳税人和小规模纳税人。对于增值税，两者的会计核算不同。

一、一般纳税人应交增值税的计算

一般纳税人采用购进扣税法计算当期增值税应纳税额，即先按当期销售额和适用税率计算出销项税额，然后对当期购进项目向对方支付的税款进行抵扣，从而间接计算出当期的应纳税额。其计算公式如下：

当期应纳增值税额＝当期销项税额－当期准予抵扣的进项税额

其中：当期销项税额＝不含税销售额×增值税税率

$\qquad\qquad$＝含税销售额÷（1＋增值税税率）×增值税税率

公式中的"当期销项税额"，是指纳税人当期销售货物、提供应税劳务和应税服务，按照销售额和增值税税率计算的增值税额。

公式中的"当期准予抵扣的进项税额"，是指纳税人当期购进货物、接受应税劳务和应税服务支付或负担的增值税额，通常包括以下四类。

（1）从销售方或劳务提供方取得的增值税专用发票上注明的增值税额。

（2）从海关取得的海关进口增值税专用缴款书上注明的增值税额。

（3）购进农产品，除取得增值税专用发票或海关进口增值税专用缴款书外，按照农产品收购发票或销售发票上注明的农产品买价和9%的扣除率计算的进项税额。

（4）接受境外单位或个人提供的应税服务，从税务机关或者境内代理人取得的解缴税款的中华人民共和国税收缴款凭证（以下简称"税收缴款凭证"）上注明的增值税额。

当期销项税额小于当期进项税额不足抵扣时，未抵扣完的，可以留待下期和以后各期继续抵扣。

二、小规模纳税人应交增值税的计算

小规模纳税人是指年销售额在规定标准以下，并且会计核算不健全、不能按规定报送有关税务资料的增值税纳税人。

我国增值税条例规定：①小规模纳税企业购买货物无论是否具有增值税专用发票，其支付的增值税均不计入进项税额，不得用销项税额抵扣，应该计入购买货物的成本；②小规模纳税企业的销售收入按不含税的价格计算。

小规模纳税人实行简易办法征收，按销售额和规定的征收率3%计算当期应交增值税金额。其计算公式如下：

应纳税额＝销售额×征收率（3%）

$\qquad\quad$＝含税销售额÷（1＋征收率）×征收率

设置账户

一般纳税人企业为了核算增值税的应交、抵扣、已交、退税及转出等情况，在"应交税费"科目下设置"应交增值税"和"未交增值税"两个二级明细科目。在"应交税费———应交增值税"二级科目下，又设置了"销项税额""出口退税""进项税额转出""转出多交增值税""进项税额""已交税金""减免税款""出口抵减内销产品应纳税额""转出未交增值税"等专栏。

账户性质：属于负债类账户。

账户结构：贷方登记企业按规定应缴纳的销项税额、出口退税、进项税额转出、转出多交增值税，借方登记企业实际缴纳的进项税额、已交税金、减免税款、出口抵减内销产品应纳税额、转出未交增值税。期末如为贷方余额反映企业尚未缴纳的税费；期末如为借方余额，反映企业多交或尚未抵扣的税费。

明细核算：在"应交增值税"明细科目下按"销项税额""出口退税""进项税额转出""转出多交增值税""进项税额""已交税金""减免税款""出口抵减内销产品应纳税额""转出未交增值税"等设置专栏，进行明细分类核算。

小规模纳税企业只需在"应交税费"科目下设置"应交增值税"明细科目，不需要在"应交增值税"明细科目中设置专栏，"应交税费——应交增值税"科目贷方登记应交纳的增值税，借方登记已交纳的增值税，期末贷方余额为尚未交纳的增值税，借方余额为多交纳的增值税。

一、一般纳税人应交增值税的账务处理

（一）当期销项税额的账务处理

当期销项税额是指纳税人当期销售货物或提供应税劳务时，按照销售额和适用税率计算并向购买方收取的增值税税款。

1. 销售货物或提供劳务

一般纳税人在对外销售商品或提供应税劳务时，应向购买方开出增值税专用发票，按照商品或劳务的计税价格（不含税价格）和适用税率，计算应交增值税的销项税额。

账务处理

企业对外销售商品或提供应税劳务时，按照收入金额和应收取的增值税销项税额，借记"银行存款"（或"应收账款""应收票据"等），按照确认的收入金额，贷记"主营业务收入"（或"其他业务收入"），按照税法规定应交纳的增值税销项税额，贷记"应交税费——应交增值税（销项税额）"。

经典实例

【例3-4-1】7月3日，滨海盛泰公司销售给国宏公司一批H产品，开出的增值税专用发票上注明货物价款为100 000元，增值税税率为13%，增值税税额为13 000元，货款已收到存入银行。

编制会计分录如下。

借：银行存款   113 000.00

    贷：主营业务收入——H产品收入   100 000.00

          应交税费——应交增值税（销项税额）   13 000.00

［所附单据］购销合同复印件、提货单、产品出库单、增值税专用发票、银行收款通知。

2. 视同销售行为

企业的某些行为虽没有取得销售收入，也视同销售，应当缴纳增值税。常见的视同销售行为有下面两种情况。

（1）将自产、委托加工货物用于不动产在建工程、转让无形资产、提供非应税劳务、集体福利或个人消费等非应税项目。

（2）将自产、委托加工或购进的货物对外投资、利润分配或对外捐赠等。

账务处理

企业发生视同销售行为时，借记"在建工程"（或"长期股权投资""营业外支出"等），贷记"库存商品"（或"营业外收入"等）、"应交税费——应交增值税（销项税额）"。

经典实例

【例3-4-2】2023年7月7日，滨海盛泰公司领用自产的产品一批，用于建造一座厂房。该批产品的成本为100 000元，市场售价（计税价格）为150 000元，适用的增值税税率为13%。

编制会计分录如下。

销项税额＝150 000×13%＝19 500（元）

借：在建工程	119 500.00	
贷：库存商品		100 000.00
应交税费——应交增值税（销项税额）		19 500.00

［所附单据］领料单、发料凭证汇总表、材料费用分配表、增值税专用发票。

（二）当期准予抵扣的进项税额的账务处理

当期准予抵扣的进项税额是指纳税人当期购进货物或者应税劳务已缴纳的增值税税额。

根据我国增值税条例规定，准许从当期销项税额中抵扣进项税额的情形，主要有以下四类。

（1）从销售方取得的增值税专用发票上注明的增值税税额。

（2）从海关取得的海关进口增值税专用缴款书上注明的增值税税额。

（3）购进农产品，除取得增值税专用发票和海关进口增值税专用缴款书外，可以按照农产品收购发票或销售发票上注明的买价和9%的扣除率计算进项税额。

（4）购进或销售货物及在生产经营过程中支付运输费用的，可以按照运输费用金额和9%的扣除率计算进项税额。

账务处理

企业购进货物或应税劳务时，借记"材料采购"（或"原材料""库存商品""固定资产""管理费用""销售费用"等）、"应交税费——应交增值税（进项税额）"，贷记"银行存款"。

名师点拨

在会计核算中，一般纳税人如果不能取得有关的扣税凭证，则购进货物或接受应税劳务支付的增值税税额不能作为进项税额扣税，其已支付的增值税只能计入购入货物或接受劳务的成本。

经典实例

【例3-4-3】7月10日，滨海盛泰公司从开元公司购买一批丙原材料，取得的增值税专用发票注明的价款为100 000元，增值税税率为13%，增值税税额为13 000元。另外应负担的运输费为500元，可以按照9%的扣除率计算进项税额。货款尚未支付，材料已经收到并已验收入库。

编制会计分录如下。

进项税额＝13 000＋500×9%＝13 045（元）

借：原材料——丙材料　　　　　　　　　　　　　　　　100 455.00

　　应交税费——应交增值税（进项税额）　　　　　　　 13 045.00

　　　贷：应付账款——开元公司　　　　　　　　　　　　　　113 500.00

［所附单据］购销合同复印件、增值税专用发票、增值税普通发票、入库单。

【例3-4-4】某公司购入免税农产品一批，价款100 000元，规定的扣除率为9%，货物尚未到达，货款已用银行存款支付。

计算进项税额：

进项税额＝购买价款×扣除率＝100 000×9%＝9 000（元）

编制会计分录如下。

借：原材料　　　　　　　　　　　　　　　　　　　　　91 000.00

　　应交税费——应交增值税（进项税额）　　　　　　　　9 000.00

　　　贷：银行存款　　　　　　　　　　　　　　　　　　　　100 000.00

［所附单据］购销合同复印件、农副产品收购凭证、入库单、银行转账付款通知。

（三）进项税额转出的账务处理

下列两种情况，企业发生的进项税额不得从当期销项税额中抵扣。

（1）企业将购进的货物用于非应税劳务、集体福利或个人消费等。

（2）企业购进的货物因管理不善造成的被盗、丢失、霉烂变质而发生的非正常损失等。

账务处理

企业发生上述业务时，已经发生的增值税进项税额应当予以转出，借记"待处理财产损溢"（或"在建工程""应付职工薪酬"等），贷记"应交税费——应交增值税（进行税额转出）"。

经典实例

【例3-4-5】滨海盛泰公司购进的一批乙原材料因管理不善发生霉烂，损失金额为12 000元，其进项税额为1 560元。查明原因并报经批准，由责任人赵乐赔偿损失5 000元，其余部分为净损失。

编制会计分录如下。

（1）发生材料损失时：

借：待处理财产损溢——待处理流动资产损溢　　　　　　13 560.00

　　　贷：原材料——乙材料　　　　　　　　　　　　　　　　12 000.00

　　　　　应交税费——应交增值税（进项税额转出）　　　　　 1 560.00

［所附单据］材料损毁明细表、购买乙材料的增值税专用发票抵扣联复印件。

（2）查明原因，批准处理后：

借：其他应收款——赵乐　　　　　　　　　　　　　　　　5 000.00

　　营业外支出　　　　　　　　　　　　　　　　　　　　8 560.00

贷：待处理财产损溢——待处理流动资产损溢　　　　　　　　13 560.00

　　[所附单据] 材料损毁报告单。

（四）增值税期末结转的账务处理

　　期末，企业应将本期应交或多交的增值税，结转至"应交税费——未交增值税"账户。

　　（1）结转当月应交的增值税：企业期末结转当月应交的增值税时，借记"应交税费——应交增值税（转出未交增值税）"，贷记"应交税费——未交增值税"。

　　（2）结转当月多交的增值税：企业期末结转当月多交的增值税时，借记"应交税费——未交增值税"，贷记"应交税费——应交增值税（转出未交增值税）"。

　　【例3-4-6】假如滨海盛泰公司上期无期末留抵，本期销项税额200 000元，进项税额150 000元，进项税额转出3 000元，减免税款是8 000元。

　　计算公司本月应交的增值税税额，并编制会计分录如下。

　　应交的增值税＝200 000－150 000＋3 000－8 000＝45 000（元）

　　借：应交税费——应交增值税（转出未交增值税）　　　　45 000.00

　　　　贷：应交税费——未交增值税　　　　　　　　　　　　　　45 000.00

（五）缴纳增值税的账务处理

　　缴纳增值税的账务处理具体如下。

　　（1）缴纳当期的增值税：企业在向税务部门缴纳当月的增值税时，按照实际缴纳的金额，借记"应交税费——应交增值税（已交税金）"，贷记"银行存款"。

　　（2）缴纳前期的增值税：企业向税务部门缴纳前期的增值税时，按照实际缴纳的增值税金额，借记"应交税费——未交增值税"，贷记"银行存款"等。

　　【例3-4-7】7月13日，滨海盛泰公司用银行存款缴纳上月增值税税款45 000元，缴纳当月增值税税款20 000元。

　　编制会计分录如下。

　　（1）缴纳上月未交的增值税时：

　　借：应交税费——未交增值税　　　　　　　　　　　　45 000.00

　　　　贷：银行存款　　　　　　　　　　　　　　　　　　　　45 000.00

　　[所附单据] 纳税申报表、税务完税凭证、银行付款通知。

　　（2）缴纳当月的增值税时：

　　借：应交税费——应交增值税（已交税金）　　　　　　20 000.00

　　　　贷：银行存款　　　　　　　　　　　　　　　　　　　　20 000.00

　　[所附单据] 银行缴纳税款的转账回单。

二、小规模纳税人应交增值税的账务处理

账务处理

小规模纳税人应交增值税的账务处理具体如下。

（1）采购支付增值税：小规模纳税人购进货物或接受应税劳务和应税服务时支付的增值税，计入有关货物的采购成本，借记"材料采购"或"在途物资""原材料"等，贷记"银行存款"等。

（2）销售取得收入：小规模纳税人企业销售货物或提供应税劳务和应税服务时，按照全部价款，借记"银行存款"或"应收账款"等，按不含税的销售额，贷记"主营业务收入"，按照应该缴纳的增值税税额，贷记"应交税费——应交增值税"。

（3）缴纳税款：小规模纳税人企业缴纳增值税税款时，按其实际缴纳的金额，借记"应交税费——应交增值税"，贷记"银行存款"。

经典实例

【例3-4-8】某小规模纳税人，适用的增值税税率为3%，原材料按实际成本核算。2023年7月4日，购入原材料一批，取得的增值税专用发票中注明的价款10 000元，增值税税额1 300元，款项以银行存款支付，材料验收入库。销售产品一批，开具的普通发票注明的货款（含税）金额51 500元，款项收到存入银行。用银行存款缴纳增值税1 500元。

编制会计分录如下。

（1）购买原材料时：

借：原材料   13 000.00

  贷：银行存款   13 000.00

［所附单据］购销合同复印件、材料入库单、增值税专用发票、银行转账付款通知。

（2）销售产品时：

不含税销售额＝51 500÷（1＋3%）＝50 000（元）

应纳增值税＝50 000×3%＝1 500（元）

借：银行存款   51 500.00

  贷：主营业务收入   50 000.00

    应交税费——应交增值税   1 500.00

［所附单据］增值税普通发票、产品出库单、银行转账收款通知。

（3）缴纳增值税时：

借：应交税费——应交增值税   1 500.00

  贷：银行存款   1 500.00

［所附单据］税务完税凭证、银行缴纳税款的转账回单。

活动二 应交消费税的账务处理

知识准备

消费税是以特定消费品的流转额为征税对象的一种税。

在我国，在征收增值税的基础上选择部分消费品，再征收一道消费税，从而正确引导消费方向，合理调节消费结构。

消费税的征收方法采取从价定率和从量定额两种方法。

（1）从价定率法实行从价定率办法计征的应纳税额的税基为销售额，计算公式如下：

应纳税额＝销售额×适用税率

应税消费品的销售额中未扣除增值税税款，或者因不能开具增值税专用发票而发生价款和增值税税款合并收取的，在计算消费税时将含增值税的销售额换算为不含增值税的销售额。其计算公式为：

应税消费品的销售额＝含增值税的销售额÷（1＋增值税税率或征收率）

（2）从量定额法实行从量定额办法计征的应纳税额的销售数量，是指应税消费品的数量，计算公式是：

应纳税额＝销售数量×单位税额

其中，属于销售应税消费品的，为应税消费品的销售数量；属于自产自用应税消费品的，为应税消费品的移送使用数量；属于委托加工应税消费品的，为纳税人收回的应税消费品数量；进口的应税消费品，为海关核定的应税消费品进口征税数量。

设置账户

消费税是一种价内税，企业销售产品应缴纳的消费税是对产品销售收入的抵减，因而企业应纳的消费税，应列入"税金及附加"账户，并通过"应交税费——应交消费税"账户核算。

一、生产销售产品应交消费税的账务处理

账务处理

生产销售产品应交消费税的账务处理具体如下。

（1）计算应纳消费税：企业计算应纳的消费税时，按应交的数额，借记"税金及附加"，贷记"应交税费——应交消费税"。

（2）缴纳税款：企业缴纳消费税税款时，按实际缴纳的金额，借记"应交税费——应交消费税"，贷记"银行存款"。

经典实例

【例3-4-9】魅力化妆品生产厂属于一般纳税人，向旺旺超市销售一批高档化妆品，该化妆品属于应纳税消费品，价格为500 000元，产品成本为140 000元，增值税税率为13%，增值税税额为65 000元，消费税税率为15%，消费税税额为75 000元，化妆品已经发出，货款存入银行。

编制会计分录如下。

（1）发出商品，收到货款时：

借：银行存款 565 000.00

  贷：主营业务收入 500 000.00

    应交税费——应交增值税（销项税额） 65 000.00

［所附单据］购销合同复印件、产品出库单、增值税专用发票、银行转账收款通知。

（2）计算应交的消费税时：

借：税金及附加 75 000.00

　　贷：应交税费——应交消费税 75 000.00

［所附单据］消费税计算表。

（3）缴纳消费税时：

借：应交税费——应交消费税 75 000.00

　　贷：银行存款 75 000.00

［所附单据］税务完税凭证、银行缴纳税款的转账回单。

二、自产自用产品应交消费税的账务处理

账务处理

企业将自产的应税消费品用于在建工程、职工福利、对外投资、捐赠等，除了按规定缴纳增值税外，还应计算缴纳消费税。

（1）用于在建工程、非生产机构：企业以生产的应税消费品用于在建工程、非生产机构等，按照税法规定应交纳的消费税，应计入有关的成本，借记"在建工程""管理费用"等，贷记"应交税费——应交消费税"。

（2）用于职工福利：企业以生产的应税消费品用于职工福利时，借记"应付职工薪酬——非货币性福利"，贷记"应交税费——应交消费税"。

（3）用于对外投资：企业以生产的应税消费品用于对外投资时，借记"长期股权投资"，贷记"应交税费——应交消费税"。

（4）用于捐赠：企业以生产的应税消费品用于捐赠时，借记"营业务支出"，贷记"应交税费——应交消费税"。

经典实例

【例3-4-10】某企业为增值税一般纳税人，将自己生产的一批产品用于在建工程，这批产品属于应税消费品。这批产品的销售价格为40 000元（不含增值税），生产成本为15 000元，增值税税率为13%，增值税税额为5 200元，消费税税率为15%，消费税税额为6 000元。

编制会计分录如下。

借：在建工程 26 200.00

　　贷：库存商品 15 000.00

　　　　应交税费——应交增值税（销项税额） 5 200.00

　　　　　　　　——应交消费税 6 000.00

［所附单据］产品出库单、材料费用分配表、应交增值税计算表、应交消费税计算表。

【例3-4-11】某酒厂作为增值税一般纳税人，为了迎接端午节的到来，将自己生产的一批白酒（属于应税消费品）用于职工福利，发放给职工。这批产品的销售价格为100 000元（不含增值税），生产成本为28 500元，增值税税率为13%，增值税税额为13 000元，消费税税额为20 714.29元。

编制会计分录如下。

（1）将白酒发放给职工：

借：应付职工薪酬——非货币性福利 133 714.29

　　贷：主营业务收入 100 000.00

　　　　应交税费——应交增值税（销项税额） 13 000.00

　　　　　　　　——应交消费税 20 714.29

［所附单据］产品出库单、职工福利分配表、应交消费税计算表。

（2）结转其生产成本时：

借：主营业务成本 28 500.00

　　贷：库存商品 28 500.00

［所附单据］产品生产成本结转计算表。

三、委托加工应税消费品的账务处理

账务处理

需要缴纳消费税的委托加工物资，一般于委托方提货时，由受托方代收代交税款，受托方按收取的应交税款金额，借记"应收账款"或"银行存款"等，贷记"应交税费——应交消费税"。然后按规定缴纳。

（1）直接用于销售：委托加工物资收回后直接用于销售的，应将代收代缴的消费税计入委托加工物资的成本，借记"委托加工物资"，贷记"应付账款"或"银行存款"等。

（2）用于连续生产：委托加工物资收回后用于连续生产，按规定准予抵扣的，按照代收代缴的消费税，借记"应交税费——应交消费税"，贷记"应付账款"或"银行存款"等。

经典实例

【例3-4-12】深远公司为增值税一般纳税人，委托某加工厂加工一批材料。深远公司发出的原材料价款为100 000元，加工费用为35 000元，由加工厂代收代缴的消费税为1 600元（不考虑增值税）。材料加工完毕，验收入库，加工费用及相关款项已用银行存款支付。企业加工收回的这批材料继续用于生产应税消费品。

编制会计分录如下。

（1）发出材料时：

借：委托加工物资 100 000.00

　　贷：原材料 100 000.00

［所附单据］材料出库单。

（2）计算加工费、消费税：

借：委托加工物资 35 000.00

　　应交税费——应交消费税 1 600.00

　　贷：银行存款 36 600.00

［所附单据］银行付款通知、增值税普通发票。

（3）收回加工物品时：

借：库存商品　　　　　　　　　　　　　　　135 000.00

　　贷：委托加工物资　　　　　　　　　　　　　　135 000.00

［所附单据］材料入库单。

【例3-4-13】假如深远公司委托加工收回的这批产品（属于应税消费品），直接用于销售。

编制会计分录如下。

（1）发出材料时：

借：委托加工物资　　　　　　　　　　　　　100 000.00

　　贷：原材料　　　　　　　　　　　　　　　　　100 000.00

（2）计算加工费、消费税：

借：委托加工物资　　　　　　　　　　　　　　36 600.00

　　贷：银行存款　　　　　　　　　　　　　　　　36 600.00

（3）收回加工产品：

借：库存商品　　　　　　　　　　　　　　　136 600.00

　　贷：委托加工物资　　　　　　　　　　　　　136 600.00

活动三　其他应交税费的账务处理

一、应交城市维护建设税的账务处理

知识准备

城市维护建设税是指以纳税人实际交纳的增值税、消费税税额为计税依据征收的一种税。

城市维护建设税的计算公式如下：

应纳税额＝实际交纳的（增值税税额＋消费税税额）×适用税率

城市维护建设税税率为市区7%、县城和镇5%、乡村1%。大中型工矿企业所在地不在城市市区、县城、建制镇的，税率为5%。

账务处理

企业按规定应交的城市维护建设税，需在"应交税费"科目下设置"应交城市维护建设税"明细科目核算。

（1）计算应交的城市维护建设税：企业按照规定计算应交的城市维护建设税时，按其应缴纳的数额，借记"税金及附加"，贷记"应交税费——应交城市维护建设税"。

（2）交纳税款：企业交纳城市维护建设税税款时，按其实际缴纳的税额，借记"应交税费——应交城市维护建设税"，贷记"银行存款"。

经典实例

【例3-4-14】某企业7月实际交纳的增值税税额为100 000元，消费税税额为50 000元，适用的城市维护建设税税率为7%，计算并缴纳当月的城市维护建设税。

编制会计分录如下。

应交城市维护建设税＝（100 000＋50 000）×7%＝10 500（元）

（1）计算应缴纳的城市维护建设税时：

借：税金及附加　　　　　　　　　　　　　　　　10 500.00

　　贷：应交税费——应交城市维护建设税　　　　　　　　10 500.00

［所附单据］应交城市维护建设税计算表。

（2）用银行存款实际缴纳时：

借：应交税费——应交城市维护建设税　　　　　　10 500.00

　　贷：银行存款　　　　　　　　　　　　　　　　　　10 500.00

［所附单据］税收缴款书、银行付款通知。

二、应交教育费附加的账务处理

知识准备

教育费附加是指对交纳增值税、消费税的单位和个人征收的一种附加费。

教育费附加是以纳税人实际交纳的增值税、消费税的税额为计费依据。教育费附加征收率为3%。教育费附加计算公式如下：

应纳教育费附加＝实际交纳的（增值税税额＋消费税税额）×征收率（3%）

账务处理

企业按规定应交的教育费附加，需在"应交税费"科目下设置"应交教育费附加"明细科目核算。

（1）计算应交的教育费附加：企业按照规定计算应交的教育费附加时，按其应交的数额，借记"税金及附加"，贷记"应交税费——应交教育费附加"。

（2）交纳教育费附加：企业交纳教育费附加时，按其实际缴纳的数额，借记"应交税费——应交教育费附加"，贷记"银行存款"。

经典实例

【例3-4-15】某企业7月实际交纳的增值税税额为100 000元，消费税税额为50 000元，适用的城市维护建设税税率为7%，教育费附加的附加率为3%，计算并缴纳当月的城市维护建设税和教育费附加。

（1）计提应交纳的城市维护建设税及教育费附加：

应交城市维护建设税＝（100 000＋50 000）×7%＝10 500（元）

应交教育费附加＝（100 000＋50 000）×3%＝4 500（元）

借：税金及附加　　　　　　　　　　　　　　　　15 000.00

　　贷：应交税费——应交城市维护建设税　　　　　　　　10 500.00

　　　　　　　——应交教育费附加　　　　　　　　　　　4 500.00

［所附单据］应交城市维护建设税、教育费附加计算表。

（2）用银行存款实际缴纳时：

借：应交税费——应交城市维护建设税   10 500.00

          ——应交教育费附加   4 500.00

    贷：银行存款   15 000.00

［所附单据］银行转账付款通知。

三、应交资源税的账务处理

知识准备

资源税是指对在我国境内开采矿产品或生产盐的单位和个人征收的一种税。

资源税的应纳税额，按照应税产品的课税数量和规定的单位税额计算，其计算公式如下：

应纳税额＝课税数量×单位税额

资源税的课税数量，开采或生产应税产品销售的，以销售数量为课税数量；开采或者生产应税产品自用的，以自用数量为课税数量。

账务处理

企业按规定应交的资源税，需在"应交税费"科目下设置"应交资源税"明细科目核算。

（1）销售商品应交的资源税：企业销售应税商品，依照税法规定，计算应交纳的资源税，按其应交的税额，借记"税金及附加"，贷记"应交税费——应交资源税"。

（2）自产自用的物资应交的资源税：企业自产自用的物资也应交纳资源税，按其应缴纳的税额，借记"生产成本"，贷记"应交税费——应交资源税"。

（3）收购未税矿产品应交的资源税：企业收购未税的矿产品，按税法规定，应代扣代缴资源税。企业按照实际支付的价款，借记"材料采购"或"在途物资"等，贷记"银行存款"等，按照代扣代缴的资源税税额，借记"材料采购"或"在途物资"等，贷记"应交税费——应交资源税"。

（4）缴纳税款：企业以银行存款缴纳资源税税款时，按其实际缴纳的税额，借记"应交税费——应交资源税"，贷记"银行存款"。

经典实例

【例3-4-16】某矿产公司出售一批铜矿资源，按照相关规定，应交纳资源税350 000元。

编制会计分录如下。

借：税金及附加   350 000.00

    贷：应交税费——应交资源税   350 000.00

［所附单据］应交资源税计算表。

【例3-4-17】某铝矿厂将自己生产的铝矿资源用于产品生产，总共需要10 000吨铝矿，每吨应该交纳资源税16元。

应交资源税＝10 000×16＝160 000（元）

编制会计分录如下。

借：生产成本   160 000.00

  贷：应交税费——应交资源税   160 000.00

［所附单据］应交资源税计算表。

【例3-4-18】某企业收购了一批未税矿产品，实际支付价款为150 000元，代扣代缴的资源税为30 000元。

编制会计分录如下。

借：材料采购   180 000.00

  贷：银行存款   150 000.00

    应交税费——应交资源税   30 000.00

［所附单据］材料采购发票、银行转账付款通知。

四、应交土地增值税的账务处理

知识准备

土地增值税是指对我国境内转让国有土地使用权、地上建筑物及其附着物（即转让房地产）并取得收入的单位和个人征收的一种税。

土地增值税按照转让房地产所取得的增值额和规定的税率计算征收。增值额是指转让房地产所取得的收入，减除规定扣除项目金额后的余额。企业转让房地产所取得的收入，包括货币收入、实物收入和其他收入。

计算土地增值额的主要扣除项目有：①取得土地使用权所支付的金额；②开发土地的成本、费用；③新建房屋及配套设施的成本、费用，或者旧房及建筑物的评估价格；④与转让房地产有关的税金。

账务处理

企业缴纳的土地增值税，需在"应交税费"科目下设置"应交土地增值税"明细科目核算。

（1）计算应交的土地增值税：企业转让土地使用权连同地上建筑物及附着物一并在"固定资产"账户核算的，转让时发生的应缴纳的土地增值税，借记"固定资产清理"，贷记"应交税费——应交土地增值税"；土地使用权在"无形资产"账户核算的，按照实际收到的金额，借记"银行存款"，按照应交纳的土地增值税，贷记"应交税费——应交土地增值税"，按照已计提的累计摊销，借记"累计摊销"，按照其成本，贷记"无形资产"，按照其差额，贷记"营业外收入——非流动资产处置净收益"或借记"营业外支出——非流动资产处置净损失"。

（2）缴纳税款：企业缴纳土地增值税税款时，按其实际缴纳的税额，借记"应交税费——应交土地增值税"，贷记"银行存款"。

经典实例

【例3-4-19】某公司因资金周转困难，将5年前取得的一处土地使用权出售，取得收入50 000 000元，该土地使用权取得时花费35 000 000元，使用年限40年，适用税率30%。

计算过程：

累计摊销＝35 000 000÷40×5＝4 375 000（元）

应交土地增值税＝（50 000 000－35 000 000）×30%＝4 500 000（元）

根据计算结果，编制会计分录如下。

借：银行存款　　　　　　　　　　　　　　　　　　　50 000 000.00

　　累计摊销　　　　　　　　　　　　　　　　　　　 4 375 000.00

　　贷：应交税费——应交土地增值税　　　　　　　　　　　　　4 500 000.00

　　　　无形资产　　　　　　　　　　　　　　　　　　　　　35 000 000.00

　　　　营业外收入——非流动资产处置净收益　　　　　　　　14 875 000.00

［所附单据］土地使用权证复印件、收款收据、银行收款通知。

五、其他税费的账务处理

知识准备

其他税费主要包括应交的房产税、土地使用税、车船税、印花税。

房产税是国家对在城市、县城、建制镇和工矿区征收的、由产权所有人缴纳的一种税。房产税依照房产原值一次扣减10%~30%的余值计算缴纳；房产出租的，以房产租金收入为房产税计税依据。

土地使用税是国家为了合理利用城镇土地、调节土地级差收入、提高土地使用效益及加强土地管理而征收的一种税。土地使用税以开征范围的土地为征税对象，以纳税人实际占用的土地面积为计税依据，按照规定税额计算征收。其公式计算：

应纳税额＝实际占用的土地面积×适用税额

车船税是对拥有并使用车船的单位和个人征收的一种税。车船税以应税车船为征税对象，以征税对象的计量标准（辆、净吨位、载重吨等）为计税依据。车船税采用定额税率，即对征税的车船规定单位固定税额。

印花税是对在经济活动和经济交往中书立、领受具有法律效力的凭证的行为征收的一种税。印花税的计税依据：①应税合同的计税依据，为合同所列的金额，不包括列明的增值税税款；②应税产权转移书据的计税依据，为产权转移书据所列的金额，不包括列明的增值税税款；③应税营业账簿的计税依据，为账簿记载的实收资本（股本）、资本公积合计金额；④证券交易的计税依据，为成交金额。

账务处理

企业缴纳的房产税、土地使用税、车船税、印花税，需在"应交税费"科目下设置"应交房产税""应交土地使用税""应交车船税""应交印花税"明细科目核算。

（1）计算应纳税额：企业计算应缴纳的房产税、土地使用税、车船税、印花税时，按其应缴纳的税额，借记"管理费用"，贷记"应交税费——应交房产税（土地使用税、车船税、印花税）"。

（2）缴纳税款：企业缴纳税款时，按其实际缴纳的税额，借记"应交税费——应交房产税（土地使用税、车船税、印花税）"，贷记"银行存款"。

经典实例

【例3-4-20】万友公司12月按规定计算应交的房产税为19 000元，土地使用税68 000元，车船税为8 500元，印花税230元。

编制会计分录如下。

（1）计算应交的房产税、土地使用税、车船税、印花税时：

借：管理费用   95 730.00

  贷：应交税费——应交房产税   19 000.00

      ——应交土地使用税   68 000.00

      ——应交车船税   8 500.00

      ——应交印花税   230.00

［所附单据］应交房产税计算表、应交土地使用税计算表、应交车船税计算表、应交印花税计算表、保险公司电子保单。

（2）以银行存款上交税款时：

借：应交税费——应交房产税   19 000.00

     ——应交土地使用税   68 000.00

     ——应交车船税   8 500.00

     ——应交印花税   230.00

  贷：银行存款   95 730.00

［所附单据］税收缴款书、银行付款通知。

知识巩固

一、单项选择题

1. 甲企业为增值税一般纳税人，因火灾毁损库存材料一批，该批原材料实际成本为200 000元，保险公司赔偿150 000元。该企业适用的增值税税率为13%，则毁损原材料应转出的进项税额是（ ）元。

 A. 6 500   B. 19 500   C. 2 600   D. 45 500

2. 企业当月预交当月增值税，应通过核算的科目是（ ）。

 A. 应交税费——应交增值税（转出未交增值税）

 B. 应交税费——未交增值税

 C. 应交税费——应交增值税（转出多交增值税）

 D. 应交税费——应交增值税（已交税金）

3. 实行从量定额办法计征的应纳税额的销售数量，是指（ ）。

 A. 含增值税的销售额   B. 不含增值税的销售额

 C. 应税消费品的数量   D. 生产、销售的消费品数量

4. 计算企业应缴纳的房产税、土地使用税、车船税、印花税时，借记（ ）科目。

 A. 税金及附加   B. 应交税费

 C. 管理费用   D. 财务费用

二、多项选择题

1. 下列各项中，增值税的进项税额需要转出的有（　　　　）。

A. 购买的货物用于简易计税方法计税项目　　　　B. 购买的货物用于集体福利

C. 购买的货物因管理不善发生损失　　　　D. 购买的货物用于生产设备安装

2. 下列各项中，不得进行增值税进项税额转出处理的是（　　　　）。

A. 购买的货物因自然灾害导致的非常损失　　　　B. 购买的货物因管理不善导致的损失

C. 自产产品因管理不善导致的损失　　　　D. 自产产品发生的非常损失

3. 实行从量定额办法计征的应税消费品的数量是指（　　　　）。

A. 销售应税消费品的，为应税消费品的生产完工验收入库数量

B. 自产自用应税消费品的，为应税消费品的移送使用数量

C. 委托加工应税消费品的，为纳税人发出的应税消费品数量

D. 进口的应税消费品，为海关核定的应税消费品进口征税数量

4. 关于消费税表述正确的是（　　　　）。

A. 消费税是以特定消费品的流转额为征税对象　　　　B. 消费税属于流转税

C. 消费税是一种价内税　　　　D. 消费税的征收方法采用从价定率法

三、判断题

1. 一般纳税人购进货物用于集体福利或个人消费等，其进项税额不得抵扣，应将进项税额计入相关资产成本。（　　　　）

2. 小规模纳税人企业购进货物时支付的增值税，计入"应交税费——应交增值税（进项税额）"科目核算。（　　　　）

3. 消费税与增值税同属于流转税，也是一种价外税。（　　　　）

4. 城市维护建设税、房产税及教育费附加都是以纳税人实际交纳的增值税、消费税的税额为计费依据。（　　　　）

任务小结

应交税费包括应交税金和应交费用两部分，是我国企业一项重要的流动负债。根据税法规定应交纳的各种税费有增值税、消费税、关税、所得税、城市维护建设税、资源税、土地增值税、房产税、车船税、土地使用税、教育费附加、印花税、耕地占用税等。由于各种税费的征收依据不同，其金额的计算及账务处理也存在差异。

增值税是以商品（含应税劳务）在流转过程中产生的增值额作为计税依据而征收的一种流转税。它是一种价外税，也是我国目前的第一大税种。为了核算企业应交增值税的发生、抵扣、缴纳、退税及转出等情况，应在"应交税费"科目下设置"应交增值税"明细科目。增值税纳税人分为一般纳税人和小规模纳税人。增值税一般纳税人采用扣税法，即按销项税额扣除进项税额计算当期应交增值税金额，当期进项税额可以从当期销项税额中抵扣，未抵扣完的，可以留待下期和以后各期继续抵扣；小规模纳税人实行简易办法征收，按销售额和规定的征收率3%计算当期应交增值税税额。

消费税是对我国境内从事生产、委托加工和进口应税消费品的单位和个人，根据其销售额或销售数量，在特定环节征收的一种流转税。消费税的计算有通过价定率和通过量定额两种计算方法。

其他应交税费包括应交城市维护建设税、应交教育费附加、应交资源税、应交土地增值税和其他税费，其核算内容包括计算应缴纳的税额和缴纳税款两个环节。

	核算内容	设置账户	账务处理内容	重点、难点
应交税费	增值税	应交税费 ——应交增值税 （销项税额、进项税额等） ——未交增值税 应交税费 ——应交增值税	1. 一般纳税人增值税的核算 （1）当期销项税的核算 （2）当期准予抵扣进项税的核算 （3）进项税额转出的核算 （4）期末结转增值税的核算 （5）缴纳增值税的核算 2. 小规模纳税人增值税的核算 （1）采购支付增值税 （2）销售取得收入 （3）缴纳增值税税款	★ ★★ ★★ ★ ★★
	消费税	应交税费 ——应交消费税	1. 生产销售产品应交消费税的核算 2. 自产自用产品应交消费税的核算 3. 委托加工应税消费品的核算	★ ★★
	其他应交税费	应交税费 ——应交×××税	1. 计算应缴纳的税额 2. 缴纳税款	

技能训练

一、练习应交增值税的账务处理

1. 实训资料

滨海致远公司原材料按实际成本计价核算，适用增值税税率为13%，7月发生有关增值税（不考虑应交的其他税费）业务如下。

（1）购进生产用材料一批，专用发票注明其买价300 000元，增值税39 000元，同时支付供应单位代垫运杂费8 720元（含增值税720元），材料已验收入库，价税款以银行存款支付。

（2）收购免税农产品一批，用于产品生产，收购价15 000元，产品已验收入库，收购款以银行汇票支付。

（3）购进一套流水生产线设备，增值税专用发票注明其货款为500 000元，增值税65 000元，价税款签发并承兑为期3个月的商业承兑汇票支付。

（4）公司在建工程领用库存产品一批，成本60 000元，计税销售价格85 000元。

（5）销售产品一批，计销售收入1 200 000元，增值税156 000元，价税款收存银行。

（6）公司在建工程（设备安装）领用生产用原材料一批，成本60 000元，购买该批材料的进项增值税为7 800元。

（7）委托加工材料应付加工费1 000元，增值税1 300元，取得增值税专用发票，价款尚未支付。

（8）有一批库存原材料，因自然灾害被毁损，成本32 000元，应负担的增值税4 160元，等待报批准处理。

（9）出售材料一批，取得收入55 000元，增值税7 150元，价税款收存银行。

（10）领用库存材料一批，用以发放职工生活福利，该批材料的成本100 000元，应负担的增值税13 000元。

（11）以银行存款80 000元缴纳本月增值税。

（12）假定公司"应交税费——应交增值税"账户月初余额为零，结计本月增值税的"销项税额""进项税额""进项税额转出"等项目。

2. 实训要求

（1）计算本月应交的增值税、未交增值税。

（2）根据上述经济业务，编制必要的会计分录。

（3）设置"应交税费——应交增值税"账户，根据经济业务登记本月发生额，并结出账户余额。

二、练习其他应交税费的账务处理

1. 实训资料

滨海致远公司发生有关应交税费的经济业务如下。

（1）用银行存款购买印花税票1 200元。

（2）公司本年度应纳房产税的余值为1 000 000元，按1.2%房产税税率计算应缴纳的房产税；本年应交车船税3 000元。结转公司本期应纳的房产税和车船税。

（3）用银行存款缴纳上述应交的房产税和车船税。

（4）计算结转公司本月的城市维护建设税和应交教育费附加。城市维护建设税税率7%，教育费附加征收率3%。

（5）公司以存款缴纳上述应交城市维护建设税、应交教育费附加。

2. 实训要求

根据上述资料，编制有关的会计分录。

任务五　非流动负债的账务处理

任务目标

【知识目标】

1. 了解长期借款的业务流程。

2. 掌握长期借款取得、计息和归还的账务处理。

【技能目标】

1. 能编制长期借款业务相关的记账凭证。

2. 能设立并登记长期借款明细分类账和总分类账。

【素养目标】

1. 具有优良的诚信品德，诚信为人，立信于人。

2. 具有良好的沟通能力和社交能力。

任务描述

滨海盛泰公司因购买一套机器设备，从滨海市建设银行取得5 000 000元贷款，期限3年，年利率5.6%，按月计息，到期一次还本付息。

思考与讨论：什么是长期借款？长期借款与短期借款相比，有何特征？如何对长期借款利息进行会计处理？

提出任务：如何进行非流动负债的账务处理？

任务分解

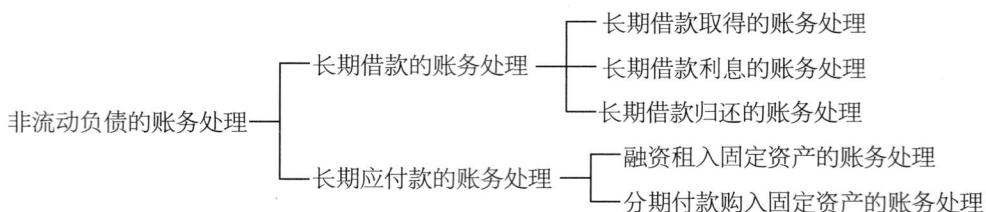

任务实施

本任务主要介绍长期借款和长期应付款的账务处理。

活动一 长期借款的账务处理

知识准备

长期借款是指企业向银行或其他金融机构借入的期限在1年以上（不含1年）的各项借款。

企业借入长期借款，一般用于固定资产的购建、改扩建工程、大修理工程、对外投资等项目。与短期借款相比，长期借款的数额较大，偿还期限较长，其借款的利息费用等需要根据权责发生制的要求，按期计入所购建资产的成本或直接计入当期财务费用。由于长期借款的期限较长，至少在1年以上，因此在资产负债表非流动资产项目列示。

设置账户

长期借款的账务处理具体如下。

（1）"长期借款"账户：为了核算长期借款业务，企业应设置"长期借款"科目。

账户性质：属于负债类账户。

账户结构：贷方登记企业借入的长期借款本金，借方登记偿还的长期借款本金，期末余额在贷方，表示企业尚未偿还的长期借款本金。

明细核算：按照借款种类、贷款人和币种设置明细账，进行明细分类核算。

（2）"应付利息"账户：为了核算企业按照合同约定应支付的利息费用，需要设置"应付利息"账户。

账户性质：属于负债类账户。

账户结构：贷方登记企业按照合同利率计算的应付的利息；借方登记实际支付的利息，期末余额在贷方，反映企业应付未付的利息。

明细核算：应按照贷款人等设置明细账，进行明细分类核算。

一、长期借款取得的账务处理

账务处理

企业取得长期借款时，按实际收到的金额，借记"银行存款"，贷记"长期借款"。

经典实例

【例3-5-1】滨海盛泰公司于2022年1月1日从建设银行借入资金20 000 000元，用于建设一处厂房。该项借款期限2年，年利率7.2%，所借款项已存入银行。

编制会计分录如下。

2022年1月1日，借入长期借款时：

借：银行存款　　　　　　　　　　　　　　　　　　20 000 000.00

　　贷：长期借款——建设银行　　　　　　　　　　　　　20 000 000.00

［所附单据］借款合同复印件、借款借据、银行进账单。

二、长期借款利息的账务处理

账务处理

企业应当按照借款本金和借款合同利率在应付利息日计提利息费用，按以下原则计入有关资产成本（即资本化）或当期费用（即费用化）。

（1）属于筹建期间发生的长期借款利息：直接计入当期费用，借记"管理费用"，贷记"银行存款"或"应付利息"。

（2）属于流动负债性质的借款利息，或者虽然是长期借款性质但不是用于购建固定资产的借款利息：直接计入当期损益，借记"财务费用"，贷记"银行存款"或"应付利息"。

（3）为购建固定资产而发生的长期借款利息：

①在固定资产达到预定可使用状态之前所发生的，计入所建固定资产价值，借记"在建工程"，贷记"银行存款"或"应付利息"。

②在固定资产达到预定可使用状态之后所发生的，直接计入当期损益，借记"财务费用"，贷记"银行存款"或"应付利息"。

（4）为进行投资而发生的借款利息：直接计入当期损益，借记"财务费用"，贷记"银行存款"或"应付利息"。

经典实例

【例3-5-2】接【例3-5-1】，滨海盛泰公司建设厂房的建造工期为1年，于2022年年底完工，达到预定可使用状态。该项借款每年末付息一次，到期一次支付本金，不计复利。2022年1月，公司用银行存款支付了工程价款共计15 000 000元；2022年7月，公司又用银行存款支付了工程借款共计5 000 000元。假设不考虑专门借款资金存款的利息收入或投资收益。

编制会计分录如下。

（1）2022年1月1日，借入长期借款时：

借：银行存款   20 000 000.00

  贷：长期借款——建设银行   20 000 000.00

［所附单据］借款合同复印件、借款借据。

（2）2022年1月，支付工程价款时：

借：在建工程   15 000 000.00

  贷：银行存款   15 000 000.00

［所附单据］银行付款通知。

（3）2022年1月至12月，每月计提借款利息时：

每月应付利息金额＝20 000 000×7.2%÷12＝120 000（元）

借：在建工程——厂房   120 000.00

  贷：应付利息   120 000.00

［所附单据］预提利息计算表。

（4）2022年6月，第二次支付工程价款时：

借：在建工程   5 000 000.00

  贷：银行存款   5 000 000.00

［所附单据］银行付款通知。

（5）2022年12月31日，工程完工，达到预定可使用状态时：

计入工程成本的利息＝20 000 000×7.2%＝1 440 000（元）

借：固定资产——厂房   21 440 000.00

  贷：在建工程——厂房   21 440 000.00

［所附单据］固定资产验收单。

（6）2022年12月31日，支付本年度借款利息时：

借：应付利息   1 440 000.00

  贷：银行存款   1 440 000.00

［所附单据］贷款利息通知单。

（7）2023年1月至12月，每月计提借款利息时：

借：财务费用   120 000.00

  贷：应付利息   120 000.00

［所附单据］预提利息计算表。

三、长期借款归还的账务处理

账务处理

企业归还长期借款时，按归还的借款本金数额，借记"长期借款"，贷记"银行存款"。

经典实例

【例3-5-3】接【例3-5-2】，2023年12月31日，滨海盛泰公司用银行存款归还到期的长期借款本金和利息。

编制会计分录如下。

2023年12月31日，到期偿还本金、支付利息时：

借：长期借款	20 000 000.00	
应付利息	1 440 000.00	
贷：银行存款		21 440 000.00

［所附单据］借款归还单据、银行付款单。

活动二　长期应付款的账务处理

知识准备

长期应付款是指除了长期借款和应付债券以外的其他各种长期应付款，主要有以分期付款方式购入固定资产发生的应付款项和应付融资租入固定资产租赁费等。

设置账户

为了核算长期应付款业务，企业应设置"长期应付款"账户。

账户性质：属于负债类账户。

账户结构：贷方表示企业发生的长期应付款，借方表示企业归还的长期应付款，期末贷方余额，反映企业应付未付的长期应付款项。

明细核算：按照长期应付款的种类和债权人设置明细账，进行明细分类核算。

一、融资租入固定资产的账务处理

账务处理

企业通过融资租赁方式租入固定资产而发生的长期应付款，属于企业的一项长期负债。在租赁期开始日，按照租赁合同约定的付款总额和在签订租赁合同过程中发生的相关税费等，借记"固定资产"或"在建工程"，贷记"长期应付款"等。

经典实例

【例3-5-4】滨海盛泰公司采用融资租赁方式租入生产设备一台，按照租赁合同的规定，双方确定的租赁资产公允价值为20 000 000元，租赁期限为5年，最低租赁付款额为24 000 000元。

借：固定资产——融资租入固定资产	20 000 000.00	
未确认融资费用	4 000 000.00	
贷：长期应付款——应付融资租赁款		24 000 000.00

二、分期付款购入固定资产的账务处理

账务处理

以分期付款方式购入固定资产，应当按照实际支付的购买价款和相关税费（不包括按照税法规定可抵扣的增值税进项税额），借记"固定资产"或"在建工程"，按照税法规定可抵扣的增值税进项税额，借记"应交税费——应交增值税（进项税额）"，贷记"长期应付款"。

经典实例

【例3-5-5】2023年6月1日，滨海盛泰公司以分期付款方式向B企业购入一项重要的生产设备。按照双方协议，这项固定资产的不含税价款为200 000元，增值税税率为13%，增值税税额为26 000元，按照税法规定属于可抵扣的增值税进项税额。另外，还用银行存款支付了运输费、运输途中保险费、调试费共计为5 000元。

编制会计分录如下。

借：固定资产　　　　　　　　　　　　　　　　　205 000.00
　　应交税费——应交增值税（进项税额）　　　　 26 000.00
　　　贷：银行存款　　　　　　　　　　　　　　　　 5 000.00
　　　　　长期应付款　　　　　　　　　　　　　　 226 000.00

［所附单据］购销合同复印件、增值税专用发票、增值税普通发票、银行付款通知。

知识巩固

一、单项选择题

1. 计提长期借款的应付未付利息，应计入（　　　）账户。

A. 应付账款　　　　　　　　　　　　　B. 应付利息

C. 长期借款　　　　　　　　　　　　　D. 其他应付款

2. 长期借款是指企业向银行或其他金融机构借入的期限在（　　　）的各项借款。

A. 1年以下　　　　B. 1年　　　　C. 1年以上（含1年）　　　　D. 1年以上（不含1年）

二、多项选择题

1. 企业借入长期借款，一般用于（　　　）。

A. 设备的购置　　　　B. 设备日常修理　　　　C. 对外投资　　　　D. 改扩建工程

2. 长期借款计付利息涉及的账户有（　　　）。

A. 财务费用　　　　B. 在建工程　　　　C. 长期借款　　　　D. 应付利息

三、判断题

1. 为购建固定资产而发生的长期借款利息，在其达到预定可使用状态之后所发生的，计入所购建固定资产的价值。（　　　）

2. 由于长期借款的期限较长，至少在1年以上，因此在资产负债表非流动资产项目列示。（　　　）

任务小结

非流动负债是指流动负债以外的负债，包括长期借款、长期应付款等。非流动负债应当按照其实际发生额入账。

企业长期借款一般用于固定资产的购建、改扩建工程、大修理工程、对外投资等项目。长期借款的利息费用等需要根据权责发生制的要求，按期计入所购建资产的成本或直接计入当期财务费用。长期借款在资产负债表非流动资产项目列示。

长期应付款主要有以分期付款方式购入固定资产发生的应付款项和应付融资租入固定资产租赁费等，会计上通过设置"长期应付款"账户进行核算。

	核算内容	设置账户	账务处理内容	重点、难点
非流动负债	长期借款	长期借款	1. 取得短期借款 2. 借款利息处理 （1）按月计付利息 （2）分期支付利息	★ ★★
	长期应付款	长期应付款	1. 融资租入固定资产 2. 分期付款购入固定资产	★

技能训练

练习长期借款的账务处理

1. **实训资料**

滨海致远公司2022年1月1日为开发无形资产，从滨海市工商银行借款2 000 000元，借款期2年，合同利率6%，每半年计息一次，按年支付利息，到期还本，无形资产研究开发工作于2022年年末结束。

（1）2022年1月1日，取得借款存入银行。

（2）2022年6月30日，计提上半年计息（不考虑研究、开发阶段支出的资本化条件）。

（3）2022年12月31日，计提下半年利息，并以存款支付第一年利息。

（4）2023年6月30日、12月31日分别计提利息。

（5）2023年年末，以存款支付第二年利息，并归还借款本金。

2. **实训要求**

根据上述资料，编制有关会计分录。

项目四　所有者权益的账务处理

项目介绍

所有者权益是指企业的资产扣除负债后由所有者享有的剩余权益，包括实收资本（或股本）、资本公积、盈余公积和未分配利润。

所有者权益是所有者对企业资产的剩余索取权，它是企业资产中扣除债权人权益后应由所有者享有的部分，既可反映所有者投入资本的保值增值情况，又体现了保护债权人权益的理念。与企业的负债相比，所有者权益的性质、享有的权利、期限和风险等均有其自身的特点。

所有者权益反映所有者（股东）财富的净增加额。通常企业收入增加时，会导致资产的增加，相应地会增加所有者权益；企业发生费用时，会导致负债增加，相应地会减少所有者权益。因此，企业日常经营得好与坏和资产、负债的质量直接决定着企业所有者权益的增减变化和资本的保值增值。

所有者权益反映了企业的净资产规模和财务状况。所有者权益是企业会计报表中的重要组成部分，对于了解企业的营利能力、偿债能力、运营能力等具有重要意义。

为了帮助学生熟练掌握所有者权益的核算内容和账务处理，本项目以滨海盛泰公司2023年7月的经济业务资料为案例，结合相关会计工作岗位核算的内容与要求，提炼出三个学习任务：①实收资本的账务处理；②资本公积的账务处理；③盈余公积的账务处理。

任务一　实收资本的账务处理

任务目标

【知识目标】

1. 了解投资者投入资本的出资形式。

2. 掌握企业接受投资者投入资本的账务处理。

【技能目标】

1. 能编制接受投资者投入资本业务的有关记账凭证。

2. 能设立并登记"实收资本"明细分类账和总分类账。

【素养目标】

1. 具有自觉维护国家利益、社会利益、集体利益的社会责任感。
2. 形成认真、细致、严谨的工作作风和敬业精神，养成良好的职业习惯。

任务描述

小何掌握了一项有关新型洗涤剂配方的专利技术。大学毕业后，计划投资1 000 000元，开办一个绿色干洗店。这是一种新型的投资项目，它采用了绿色工艺配方，洗涤剂中使用的原料对人体和环境无害，这种洗涤剂不仅成本低，而且可以多次使用。几个要好的同学看到前景很好，纷纷要求参与投资。

思考与讨论：大家可以采用哪些形式来参与投资？你是怎样理解这1 000 000元的？

提出任务：如何进行实收资本的账务处理？

任务分解

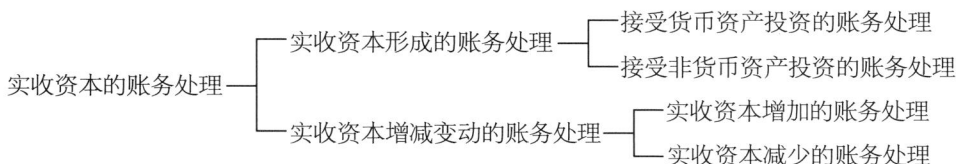

任务实施

活动一　实收资本形成的账务处理

知识准备

实收资本是指企业按照章程规定或合同、协议约定，接受投资者投入企业的资本。

实收资本即为法定资本，应当与注册资本一致。所有者向企业投入的资本，在一般情况下无须偿还，并可以长期周转使用。企业不得擅自改变注册资本的数额，不得以任何理由抽逃企业的实收资本。投入资本的构成比例即投资者的出资比例，是企业据以进行利润分配的主要依据。

设置账户

为了核算投资者投入资本的增减变动，企业需要设置"实收资本"账户。

账户性质：属于所有者权益类账户。

账户结构：贷方登记企业实际收到投资者缴付的资本，以及以资本公积或盈余公积转增资本的金额，借方登记企业按法定程序减资时所减少的注册资本数额。期末贷方余额反映企业期末实收资本的实有数。

明细核算：按投资者设置明细账，进行明细分类核算。

投资者可以用货币出资，也可以用实物、知识产权、土地使用权等作价出资（见图4-1-1）。企业收到所有者投入企业的资本后，应根据有关原始凭证，分别以不同的出资方式进行会计处理。

```
                        ┌── 现金资产投资
          企业接受投资 ──┤                      ┌── 固定资产投资
                        └── 非现金资产投资 ──────┤── 材料物资投资
                                                └── 无形资产投资
```

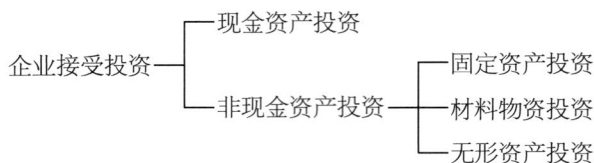

图 4-1-1　企业接受投资形式

一、接受货币资产投资的账务处理

货币资产投资是指以货币资本作为投资的方式。货币投资是吸收直接投资中最重要的出资形式。

账务处理

货币资产投资：企业接受货币资产投资时，应当按实际收到的金额，借记"银行存款"，按股东所享有的资本金额，贷记"实收资本"，按实际收到的金额超过其在该企业注册资本中所占份额的部分（溢价差额），贷记"资本公积"。

经典实例

【例4-1-1】滨海盛泰公司由甲、乙和丙投资三方共同以货币资产出资创建，注册资本5 000 000元，按照章程约定，三方出资比例分别为20%、30%、50%，款项已存入银行。

编制会计分录如下。

借：银行存款　　　　　　　　　　　　　　　　　5 000 000.00
　　贷：实收资本——甲投资者　　　　　　　　　1 000 000.00
　　　　　　　　　——乙投资者　　　　　　　　1 500 000.00
　　　　　　　　　——丙投资者　　　　　　　　2 500 000.00

［所附单据］公司章程复印件、投资协议复印件、银行收款通知、收款收据。

二、接受非货币资产投资的账务处理

非货币资产投资是指投资者以非货币资产对企业的投资。

非货币资产投资分为实物资产（如材料、固定资产等）投资和无形资产（如专利技术、土地使用权等）投资。

账务处理

企业收到投资者投入的非现金资产时，应按投资各方确认的价值作为实收资本的入账价值。若投资各方确认的资产价值超过其注册资本中所占份额部分，作为资本溢价，计入"资本公积"账户。具体业务处理方法如下。

（1）实物资产投资：企业接受实物资产投资时，按投资合同或协议约定价值确定的实物资产价值，借记"原材料"（或"固定资产"）、"应交税费——应交增值税（进项税额）"等，按股东所享有的资本金额，贷记"实收资本"，按确认的实物资产价值超过其注册资本中所占份额部分（资本溢价部分），贷记"资本公积"。

（2）无形资产投资：企业接受无形资产投资时，应按投资合同或协议约定的无形资产价值，借记"无形资产"，按在注册资本中应享有的份额，贷记"实收资本"，按确认的无形资产价值超过其注册资本中所占份额部分（资本溢价部分），贷记"资本公积"。

经典实例

【例4-1-2】滨海市兴盛实业有限公司同意接受蓝海市捷通有限公司对其投资方案。捷通公司用新购入的B原材料进行投资，提供的增值税专用发票注明的价款500 000元，增值税税额为65 000元。滨海市兴盛实业有限公司注册资金1 200 000元，捷通公司占45%的股份。

编制会计分录如下。

借：原材料——B材料 500 000.00

应交税费——应交增值税（进项税额） 65 000.00

贷：实收资本——蓝海市捷通公司 540 000.00

资本公积——资本溢价 25 000.00

［所附单据］公司章程复印件、投资协议复印件、资产评估证明或验资报告（见图4-1-2）复印件、增值税专用发票、收料单等。

验资报告

一、基本情况

甲方：滨海市兴盛实业有限公司

乙方：蓝海市捷通有限公司

双方本着"自愿、平等"的原则，经过共同协商，甲方同意乙方以新购入的原材料对其投资。乙方将货物与发票等一并送予甲方。

二、审验结果

蓝海市正大资产评估有限公司已对乙方出资的原材料进行了评估，审核乙方购买的材料及所附所有单据，乙方提供的购买材料的增值税发票列明价款500 000元，增值税税额65 000元，并出具了资产评估报告，认为乙方所投资产价格公允。

乙方与甲方于2023年7月10日就出资的原材料办理了财产交接手续，乙方按照合同将货物与所附单据交给了甲方。

乙方投资后，拥有甲方注册资本45%股份，甲方注册资本为1 200 000元。

滨海市公平会计事务所

2023年7月10日

图 4-1-2

【例4-1-3】滨海远达公司设立时，发生下列经济业务。

（1）收到甲公司作为资本投入的不需要安装的机器设备一台，合同约定该设备的价值为1 000 000元。

（2）收到乙公司作为资本投入的非专利技术一项，投资合同约定的价值为800 000元。

（3）收到丙公司作为资本投入的土地使用权一项，投资合同约定的价值为2 000 000元。假定合同约定的价值与公允价值相符，不考虑其他因素。

编制会计分录如下。

借：固定资产——机器设备 1 000 000.00

无形资产——非专利技术 800 000.00

——土地使用权 2 000 000.00

贷：实收资本——甲公司   1 000 000.00

     ——乙公司   800 000.00

     ——丙公司   2 000 000.00

［所附单据］公司章程复印件、投资协议复印件、资产评估证明或验资报告复印件等。

活动二　实收资本增减变动的账务处理

一般情况下，企业的实收资本应相对固定不变，但在某些特定情况下，实收资本也可能发生增减变化。企业实收资本发生增减变化时，需要向原登记主管机关申请变更登记，依法办理相关手续。

一、实收资本增加的账务处理

企业增加资本主要有三个途径：接受投资者追加投资、资本公积转增资本和盈余公积转增资本。

账务处理

（1）投资者追加投资：企业接受投资者追加投资时，根据投资协议、资产评估证明等，按追加投资的金额，借记"银行存款"，贷记"实收资本"。

（2）资本公积转增资本：企业用资本公积转增资本时，按转增资本的金额，借记"资本公积"，贷记"实收资本"。

（3）盈余公积转增资本：企业用盈余公积转增资本时，按转增资本的金额，借记"盈余公积"，贷记"实收资本"。

名师点拨

需要注意的是，由于资本公积和盈余公积均属于所有者权益，用其转增资本时，如果是独资企业，直接结转即可；如果是股份有限公司或有限责任公司，应该按照原投资者各自出资比例相应增加各投资者的出资额。

经典实例

【例4-1-4】接【例4-1-3】资料，滨海远达公司为扩大经营规模，经批准，将公司注册资本在原有基础上再扩大4 000 000元，甲、乙、丙三方按照原出资比例分别追加投资800 000元、1 200 000元和2 000 000元。滨海远达公司如期收到甲、乙、丙三位投资者追加的现金投资。

编制会计分录如下。

借：银行存款   4 000 000.00

 贷：实收资本——甲投资者   800 000.00

     ——乙投资者   1 200 000.00

     ——丙投资者   2 000 000.00

［所附单据］公司章程复印件、投资协议复印件、资产评估证明复印件、银行收款通知单等。

二、实收资本减少的账务处理

企业由于经营状况发生变化，需要减少注册资本。企业减少注册资本的原因大体有两种：一是经营规模缩小、资本过剩；二是企业发生重大亏损，短期内无力弥补。企业减少实收资本必须按照法定程序报经批准，办理资本变更手续。

账务处理

企业减少注册资本的原因不同，其会计处理也有所区别。

（1）因经营规模缩小而减资：企业在按法定程序报经批准后将注册资本返还给投资者时，按返还投资的数额，借记"实收资本"，贷记"银行存款"。

（2）因严重亏损而减资：企业发生连续、重大亏损，短期内无力用盈余公积、利润弥补的，可采用减资补亏。经行政管理部门批准后，根据投资减少清单，按减资的数额，借记"实收资本"，贷记"利润分配——未分配利润"。

经典实例

【例4-1-5】某公司因生产经营规模缩小，经批准减少注册资本800 000元，已办妥相关手续，以银行存款发还所有者投资款800 000元。

编制会计分录如下。

借：实收资本   800 000.00

    贷：银行存款   800 000.00

［所附单据］投资减少清单、银行付款通知单。

知识巩固

一、单项选择题

1. 在有限责任公司，投资者投入企业的资本应通过（   ）账户计算。

A. 实收资本   B. 资本公积   C. 盈余公积   D. 未分配利润

2. 某企业接受投入厂房一幢，账面原值700 000元，已提折旧200 000元，投资各方确认价值为800 000元。"实收资本"的入账价值为（   ）元。

A. 500 000   B. 800 000   C. 510 000   D. 810 000

3. 下列各项中不能转增资本的是（　　　　）。

A. 资本公积 B. 法定盈余公积 C. 利润 D. 任意盈余公积

二、多项选择题

1. 企业可以吸收投资者以（　　　　）形式作为投入资本。

A. 货币资产 B. 固定资产 C. 租赁资产 D. 无形资产

2. 企业吸收投资者出资时，涉及的会计科目有（　　　　）。

A. 盈余公积 B. 资本公积 C. 实收资本 D. 利润分配

3. 企业增加资本的途径有（　　　　）。

A. 接受投资者追加投资 B. 资本公积转增资本 C. 盈余公积转增资本 D. 利润转增资本

三、判断题

1. 我国实行实收资本制，所以企业注册资本和实收资本在数额上一定是相等的。（　　　　）

2. 投资者投入的资本是不得随意抽资或撤回的，所以企业的实收资本是不会发生减少的。（　　　　）

3. 企业接受投入的非现金资产，应按原资产账面价值计入"实收资本"科目。（　　　　）

任务小结

实收资本的核算内容包括实收资本形成和实收资本变动。实收资本在独资企业、合伙企业和有限责任公司均通过"实收资本"科目核算；在股份有限公司则通过"股本"科目核算。在有限责任公司，所有者进行初始资本投资时，不会产生资本溢价，而只有经营一段时期后，再吸收新的投资者加入时，才会产生资本溢价；而股份有限公司在股票的首次发行时，就可能会因溢价发行股票而形成企业的股本溢价，导致资本公积的增加。

	核算内容	设置账户	账务处理内容	重点、难点
实收资本	实收资本形成	实收资本（股本）	1. 货币资产投资 2. 非货币资产投资 （1）实物资产投资的核算 （2）无形资产投资的核算	★ ★★
	实收资本变动	实收资本	1. 实收资本增加 2. 实收资本减少	★ ★

技能训练

练习实收资本的账务处理

1. 实训资料

滨海致远公司在设立阶段发生下列经济业务。

（1）接受A公司投入款项3 000 000元，款项已存入银行。

（2）接受B公司投入厂房一幢，B公司厂房账面原值15 000 000元，已提折旧6 000 000元，出资双方确认价值为5 000 000元，并约定按双方确认的资产价值确认资本额。已办妥产权转移手续，并投入生产使用。

（3）接受C公司投入设备一台，出资双方确认资产价值为1 500 000元，并约定按资产价值确认资本额，以银行存款支付运费4 000元，设备投入生产使用。

（4）收到投资者C公司投入的原材料一批，出资各方确认的不含税价值为1 000 000元，专用发票列明的增值税为130 000元。

2. 实训要求

（1）根据资料编制有关的会计分录。

（2）设立并登记"实收资本"的丁字形账户。

任务二　资本公积的账务处理

任务目标

【知识目标】

1. 了解资本公积的概念和有关规定。

2. 掌握资本公积有关账务处理。

【技能目标】

1. 能编制资本公积业务相关的记账凭证。

2. 能设立并登记"资本公积"明细分类账和总分类账。

【素养目标】

1. 具有自觉维护国家利益、社会利益、集体利益的社会责任感。

2. 形成遵纪守法的思想观念和廉洁自律的会计品格。

任务描述

滨海盛泰公司原由滨海市盛大有限责任公司（简称"滨海盛大公司"）、滨海市泰丰有限责任公司（简称"滨海泰丰公司"）两家共同出资设立，注册资本为20 000 000元，双方出资比例各占50%。2年后，第三方滨海市龙飞有限责任公司（简称"滨海龙飞公司"）要加入该企业，并表示愿意出资1 300 000元，享有与滨海盛大公司、滨海泰丰公司同等的权利，双方均表示同意。

思考与讨论：滨海龙飞公司的这种做法对其是否有利？其出资额能否全部作为注册资本？为什么？

提出任务：如何进行资本公积的账务处理？

任务分解

资本公积的账务处理 —— 资本溢价形成资本公积的账务处理
资本公积转增资本的账务处理

知识准备

资本公积是指企业收到的投资者出资额超过其在注册资本（或股本）中所占份额的部分，主要是指资本溢价。

企业在有新的投资者加入时，为了维护原投资者的权益，新加入的投资者往往要付出大于原投资者的出资额，才能取得与原投资者相同的出资比例。新加入的投资者多交的部分就形成了资本溢价。

资本公积由资本溢价和其他资本公积两部分组成。除资本溢价以外所形成的资本公积称为其他资本公积，主要是直接计入所有者权益的利得和损失。

资本公积的主要用途就是转增资本。资本公积转增资本，应经董事会或类似机构决议同意后方可进行。由于资本公积属于所有者权益，用其转增资本时，应该按照原投资出资比例相应增加各投资者的出资额。

想一想

资本公积与实收资本在来源、性质、用途等方面有哪些不同？

设置账户

为了核算企业资本公积的增减变动，企业需要设置"资本公积"账户。

账户性质：属于所有者权类账户。

账户结构：贷方登记企业资本公积增加数额；借方登记企业资本公积减少数额；期末贷方余额，表示企业资本公积结余数额。

明细核算：应按"资本溢价""其他资本公积"设置明细账，进行明细分类核算。

一、资本溢价形成资本公积的账务处理

账务处理

资本溢价形成资本公积：企业接受投资者投资时，应按投资者出资金额，借记"银行存款"，按投资者在注册资本中所占份额，贷记"实收资本"，按投资者出资超过其在注册资本中所占份额的部分（即资本溢价部分），贷记"资本公积"。

经典实例

【例4-2-1】某公司原由A、B、C三方共同投资设立，注册资本为5 000 000元，三方出资比例分别为20%、30%、50%。新投资者D要加入该企业，并表示愿出资2 000 000元，享有与B投资者同等的权利，甲、乙、丙三位投资者均表示同意。

编制会计分录如下。

借：银行存款　　　　　　　　　　　　　　　　　　　2 000 000.00

　　贷：实收资本——D投资者　　　　　　　　　　　1 500 000.00

　　　　资本公积——资本溢价　　　　　　　　　　　 500 000.00

［所附单据］公司章程复印件、投资协议复印件、银行收款通知单、收款收据。

二、资本公积转增资本的账务处理

账务处理

资本公积转增资本：资本公积转增资本时，企业应根据资本公积转增资本协议，按转增资本的金额，借记"资本公积"，贷记"实收资本"。

经典实例

【例4-2-2】接【例4-2-1】资料，滨海盛泰公司因扩大经营规模需要，经批准将资本公积200 000元转增资本。公司已按规定程序办理完增资手续。

编制会计分录如下。

借：资本公积　　　　　　　　　　　　　　　　　　　　　　200 000.00

　　贷：实收资本——甲投资者　　　　　　　　　　　　　　　40 000.00

　　　　　　　　——乙投资者　　　　　　　　　　　　　　　60 000.00

　　　　　　　　——丙投资者　　　　　　　　　　　　　　 100 000.00

［所附单据］资本公积转增资本协议书复印件、股东大会通知复印件等。

知识巩固

一、单项选择题

1. 有限责任公司投资者实际投入资金超过注册资本的，超过的部分应当计入（　　）账户。

A. 实收资本　　　　　　　　　　　　　　B. 资本公积

C. 盈余公积　　　　　　　　　　　　　　D. 营业外收入

2. 在企业有新投资者加入时，新加入投资者的出资额一般应（　　）其在注册资本中占有的份额。

A. 小于　　　　　　　　　　　　　　　　B. 大于

C. 等于　　　　　　　　　　　　　　　　D. 大于或等于

二、多项选择题

1. 下列会计事项中，可能引起资本公积变动的有（　　）。

A. 接受投资者投资　　　　　　　　　　　B. 企业宣告分配利润

C. 新的投资者加入　　　　　　　　　　　D. 资本公积转增资本

2. 下列各项中，关于资本公积表述不正确的有（　　）。

A. 资本公积可以用于转增资本　　　　　　B. 资本公积可以用于弥补上年度发生的亏损

C. 资本公积可以作为进行利润分配的依据　D. 资本公积体现不同所有者占有比例

三、判断题

1. 资本公积的形成与企业净利润无直接联系。（   ）

2. 资本公积的实质属于投入资本范畴，因此所有资本公积均可直接用于转增资本和向投资者分配利润。（   ）

任务小结

资本公积由资本溢价和其他资本公积两部分组成。形成资本溢价（或股本溢价）的原因是投资者超额缴入资本。其他资本公积，是指除净损益、其他综合收益和利润分配以外的所有者权益的其他变动。

资本公积的核算内容包括资本溢价形成资本公积和资本公积转增资本。企业应设置"资本公积"科目按资本公积的内容设置明细分类账，进行明细分类核算。

资本公积	核算内容	设置账户	账务处理内容	重点、难点
	资本溢价形成资本公积	资本公积	接受投资者投资	★★
	资本公积转增资本	资本公积	根据资本公积转增资本协议转增资本	★

技能训练

练习资本公积的账务处理

1. 实训资料

滨海致远公司发生如下经济业务：

（1）收到新投资者D公司投入5 000 000元，经确认资本额为占本企业注册资本10 000 000元的30%。投入资金存入银行。

（2）以资本公积1 500 000元转增资本，并办妥增资手续。

2. 实训要求

根据资料编制会计分录。

任务三　盈余公积的账务处理

任务目标

【知识目标】

1. 知悉盈余公积的含义和有关规定。

2. 掌握盈余公积的账务处理。

【技能目标】

1. 能编制提取盈余公积业务相关的记账凭证。
2. 能设立并登记"盈余公积"明细分类账和总分类账。

【素养目标】

1. 培养分析问题、解决问题的职业能力。
2. 养成爱岗敬业、严谨细致的工作态度。

任务描述

滨海盛泰公司2023年取得利润总额3 466 666.67元，上交企业所得税866 666.67元，取得净利润2 600 000元。

思考与讨论：公司取得的净利润如何处理？能否将取得的净利润2 600 000元全部用于分配？为什么？

提出任务：如何进行盈余公积的账务处理？

任务分解

盈余公积的账务处理 —— 提取盈余公积的账务处理
—— 盈余公积使用的账务处理

任务实施

留存收益是指企业从历年实现的利润中提取或形成的留存于企业的内部积累，包括盈余公积和未分配利润。

知识准备

盈余公积是指企业按照国家有关规定从实现的净利润中提取的积累资金，包括法定盈余公积和任意盈余公积。

法定盈余公积是指企业按照国家法律规定的比例，从净利润中提取的积累资金。公司制企业按税后利润的10%提取，提取法定盈余公积的基数不应该包括企业年初未分配的利润。计提的法定盈余公积累计额已达注册资本的50%时，可以不再提取；非公司制企业也可按高于10%的比例提取。

任意盈余公积是指企业按照股东会或股东大会决议提取的盈余公积。

企业提取完法定盈余公积时，可以根据股东大会的决议，自行决定从税后利润中提取任意公积金。

想一想

法定盈余公积和任意盈余公积有何区别？

设置账户

为了核算盈余公积的提取和使用，企业需要设置"盈余公积"账户。

账户性质：属于所有者权益类账户。

账户结构：贷方登记企业从利润中提取的盈余公积数额，借方登记企业使用的盈余公积数额，期末贷方余额表示企业盈余公积的实有数额。

明细核算：按"法定盈余公积""任意盈余公积"设置明细账，进行明细分类核算。

一、提取盈余公积的账务处理

账务处理

企业当年实现的净利润，在弥补以前年度亏损后，按规定提取盈余公积时，应通过"利润分配"和"盈余公积"等科目核算。

（1）提取法定盈余公积：企业按规定提取法定盈余公积时，借记"利润分配——提取法定盈余公积"，贷记"盈余公积——法定盈余公积"。

（2）提取任意盈余公积：企业提取任意盈余公积时，借记"利润分配——提取任意盈余公积"，贷记"盈余公积——任意盈余公积"。

经典实例

【例4-3-1】滨海盛泰公司本年度实现税后净利润为2 600 000元，分别按10%、8%的比例提取法定盈余公积、任意盈余公积。假定不考虑其他因素。

编制会计分录如下。

借：利润分配——提取法定盈余公积　　　　　　　　　　　260 000.00

　　　　　　——提取任意盈余公积　　　　　　　　　　　208 000.00

　　贷：盈余公积——法定盈余公积　　　　　　　　　　　　260 000.00

　　　　　　　　——任意盈余公积　　　　　　　　　　　　208 000.00

［所附单据］股东会决议复印件、盈余公积计提表。

名师点拨

计算提取法定盈余公积的基数是本年实现的所得税税后利润。存在弥补以前年度亏损的，应先扣除，并不包括年初未分配的利润。

二、盈余公积使用的账务处理

企业提取的法定盈余公积和任意盈余公积，经批准可以用于弥补亏损、转增资本、分配利润（或股利）等。

账务处理

（1）弥补亏损：企业发生的亏损，5年内的可在营利后用税前利润弥补；对按规定不能用税前利润弥补的亏损，则用税后利润弥补；税后利润仍有不足弥补的，经批准，可以用盈余公积进行弥补，借记"盈余公积"，贷记"利润分配——盈余公积补亏"。

（2）转增资本：企业可以将盈余公积转增资本，但要办理增资手续。法定盈余公积转增资本时，转增后留存的盈余公积不得少于注册资本的25%。盈余公积转增资本时，借记"盈余公积"，贷记"实收资本"。

（3）分配利润：如果企业当年无利润，原则上不得分配利润。但是，在用盈余公积弥补了亏损以后，经股东大会特别决议，可以用盈余公积分配利润。分配利润后，公司法定盈余公积不得少于注册资本的25%。企业宣告分配利润时，借记"盈余公积"，贷记"应付利润"，支付应付利润时，借记"应付利润"，贷记"银行存款"。

经典实例

【例4-3-2】某公司用5年的税后利润弥补亏损后，本年仍有160 000元的亏损，经股东大会批准，公司用以前年度提取的盈余公积弥补亏损。假设不考虑其他因素。

编制会计分录如下。

借：盈余公积   160 000.00

  贷：利润分配——盈余公积补亏   160 000.00

［所附单据］股东大会决议复印件、弥补亏损通知书。

【例4-3-3】接【例4-3-2】资料，因扩大经营规模需要，股东大会通过并报经批准，滨海盛泰公司按原出资比例将盈余公积800 000元转增资本。

编制会计分录如下。

借：盈余公积   800 000.00

  贷：实收资本——甲投资者   160 000.00

      ——乙投资者   240 000.00

      ——丙投资者   400 000.00

［所附单据］股东大会决议复印件、转增资本通知书。

【例4-3-4】滨海盛泰公司年末可供投资者分配的利润为200 000元，盈余公积为500 000元。经股东大会批准，公司共需要分派300 000元利润，其中动用可供投资者分配的利润200 000元、盈余公积100 000元。假定不考虑其他因素。

编制会计分录如下。

（1）宣告分配利润时：

借：利润分配——应付利润   200 000.00

  盈余公积   100 000.00

  贷：应付利润——应付投资者利润   300 000.00

［所附单据］利润分配方案复印件、利润分配计算表。

（2）实际支付利润时：

借：应付利润——应付投资者利润   300 000.00

  贷：银行存款   300 000.00

［所附单据］银行付款通知。

知识巩固

一、单项选择题

1. 下列各项中，能够导致企业留存收益减少的是（　　）。

A. 宣告分配利润 　　　　　　　　　　B. 以资本公积转增资本

C. 提取盈余公积 　　　　　　　　　　D. 以盈余公积弥补亏损

2. 某企业盈余公积年初余额为300 000元，本年利润总额为5 000 000元，所得税费用为1 250 000元，按净利润的10%提取法定盈余公积，并将盈余公积100 000元转增资本，该企业盈余公积年末余额为（　　）元。

A. 200 000 　　　　B. 300 000 　　　　C. 575 000 　　　　D. 700 000

二、多项选择题

1. 下列项目中，能引起盈余公积发生增减变动的有（　　）。

A. 提取任意盈余公积 　　　　　　　　B. 以盈余公积转增资本

C. 用任意盈余公积弥补亏损 　　　　　D. 用盈余公积分配利润

2. 下列各项中，仅引起所有者权益内部结构发生变动而不影响所有者权益总额的有（　　）。

A. 用盈余公积弥补亏损 　　　　　　　B. 用盈余公积转增资本

C. 宣告投资者分配利润 　　　　　　　D. 支付投资者利润

三、判断题

1. 企业计提的法定盈余公积可以用于企业生产发展和职工的各种福利支出。（　　）

2. 法定盈余公积转增资本时，转增后留存的盈余公积不得少于注册资本的10%。（　　）

任务小结

盈余公积和未分配利润统称为留存收益，是企业从历年实现的利润中提取或形成的留存于企业的内部积累。盈余公积包括法定盈余公积和任意盈余公积。

盈余公积主要是用于扩大企业的生产规模，增强企业的经济实力，应付各种风险或弥补以后年度发生的亏损，按照法定程序转增资本等的积累性资金。因此，盈余公积的用途主要包括转增资本、弥补亏损和分派利润（或现金股利）三个方面。

盈余公积的核算内容包括提取盈余公积和盈余公积使用。企业一般通过设置"盈余公积"账户进行有关提取法定盈余公积、任意盈余公积、盈余公积弥补亏损、转增资本和分配利润的账务处理。

盈余公积	核算内容	设置账户	账务处理内容	重点、难点
	提取盈余公积	盈余公积	1. 提取法定盈余公积 2. 提取任意盈余公积	★ ★
	盈余公积使用		1. 盈余公积弥补亏损 2. 盈余公积转增资本 3. 盈余公积分配利润	★★ ★ ★

技能训练

练习盈余公积的账务处理

1. 实训资料

滨海致远公司发生如下经济业务（所得税率为25%）：

（1）企业实现利润3 500 000元，按税后利润10%计提法定盈余公积，并按12%提取任意盈余公积。

（2）用法定盈余公积300 000元转增资本，已办妥转增手续。

（3）经股东大会批准，用任意盈余公积200 000元向投资者分派利润。

2. 实训要求

根据资料编制会计分录。

项目五　收入、费用和利润的账务处理

项目介绍

收入、费用、利润是会计六大要素的后三个要素，也是反映企业经营成果的会计要素。

收入是指企业在销售商品、提供劳务及让渡资产使用权等日常活动中所形成的经济利益的总流入。收入具有以下特征：①是企业在日常活动中形成的；②是与所有者投入资本无关的经济利益的总流入；③会导致所有者权益的增加。

费用是指企业为销售商品、提供劳务等日常活动所发生的经济利益的总流出。费用具有以下特征：①是企业在日常活动中形成的；②是与向所有者分配利润无关的经济利益的总流出；③会导致所有者权益的减少。

利润是指企业在一定会计期间的经营成果。利润是衡量企业优劣的一种重要标志，是评价企业管理业绩的一项重要指标，也是财务报表使用者进行决策时的重要参考。利润包括营业利润、利润总额和净利润。

收入、费用和利润作为损益类要素，是企业利润的组成部分，是会计利润表的重要支撑。企业在核算利润时，需将收入、费用计入收入和费用账户中，从而计算出企业的利润。通过合理的收入、费用的核算和分析，可以准确地反映企业的经营状况。

准确确认和计量企业的收入和费用，正确计算企业利润，是本项目解决的主要问题。为了帮助学生熟练掌握收入、费用和利润的核算内容和账务处理，本项目以滨海盛泰公司2023年7月的经济业务资料为案例，结合相关会计工作岗位核算的内容与要求，提炼出三个学习任务：①收入的账务处理；②费用的账务处理；③利润的账务处理。

任务一　收入的账务处理

任务目标

【知识目标】

1. 熟悉收入的确认条件。

2. 掌握销售商品收入和提供劳务收入的账务处理。

【技能目标】

1. 能编制收入业务相关的原始凭证和记账凭证。
2. 能设立并登记主营业务收入、其他业务收入总分类账和明细分类账。

【素养目标】

1. 培养创新、创业能力，在实践中探索并实现财富增值的方法和途径。
2. 具有财务公益意识、社会责任感及诚信、公平的职业道德。

任务描述

2023年7月10日，滨海盛泰公司销售给瑞力公司A产品100件，单价150元，开具的增值税专用发票上的价款15 000元，增值税税额1 950元，货款未收到。

假如瑞力公司7月12日收到这批A产品，发现其中20件有质量问题，经双方协商，滨海盛泰公司同意20件产品给予5%的折扣。

思考与讨论：滨海盛泰公司采用的是哪种销售策略？提出的解决方案属于商品折扣中的哪一种？它们之间有何区别？

提出任务：如何进行收入的账务处理？

任务分解

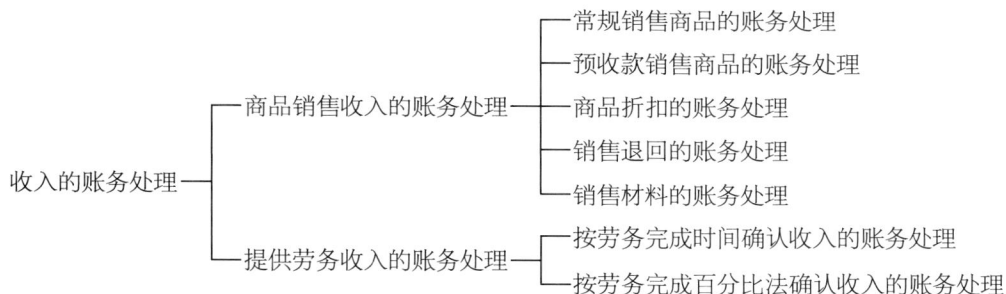

任务实施

活动一 商品销售收入的账务处理

知识准备

企业收入按其形成来源可分为商品销售收入、提供劳务收入和让渡资产使用权收入。按其经营业务的主次可以分为主营业务收入和其他业务收入。

商品销售收入是指以取得货币资产的方式进行的商品销售，以及正常情况下的以商品抵偿债务的交易取得的收入。企业销售商品（产成品）、原材料、包装物等都属于商品销售收入，但是销售商品、产成品属于主营业务收入，而原材料、包装物的销售属于其他业务收入。

企业应当在发出商品且收到货款或取得收款权利时确认销售商品收入。

一、常规销售商品的账务处理

常规销售商品主要有交款提货销售商品和采用托收承付方式销售商品两种方式。

设置账户

为了核算企业从事生产经营活动所取得的营业收入，需要设置"主营业务收入"账户。

账户性质：属于损益类账户。

账户结构：贷方登记企业实现的主营业务收入；借方登记期末转入"本年利润"账户的主营业务收入及发生销货退回和销售折让时应冲减本期的主营业务收入。期末结转后无余额。

明细核算：按主营业务的种类设置明细账户，进行明细分类核算。

（一）交款提货销售商品的账务处理

账务处理

交款提货销售商品属于采用现货交易，自提商品，在开出发票账单、收到货款时确认收入。销售商品的收入金额，应该按企业与购货方签订的合同或协议金额确定。企业销售商品时有以下两种情况。

（1）若收取的是转账支票（或银行本票）：按实际收到的金额，借记"银行存款"，按专用发票上注明的价款，贷记"主营业务收入"，按列明的增值税额，贷记"应交税费——应交增值税（销项税额）"。

（2）若收取的是商业汇票：按实际收到的票面金额，借记"应收票据"，按专用发票上列明的价款，贷记"主营业务收入"，按列明的增值税额，贷记"应交税费——应交增值税（销项税额）"。

经典实例

【例5-1-1】滨海盛泰公司向国宏公司销售A产品一批，开出的增值税专用发票上注明的价款为19 000元，增值税税额为2 470元。商品由客户从仓库提走，货款已收，存入银行。

编制会计分录如下。

借：银行存款   21 470.00

  贷：主营业务收入 ——A产品销售收入   19 000.00

    应交税费——应交增值税（销项税额）   2 470.00

［所附单据］购销合同复印件、提货单、增值税专用发票、银行收款通知。

【例5-1-2】滨海盛泰公司向招远公司销售一批B产品，开出的增值税专用发票上注明的价款为30 000元，增值税税额为3 900元，商品已经发出。招远公司开出一张3个月到期的不带息银行承兑汇票款，票面金额为33 900元。

编制会计分录如下。

借：银行存款   33 900.00

  贷：主营业务收入——B产品销售收入   30 000.00

    应交税费——应交增值税（销项税额）   3 900.00

［所附单据］购销合同复印件、提货单、产品出库单、增值税专用发票、托收凭证等。

（二）托收承付方式销售商品的账务处理

账务处理

销售商品采用托收承付方式的，在办妥托收手续时确认收入。销售商品的收入金额应按企业与购货方签订的合同或协议金额确定。

（1）办妥托收手续：按应收的款项金额，借记"应收账款"，按专用发票上列明的价款，贷记"主营业务收入"，按列明的增值税额，贷记"应交税费——应交增值税（销项税额）"。

（2）收到款项：按实际收到的货款金额，借记"银行存款"，贷记"应收账款"。

经典实例

【例5-1-3】7月20日，滨海盛泰公司向光明公司销售一批B产品，开具的增值税专用发票上注明的价款为6 000元，增值税税额为780元，签发支票支付代垫运费200元，商品已发出，并向银行办理了托收手续。7月28日，收到银行转来的收款通知，托收款项已收妥。

编制会计分录如下。

（1）7月20日，发出商品，办妥托收手续时：

借：应收账款——光明公司	6 980.00
贷：主营业务收入——B产品销售收入	6 000.00
应交税费——应交增值税（销项税额）	780.00
银行存款	200.00

［所附单据］购销合同复印件、提货单、产品出库单、增值税专用发票、托收凭证等。

（2）7月28日，收到货款及代垫的运费时：

借：银行存款	6 980.00
贷：应收账款——光明公司	6 980.00

［所附单据］银行收款通知。

二、预收款销售商品的账务处理

预收款销售商品是指企业按照合同规定预先向购货单位收取部分或全部价款，然后发出商品的销售方式。

设置账户

为了核算预收款销售商品业务，需要设置"预收账款"账户。

账户性质：该账户是负债类账户。

账户结构：贷方登记企业按规定预收的货款或定金，借方登记企业发出商品的金额；期末余额在贷方，表示企业预收购货单位或个人的款项。

明细核算：按购货单位名称设置明细账，进行明细分类核算。

账务处理

销售商品采取预收款方式的，在发出商品时确认收入，在此之前预收的货款应确认为负债（预收账款）。

（1）收到预收款：企业收到预收款项时，按实际收到的金额，借记"银行存款"，贷记"预收账款"。

（2）发出商品：企业根据购销合同，发出商品时，根据开具的增值税专用发票，借记"预收账款"，贷记"主营业务收入""应交税费——应交增值税（销项税额）"。

（3）收到补付款项：企业若收到补付款项时，按收到的金额，借记"银行存款"，贷记"预收账款"。

（4）退还多余款项：企业若需要退还多余款项时，按退回的金额，借记"预收货款"，贷记"银行存款"。

经典实例

【例5-1-4】滨海盛泰公司采用预收货款的方式，向九星公司销售一批A产品，共计339 000元。合同规定先预收30%的货款，在15天后交货时，再收取70%的货款余额。

（1）7月2日，收到九星公司签发的转账支票1张，金额101 700元，系预收A产品30%的货款。

（2）7月17日，发给九星公司A产品，开具增值税专用发票，列明货款300 000元，增值税额39 000元。收到九星公司签发的转账支票1张，金额为237 300元，系支付其余70%的货款及全部增值税额。

编制会计分录如下。

（1）7月2日，收到预付款时：

借：银行存款　　　　　　　　　　　　　　　　　　　101 700.00

　　贷：预收账款——九星公司　　　　　　　　　　　　　　101 700.00

［所附单据］购销合同复印件、银行收款通知。

（2）7月17日，发出商品，收到货款时：

借：银行存款　　　　　　　　　　　　　　　　　　　237 300.00

　　预收账款——九星公司　　　　　　　　　　　　　101 700.00

　　　贷：主营业务收入——A产品销售收入　　　　　　　　300 000.00

　　　　　应交税费——应交增值税（销项税额）　　　　　　 39 000.00

［所附单据］提货单、产品出库单、增值税专用发票。

三、商品折扣的账务处理

商品折扣分为三种情况：商业折扣、现金折扣和销售折让。

（一）商业折扣的账务处理

商业折扣是指企业为促进商品销售而给予的价格扣除。商业折扣在销售时即已发生，所以在企业销售实现时，只需按扣除商业折扣后的净额确认销售收入金额。

账务处理

商业折扣仅仅是确定实际销售价格的一种手段，对应收账款入账金额的确认没有实质影响，因而入账金额应按扣除商业折扣后的金额确定为销售商品收入金额。即按扣除商业折扣后的金额，借记"应收账款"，按增值税专用发票上注明的价款，贷记"主营业务收入"，按增值税专票发票上注明的销项税额，贷记"应交税费——应交增值税（销项税额）"。

【例5-1-5】滨海盛泰公司向畅联公司销售一批D产品，按价目表标明的价格计算，金额为30 000元，由于是成批销售，公司决定给予畅联公司10%的商业折扣。增值税率为13%。

确认销售收入，并编制会计分录如下。

销售收入＝30 000×（1－10%）＝27 000（元）

（1）发出商品，确认收入时：

借：应收账款——畅联公司   30 510.00

  贷：主营业务收入——D产品销售收入   27 000.00

    应交税费——应交增值税（销项税额） 3 510.00

［所附单据］购销合同复印件、提货单、产品出库单、增值税专用发票。

（2）收到货款时：

借：银行存款   30 510.00

  贷：应收账款——畅联公司   30 510.00

［所附单据］银行收款通知。

（二）现金折扣的账务处理

现金折扣是指债权人为鼓励债务人在规定期限内付款，而向债务人提供的债务扣除。

现金折扣通常发生在以赊销方式销售商品的交易中。现金折扣是否实际发生应视买方的付款情况而定，只有买方在折扣期内付款时，才予以确认。现金折扣实际上是企业为了尽快回笼资金而发生的理财费用，应在实际发生时，计入当期的财务费用。

账务处理

对于现金折扣的会计处理，我国采用总价法，即销售方按未减去现金折扣前的金额作为实际售价，作为应收账款的入账价值。当买方在折扣期内付款时，销售方将买方享有的现金折扣作为财务费用处理。

（1）现金折扣方式销售商品：企业以现金折扣方式销售商品时，按现金折扣前的应收款项金额，借记"应收账款"，按现金折扣前的销售收入金额，贷记"主营业务收入"，按应交的增值税数额，贷记"应交税费——应交增值税（销项税额）"。

（2）购买方在折扣期内付款：如果购买方在折扣期内支付货款，企业则按实际收到的货款金额，借记"银行存款"，按发生的现金折扣金额，借记"财务费用"，按应收的款项金额，贷记"应收账款"。

名师点拨

现金折扣使得企业的应收账款的实收数，随着购货方付款是否及时而发生变化。如果购货方在规定的期限内付款，则能享受现金折扣，超过规定的期限，则不能享受现金折扣。在计算现金折扣时，还应注意是否包含增值税，需要双方协商而定。

【例5-1-6】9月3日，滨海盛泰公司销售给润发公司一批B产品，增值税专用发票上注明的价款为5 400元，增值税税额为702元，价税合计6 102元。商品已发出，货款未收。合同中规定的现金折扣条件是：2/10，1/20，n/30，不包含增值税。9月8日，公司收到货款，存入银行。

编制会计分录如下。

（1）9月3日，销售商品时：

借：应收账款——润发公司　　　　　　　　　　　　　　　6 102.00

　　贷：主营业务收入　　　　　　　　　　　　　　　　　　5 400.00

　　　　应交税费——应交增值税（进项税额）　　　　　　　　702.00

［所附单据］销货合同复印件、提货单、产品出库单、增值税专用发票。

（2）9月8日，收到款项时：

润发公司在10天内付款，可以享受现金折扣数额＝5 400×2%＝108（元）

借：银行存款　　　　　　　　　　　　　　　　　　　　　5 994.00

　　财务费用　　　　　　　　　　　　　　　　　　　　　　108.00

　　贷：应收账款——润发公司　　　　　　　　　　　　　　6 102.00

［所附单据］银行收款通知。

想一想

假如润发公司在9月16日、9月25日支付款项时，又将如何编制会计分录？

（三）销售折让的账务处理

销售折让是指企业因售出商品的质量、规格等不符合要求而在商品价格上给予的减让。

账务处理

销售折让的账务处理具体如下。

（1）发生在销售收入确认之前的折让：在确认销售收入时直接按扣除销售折让后的金额确认，其会计处理与商业折扣相同。

（2）发生在销售收入确认之后的折让：应在实际发生折让时冲减当期的收入，还应红字金额冲减已确认的"应交税费——应交增值税（销项税额）"。

经典实例

【例5-1-7】滨海盛泰公司销售给国宏公司一批B产品，售价200 000元，增值税额为26 000元，并已确认了该批商品的销售收入。货到后，国宏公司发现这批产品的规格与合同要求有出入，经双方协商，同意在价格上给予5%的折让。

编制会计分录如下。

（1）实现销售收入时：

借：应收账款——国宏公司　　　　　　　　　　　　　　226 000.00

　　贷：主营业务收入——B产品销售收入　　　　　　　　　200 000.00

　　　　应交税费——应交增值税（销项税额）　　　　　　　26 000.00

［所附单据］销货合同复印件、提货单、产品出库单、增值税专用发票。

（2）发生销售折让时：

借：主营业务收入   10 000.00

  贷：应交税费——应交增值税（销项税额）   1 300.00（红字）

    应收账款——国宏公司   11 300.00

［所附单据］红字增值税专用发票。

也可编制红字会计分录：

借：应收账款——国宏公司   11 300.00（红字）

  贷：主营业务收入——B产品销售收入   10 000.00（红字）

    应交税费——应交增值税（销项税额）   1 300.00（红字）

四、销售退回的账务处理

销售退回是指企业售出的商品由于质量、品种、规格不符合合同要求等原因而发生的退货。

账务处理

销售退回的账务处理具体如下。

（1）销售退回发生在销售收入确认前：如果在销售收入确认前发生销售退回，只需由业务部门收回已开出的增值税专用发票，注明"作废"字样，并将商品重新入库即可。

（2）销售退回发生在销售收入确认后：如果在销售收入确认后发生销售退回，不论是本年度销售的，还是以前年度销售的，则需要购货方提供由主管税务机关开具的"进货退出证明单"，据此开具红字专用发票，冲减当月的商品销售收入，按规定允许扣减当期销项税额的，应同时扣减已确认的应交销项税额。借记"应收账款"（红字），贷记"主营业务收入"（红字）、"应交税费——应交增值税（销项税额）"（红字）。

（3）冲减当期的销售成本：如果退回的商品已经结转了销售成本，还应同时冲减当期的销售成本，借记"主营业务成本"（红字），贷记"库存商品"（红字）。

经典实例

【例5-1-8】7月6日，滨海盛泰公司向九兴公司销售一批C产品，产品已发出，并通过银行办好托收手续。7月8日，九兴公司在验收这批产品时，发现部分产品不符合合同要求。经双方协商，同意部分退货。滨海盛泰公司开具红字增值税专用发票，注明的价款为20 000元，增值税额为2 600元。退回的商品已结转了销售成本。

编制会计分录如下。

（1）开具红字增值税专用发票时：

借：应收账款——九兴公司   2 340.00（红字）

  贷：主营业务收入——C产品销售收入   2 000.00（红字）

    应交税费——应交增值税（销项税额）   340.00（红字）

［所附单据］购货方主管税务机关开具的进货退出证明单、红字增值税专用发票、产品质量检查报告。

（2）冲减退回商品的销售成本时：

借：主营业务成本   1 500.00（红字）

  贷：库存商品   1 500.00（红字）

［所附单据］入库单。

五、销售材料的账务处理

企业销售材料属于企业从事主营业务以外的其他日常经营活动。它所取得的收入作为其他业务收入，因转让材料而发生的相关成本，列为其他业务成本。

账务处理

销售材料的账务处理具体如下。

（1）出售材料：企业出售材料，取得收入时，按实际收到的价款，借记"银行存款"，按不含税收入金额，贷记"其他业务收入"，按应交的增值税，贷记"应交税费——应交增值税（销项税额）"。

（2）结转成本：企业出售材料，在确认销售收入的同时，还要结转已销材料的成本，按其实际成本，借记"其他业务成本"，贷记"原材料"。

经典实例

【例5-1-9】滨海盛泰公司销售一批不需用的丙原材料，开具的增值税专用发票上注明的货款为30 000元，增值税税额为3 900元，款项已存入银行。该批原材料的成本为25 000元。

编制会计分录如下。

（1）取得原材料销售收入时：

借：银行存款   33 900.00

  贷：其他业务收入   30 000.00

    应交税费——应交增值税（销项税额） 3 900.00

［所附单据］购销合同复印件、增值税专用发票、银行收款通知等。

（2）结转已销原材料的实际成本时：

借：其他业务成本   25 000.00

  贷：原材料——丙材料   25 000.00

［所附单据］材料出库单。

活动二 提供劳务收入的账务处理

提供劳务收入是指企业提供劳务取得的收入，即企业从事旅游、运输、饮食、广告、咨询、代理、培训、产品安装等其他劳务服务活动取得的收入。

有的劳务一次就能完成，并且一般为现金交易；有的劳务需要花费一段较长的时间才能完成。企业提供劳务收入的确认因劳务完成时间的不同而不同。企业提供劳务的收入可能在劳务完成时予以确认，也可能按完工百分比法确认。

为了核算企业对外提供劳务而发生的劳务成本，需要设置"劳务成本"账户。

账户性质：属于成本类账户。

账户结构：借方登记发生的各项劳务成本，贷方登记转入主营业务成本的劳务成本，期末无余额。

一、按劳务完成时间确认收入的账务处理

账务处理

在同一会计期间内开始并完成的劳务，应在提供劳务交易完成时确认收入，确认的金额通常为从接受劳务方已收或应收的合同或协议价款。

（1）发生劳务成本：企业发生劳务成本时，按其发生的实际成本，借记"劳务成本"，贷记"银行存款"。

（2）确认劳务收入：企业取得劳务收入时，按已收（或应收）的合同或协议价款，借记"银行存款"（或"应收账款"），按不含税收入额，贷记"主营业务收入"，按应交的增值税，贷记"应交税费——应交增值税（销项税额）"。

（3）结转劳务成本：企业期末结转劳务成本时，借记"主营业务成本"，贷记"劳务成本"。

经典实例

【5-1-10】某安装公司接受一项设备安装任务，该安装任务可一次完成，合同总价数为28 000元（不含税），实际发生安装成本23 000元。适用的增值税税率为6%，假定安装业务属于主营业务。

编制会计分录如下。

（1）发生设备安装、调试等劳务成本时：

借：劳务成本　　　　　　　　　　　　　　　23 000.00

　　贷：银行存款　　　　　　　　　　　　　　　23 000.00

［所附单据］安装工程合同复印件、工资费用分配表。

（2）完成安装调试任务，确认收入时：

借：应收账款　　　　　　　　　　　　　　　29 680.00

　　贷：主营业务收入　　　　　　　　　　　　　28 000.00

　　　　应交税费——应交增值税（销项税额）　　1 680.00

［所附单据］增值税专用发票、安装工程验收单。

（3）结转劳务成本时：

借：主营业务成本　　　　　　　　　　　　　23 000.00

　　贷：劳务成本　　　　　　　　　　　　　　　23 000.00

［所附单据］劳务成本计算表。

二、按劳务完成百分比法确认收入的账务处理

劳务完成百分比法是指按照提供劳务交易的完工进度确认收入和费用的方法。在劳务完成百分比法下，收入和相关的费用按下列公式计算：

本年确认的劳务收入＝劳务总收入×本年末止劳务交易的完工进度－以前年度已确认的收入

本年确认的劳务成本＝劳务总成本×本年末止劳务交易的完工进度－以前年度已确认的劳务成本

在劳务总收入与劳务总成本能够可靠计量的情况下，关键是确定劳务的完成程度，常用的劳务完成程度的确定方法是按已经发生的成本占估计的总成本的比例来确定。

本年末止劳务的完成程度＝实际已发生成本数额÷估计总成本数额

账务处理

按劳务完成百分比法确认收入的账务处理具体如下。

（1）发生劳务成本：按其确认的劳务成本数额，借记"劳务成本"，贷记"应付职工薪酬"。

（2）预收劳务款：按其实际预收的款项数额，借记"银行存款"，贷记"预收账款"。

（3）确认劳务收入：按其确认的劳务收入数额，借记"预收账款"，贷记"主营业务收入"。

（4）结转劳务成本：按其确认的劳务成本数额，借记"主营业务成本"，贷记"劳务成本"。

经典实例

【例5-1-11】某公司2023年10月1日接受一项设备安装任务，安装期5个月，合同总价款680 000元，至2023年年底已预收安装费500 000元，实际发生安装费用为300 000元（假设均为安装人员薪酬），估计还会发生安装费用150 000元。按实际发生的成本占估计总成本的比例确定劳务的完工进度。

编制会计分录如下。

实际发生成本占估计总成本的比例＝300 000÷（300 000＋150000）≈66.7%

2023年确认劳务收入＝680 000×66.7%－0＝453 560（元）

2023年结转劳务成本＝（300 000＋150 000）×66.7%－0＝300 150（元）

（1）实际发生劳务成本时：

借：劳务成本——设备安装	300 000.00	
贷：应付职工薪酬——职工工资		300 000.00

［所附单据］安装工程合同复印件、工资费用分配表。

（2）预收劳务款时：

借：银行存款	500 000.00	
贷：预收账款		500 000.00

［所附单据］收款收据。

（3）2023年确认劳务收入时：

借：预收账款	453 560.00	
贷：主营业务收入		453 560.00

［所附单据］增值税专用发票、安装工程验收单。

（4）2023年结转劳务成本时：

借：主营业务成本——设备安装   300 150.00

  贷：劳务成本   300 150.00

［所附单据］劳务成本计算表。

知识巩固

一、单项选择题

1. 下列商品销售中，应确认为收入实现的是（   ）。

A. 收到购货方预付的货款

B. 发出委托加工商品

C. 发出委托代销商品

D. 发出商品并办妥托收结算手续

2. 销售商品一批，不含税售价为60 000元，增值税税率13%，现金折扣条件为"2/10，1/20，n/30"，假定符合销售收入确认的条件，应确认的销售收入为（   ）元。

A. 59 400   B. 58 800   C. 60 000   D. 67 800

3. 出售材料的收入属于（   ）。

A. 主营业务收入   B. 劳务收入

C. 其他业务收入   D. 营业外收入

二、多项选择题

1. 下列项目中不应确认为收入的有（   ）。

A. 销售商品收取的增值税

B. 销售商品收取的商品价款

C. 销售商品代垫的运费

D. 提供劳务收入

2. 企业日常活动中取得的收入包括（   ）。

A. 销售商品的收入

B. 提供劳务的收入

C. 出租包装物收取的租金收入

D. 出售无形资产所取得的价款

3. 下列项目中，一般应计入企业"其他业务收入"科目的有（   ）。

A. 对外销售材料收入

B. 经营性租出固定资产的租金收入

C. 转让商标使用权收入

D. 随同商品不单独计价的包装物收入

三、判断题

1. 企业发生收入往往表现为货币性资产的流入，但是并非所有货币性资产的流入都是企业的收入。（   ）

2. 采用预收货款方式销售产品的，应在收到货款时确认收入的实现；委托收款方式销售产品，应在发出产品时确认收入实现。（   ）

3. 企业在销售商品时，如有商业折扣或现金折扣的，应按扣除商业折扣或现金折扣后的净额确认销售收入。（   ）

任务小结

收入包括销售商品收入、提供劳务收入等。收入只有在经济利益很可能流入从而导致企业资产增加或负债减少，并且经济利益的流入额能够可靠地计量时才予以确认。企业代第三方收取的款项，应当作为负债处理，不应当确认为收入。

销售商品满足收入确认条件时，应当按照已收或应收合同或协议价款确定销售商品收入金额。无合同或协议的，应依据购销双方都同意或都能接受的价格。在对销售商品收入进行计量时，应注意区别商业折扣、现金折扣和销售折让。

企业在提供劳务时，应当采用劳务完成百分比法确认提供劳务收入。通常情况下，当劳务在同一年度内开始并完成时，应根据销售商品收入的确认方法在劳务完成时确认收入；如果劳务跨会计年度，一般按照劳务完成百分比法确认收入和费用。

	核算内容	设置账户	账务处理内容	重点、难点
收 入	销售商品	主营业务收入 其他业务收入	1. 常规销售商品 2. 预收款销售商品 3. 商品折扣 4. 销货退回 5. 销售材料	★★ ★
	提供劳务	劳务成本	1. 按完成时间确认收入 2. 按劳务完成百分比法确认收入	★ ★★

技能训练

练习收入的账务处理

1. 实训资料

滨海致远公司7月发生下列经济业务：

（1）1日，采用商业汇票结算方式向速通公司销售甲产品20件，价款40 000元，增值税5 200元，收到还款期限为6个月的银行承兑汇票一张。

（2）2日，采用托收承付结算方式向卓捷公司销售甲产品70件，价款250 000元，增值税32 500元，用银行存款支付代垫的运杂费1 200元，已向银行办妥托收手续。

（3）4日，与飞友公司签订代销协议（视同买断方式），委托远大公司代销乙产品200件，协议价为1500元/件，该产品成本1200元/件。

（4）6日，西康公司因产品质量问题退回上月销售的甲产品4件，价款12 000元，增值税1 560元，成本为8 600元。公司签发支票一张，退还价税款，退回产品验收入库。

（5）10日，由于卓捷公司发现所购的甲产品70件外观存在问题，经协商，同意给予卓捷公司10%的销售折让28 250元（其中增值税3 250元）。

（6）12日，收到卓捷公司支付的甲产品货款255 450元，存入银行。

（7）15日，预收瑞天公司货款100 000元，存入银行。

（8）17日，向瑞天公司发出乙产品一批，价款120 000元，增值税15 600元。

（9）19日，收到瑞天公司补来价款35 600元，存入银行。

（10）20日，采用分期收款销售方式售给嘉吉公司乙产品一批，开具的增值税专用发票上注明的价款200 000元，增值税26 000元。这批产品的生产成本为150 000元。合同规定分三期等额收款，当日收到嘉吉公司汇来的第一批货款及税款75 333.33元。

（11）23日，收到飞友公司开来的代销清单时，开具增值税专用发票，发票上注明售价300 000元，增值税39 000元。

（12）26日，销售多余3#材料一批，价款2 600元，增值税338元，价税款收存银行。

（13）27日，销售乙产品一批，开具的增值税专用发票上注明的价款80 000元，增值税10 400元。随货单独销售包装箱40个，每个成本价40元，不含税售价50元。货款收到期限3个月的商业汇票一张。

（14）28日，收到北安公司支付的租用固定资产租金8 600元，存入银行。该固定资产本月应计提折旧530元。

（15）30日，收到飞友公司按合同协议价支付的款项339 000元。

（16）31日，月末汇总结转已销售产品成本，本月已销售产品成本为：A产品520 000元，B产品830 000元（其中350 000元为委托乙公司代销商品），D产品40 000元，出售材料成本1 000元，随同产品出售包装物成本1 600元。

2. 实训要求

（1）根据上述资料编制必要的会计分录。

（2）设置并登录"主营业务收入"明细分类账和总分类账。

任务二　费用的账务处理

任务目标

【知识目标】

1. 熟悉营业成本包含的内容。

2. 掌握主营业务成本、税金及附加、其他业务成本的账务处理。

3. 掌握期间费用的账务处理。

【技能目标】

1. 能编制费用核算业务相关的原始凭证和记账凭证。

2. 能设立并登记"主营业务成本""税金及附加""其他业务成本""管理费用""销售费用""财务费用"的总分类账和明细分类账。

【素养目标】

1. 具有节约成本、降低消耗、把控风险意识。

2. 具有独立思考、理性思维和决策能力。

任务描述

滨海盛泰公司2023年7月16日发生了下列几笔业务：支付购买材料的运输费2 000元，支付投资者利润150 000元，支付客人招待费13 000元，支付年度广告费12 000元，支付银行借款利息5 600元，支付车间水电费58 300元。

思考与讨论：上述业务哪些属于企业发生的费用？为什么？如何理解费用？

提出任务：如何进行费用的账务处理？

任务分解

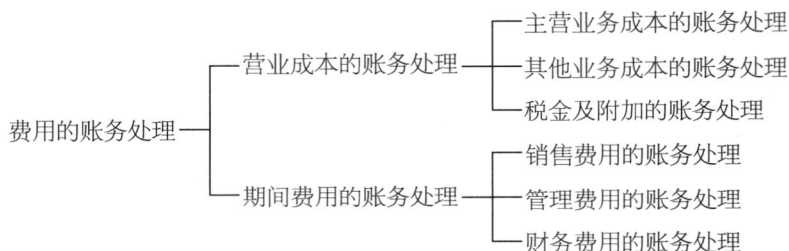

任务实施

知识准备

费用是指企业在日常活动中发生的、会导致所有者权益减少的、与向所有者分配利润无关的经济利益的总流出。

企业的费用主要包括主营业务成本、其他业务成本、税金及附加、销售费用、管理费用和财务费用。考虑到收入与费用的关系，可将费用按经济用途划分为营业成本和期间费用。

活动一 营业成本的账务处理

营业成本包括主营业务成本、其他业务成本和税金及附加。

设置账户

为了核算企业的营业成本，需要设置"主营业务成本""其他业务成本""税金及附加"账户。

（1）"主营业务成本"账户：为了核算企业已销售产品成本的计算和结转，需要设置"主营业务成本"账户。

账户性质：属于损益类账户。

账户结构：借方登记已销售产品的生产成本，贷方登记期末转入"本年利润"的已销产品的生产成本，期末无余额。

明细核算：按主营业务成本的种类设置明细账，进行明细分类核算。

（2）"其他业务成本"账户：为了核算企业除主营业务活动以外的其他经营活动所发生的成本，需要设置"其他业务成本"账户。

账户性质：属于损益类账户。

账户结构：借方登记企业结转或发生的其他业务成本，贷方登记期末结转入"本年利润"账户的其他业务成本，结转后期末无余额。

明细核算：按其他业务成本的种类设置明细账，进行明细分类核算。

（3）"税金及附加"账户：为了核算企业发生的消费税、城市维护建设税、教育费附加、资源税、房产税、城镇土地使用税、车船税、印花税、环保税等，企业需要设置"税金及附加"账户。

账户性质：属于损益类账户。

账户结构：借方登记企业结转或发生的税金及附加，贷方登记期末转入"本年利润"账户的税金及附加，结转后期末无余额。

明细核算：按税金及附加的种类设置明细账，进行明细分类核算。

一、主营业务成本的账务处理

主营业务成本是指企业销售商品、提供劳务等经常性活动所发生的成本。

企业一般在月末将已售商品、已提供劳务的成本转入主营业务成本。

账务处理

主营业务成本的账务处理具体如下。

（1）结转已售商品的生产成本：企业根据"销售成本计算表"，结转已售商品的生产成本，借记"主营业务成本"，贷记"库存商品"。

（2）结转主营业务成本：企业一般在期末将"主营业务成本"转入"本年利润"账户，借记"本年利润"，贷记"主营业务成本"。

经典实例

【例5-2-1】滨海盛泰公司7月采用全月加权平均法计算A、B两种产品的销售成本（见表5-2-1）。

表 5-2-1

销售产品成本计算表

2023年7月31日 单位：元

产品名称	计量单位	月初结存		本月入库		加权平均单价	本月销售		期末结存		
		数量	总成本	数量	总成本		数量	总成本	数量	单位成本	总成本
A产品	件	150	2 250 000.00	50	870 000.00	15 600.00	50	780 000.00	150	15 600.00	2 340 000.00
B产品	件	200	4 000 000.00	40	860 000.00	20 250.00	140	2 835 000.00	100	20 250.00	2 025 000.00
合计			6 250 000.00		1 730 000.00			3 615 000.00			4 365 000.00

编制会计分录如下。

借：主营业务成本——A产品 78 000.00

——B产品 2 835 000.00

贷：库存商品——A产品 78 000.00

——B产品 2 835 000.00

［所附单据］销售产品成本计算表。

二、其他业务成本的账务处理

其他业务成本是指企业因除主营业务活动以外的企业经营活动所发生的成本。其他业务成本包括销售材料的成本、出租固定资产的折旧额、出租无形资产的摊销额、出租包装物的成本和摊销额。

账务处理

其他业务成本的账务处理具体如下。

（1）发生其他业务成本：企业在发生其他业务成本时，根据实际发生额，借记"其他业务成本"，贷记"原材料"（或"周转材料""累计折旧""累计摊销""应付职工薪酬""银行存款"等）。

（2）结转其他业务成本：期末，将发生的"其他业务成本"转入"本年利润"账户，借记"本年利润"，贷记"其他业务成本"。

三、税金及附加的账务处理

税金及附加是指企业从事生产经营活动应负担的相关税费，包括消费税、城市维护建设税、教育费附加、资源税、房产税、车船税、城镇土地使用税、印花税等。

账务处理

税金及附加的账务处理具体如下。

（1）计算应交的税费：企业按规定计算与经营活动相关的税费时，借记"税金及附加"，贷记"应交税费"。

（2）结转税金及附加：期末，将"税费及附加"结转到"本年利润"账户，借记"本年利润"，贷记"税金及附加"。

活动二　期间费用的账务处理

期间费用是指企业日常活动发生的不能计入特定核算对象的成本，而应计入发生当期损益的费用，包括销售费用、管理费用和财务费用。

期间费用是企业为组织和管理整个经营活动所发生的费用，与可以确定特定成本核算对象的材料采购、产品生产等没有直接关系，因而期间费用不计入有关核算对象的成本（即不能计入生产成本），而是直接计入当期损益。

设置账户

为了核算企业发生的期间费用，需要设置"销售费用""管理费用""财务费用"账户。

（1）"销售费用"账户：为了核算企业销售商品过程中发生的费用，需要设置"销售费用"账户。

账户性质：属于损益类账户。

账户结构：借方登记企业所发生的各项销售费用，贷方登记期末转入"本年利润"账户的销售费用，结转后该账户无余额。

明细核算：按销售费用的费用项目设置明细账，进行明细分类核算。

（2）"管理费用"账户：为了核算企业组织管理企业生产经营活动发生的费用，需要设置"管理费用"账户。

账户性质：属于损益类账户。

账户结构：借方登记企业发生的各项管理费用，贷方登记期末转入"本年利润"账户的管理费用，结转后该账户无余额。

明细核算：按管理费用的费用项目设置明细账，进行明细分类核算。

（3）"财务费用"账户：为了核算企业筹集生产经营资金发生的费用，需要设置"财务费用"账户。

账户性质：属于损益类账户。

账户结构：借方登记企业发生的各项财务费用，贷方登记期末转入"本年利润"账户的财务费用，结转后该账户应无余额。

明细核算：按财务费用的费用项目设置明细账，进行明细分类核算。

一、销售费用的账务处理

销售费用是指企业在销售商品和材料、提供劳务过程中发生的各项费用，包括企业在销售商品过程中发生的包装费、保险费、展览费、广告费、商品维修费、预计产品质量保证损失、运输费、装卸费等，以及为销售本企业商品而专设的销售机构的应付职工薪酬、业务费、折旧费。

名师点拨

销售费用是与企业销售商品活动有关的费用，但不包括销售商品本身的成本和劳务成本。销售商品的成本属于"主营业务成本"，提供劳务的成本属于"劳务成本"。

账务处理

销售费用的账务处理具体如下。

（1）发生销售费用：企业发生有关销售费用时，按其实际发生的数额，借记"销售费用"，贷记"银行存款"。

（2）结转销售费用：月末，将本期发生的"销售费用"结转到"本年利润"账户，借记"本年利润"，贷记"销售费用"。

经典实例

【例5-2-2】滨海盛泰公司用银行存款支付专设销售机构的人员薪酬100 000元，业务费招待费60 000元，支付产品推销宣传费30 000元。

编制会计分录如下。

借：销售费用　　　　　　　　　　　　　　　190 000.00

　　贷：应付职工薪酬　　　　　　　　　　　　　100 000.00

　　　　银行存款　　　　　　　　　　　　　　　90 000.00

［所附单据］工资结算单、增值税普通发票、银行付款通知。

二、管理费用的账务处理

管理费用是指企业为组织和管理生产经营发生的各种费用，包括企业在筹建期间发生的开办费、董事会和行政管理部门在企业的经营管理中发生的及应由企业统一负担的公司经费（包括行政管理部门职工工资及福利费、物料消耗、低值易耗品摊销、办公费和差旅费等）、行政管理部门负担的工会经费、董事会费（包括董事会成员津贴、会议费和差旅费等）、聘请中介机构费、咨询费（含顾问费）、诉讼费、业务招待费、技术转让费、矿产资源补偿费、研究费用、排污费等。企业生产车间（部门）和行政管理部门发生的固定资产修理费用等后续支出，也作为管理费用核算。

账务处理

管理费用的账务处理具体如下。

（1）发生管理费用：企业发生有关管理费用时，按其实际发生的数额，借记"管理费用"，贷记"银行存款"。

（2）结转管理费用：月末，将本期发生的"管理费用"结转到"本年利润"账户，借记"本年利润"，贷记"管理费用"。

经典实例

【例5-2-3】滨海盛泰公司用银行存款支付行政部门购买的办公用品费用，取得的增值税专用发票上注明买价40 000元，增值税5 200元；支付行政人员工资薪酬320 000元，行政部专用办公设备折旧费58 000元；用现金报销行政人员差旅费15 000元。

编制会计分录如下。

借：管理费用——办公费　　　　　　　　　　　40 000.00

　　　　　——工资薪酬　　　　　　　　　　　320 000.00

——折旧费	58 000.00	
——差旅费	15 000.00	
应交税费——应交增值税（进项税额）	5 200.00	
贷：银行存款	45 200.00	
应付职工薪酬	320 000.00	
累计折旧	58 000.00	
库存现金	15 000.00	

［所附单据］增值税专用发票、工资结算单、折旧费计提表、差旅费报销单、银行付款通知。

三、财务费用的账务处理

财务费用是指企业为筹集生产经营所需资金等而发生的筹资费用，包括利息支出（减利息收入）、汇兑损益及相关的手续费、企业发生的现金折扣等。

账务处理

财务费用的账务处理具体如下。

（1）发生财务费：企业发生有关财务费用时，按其实际发生的数额，借记"财务费用"，贷记"银行存款"。

（2）结转财务费用：月末，将本期发生的"财务费用"结转到"本年利润"账户，借记"本年利润"，贷记"财务费用"。

经典实例

【例5-2-4】滨海盛泰公司用银行存款支付银行手续费50.50元，支付本月应负担的短期借款利息2 135.46元。

编制会计分录如下。

借：财务费用——借款利息	2 135.46	
——手续费	50.50	
贷：银行存款	2 185.96	

［所附单据］贷款利息通知单、增值税专用发票、银行付款通知。

知识巩固

一、单项选择题

1. 为扩大产品销售市场而发生的业务招待费，应当计入（   ）。

A. 生产成本　　　　　B. 营业外支出　　　　　C. 销售费用　　　　　D. 管理费用

2. 企业专设销售机构人员的工资应计入（   ）。

A. 管理费用　　　　　B. 销售费用　　　　　C. 主营业务成本　　　　　D. 其他业务成本

3. 企业经营租出的设备，其计提的折旧费应计入（   ）。

A. 生产成本　　　　　B. 制造费用　　　　　C. 管理费用　　　　　D. 其他业务成本

二、多项选择题

1. 下列各项费用中属于期间费用的有（ 　　 ）。

A. 生产车间发生的办公费　　　　　　　　B. 行政部门的办公费

C. 产品展览费　　　　　　　　　　　　　D. 咨询费

2. 下列项目中属于销售费用的有（ 　　 ）。

A. 销售商品代垫运杂费　　B. 业务招待费　　C. 支付产品广告费　　D. 专设销售机构经费

3. 下列各项中，应计入"税金及附加"账户的有（ 　　 ）。

A. 应交增值税　　　　B. 应交消费税　　　　C. 应交资源税　　　　D. 应交车船税

三、判断题

1. 企业发生的各项费用最终均构成产品的成本。（ 　　 ）

2. 企业生产经营过程中发生的所有支出均构成企业的费用。（ 　　 ）

3. 企业发生的利息支出计入"财务费用"，收到的利息收入计入"其他业务收入"。（ 　　 ）

任务小结

费用是指企业在日常活动中发生的、会导致所有者权益减少的、与向所有者分配利润无关的经济利益的总流出。凡是因销售商品、提供劳务等日常活动而消耗的资产或付出的代价，应在当期计入费用，以便与当期收入相配比。与实现营业收入相对应的费用主要包括主营业务成本、其他业务成本、税金及附加，以及销售费用、管理费用和财务费用等。

核算内容		设置账户	账务处理内容	重点、难点
费用	营业成本	主营业务成本	1. 主营业务成本的核算	
			（1）结转已销商品的生产成本	★
			（2）结转主营业务成本	★★
		其他业务成本	2. 其他业务成本的核算	
			（1）发生其他业务成本	★
			（2）结转其他业务成本	★★
		税金及附加	3. 税金及附加的核算	
			（1）计算应交税金及附加	★
			（2）结转税金及附加	★★
	期间费用	销售费用	1. 销售费用的核算	
			（1）发生销售费用	★
			（2）结转销售费用	★★
		管理费用	2. 管理费用的核算	
			（1）发生管理费用	
			（2）结转管理费用	★★
		财务费用	3. 财务费用的核算	
			（1）发生财务费用	★
			（2）结转财务费用	★★

技能训练

练习费用的账务处理

1. **实训资料**

某企业7月发生有关费用支出的经济业务如下。

（1）2日，以银行存款支付产品广告费50 000元。

（2）5日，以银行存款支付诉讼费2 000元。

（3）13日，以现金400元购买管理部门用办公用品。

（4）20日，以银行存款支付专设销售机构的办公经费35 000元，产品展销费8 000元。

（5）31日，接开户银行通知，转来本月银行存款利息600元，已转入存款户。

（6）31日，预提本月短期借款应付利息1 250元。

2. **实训要求**

根据上述资料编制必要的会计分录。

任务三　利润的账务处理

任务目标

【知识目标】

1. 掌握利润总额、净利润的计算。

2. 掌握营业外收入、营业外支出的账务处理。

3. 掌握结转本年利润的账务处理。

4. 掌握所得税费用的账务处理。

5. 掌握利润分配的账务处理。

【技能目标】

1. 能编制利润核算业务相关的原始凭证和记账凭证。

2. 能设立并登记营业外收入、营业外支出、本年利润、所得税费用、利润分配等总分类账和明细分类账。

【素养目标】

1. 认识到企业的目标是利润最大化，从而明确自己的奋斗目标和职业规划，培养创业创新精神。

2. 认识到降低成本能够提高企业利润，从而树立节约意识，弘扬厉行节约、反对浪费的优良传统。

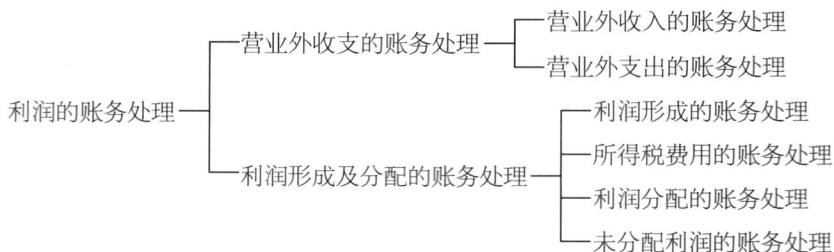

任务描述

某企业在年度内实现销售收入1 000 000元，发生销售成本500 000元，销售费用300 000元，对外投资取得利润分成200 000元。不考虑其他因素，该企业当年实现的利润是多少？

思考与讨论：企业的最终目的是什么？怎样判断企业的经营好坏？如何核算企业的利润？

提出任务：如何进行利润的账务处理？

任务分解

```
                           ┌── 营业外收支的账务处理 ──┬── 营业外收入的账务处理
                           │                         └── 营业外支出的账务处理
                           │
利润的账务处理 ──────────────┤                         ┌── 利润形成的账务处理
                           │                         ├── 所得税费用的账务处理
                           └── 利润形成及分配的账务处理 ──┤
                                                     ├── 利润分配的账务处理
                                                     └── 未分配利润的账务处理
```

任务实施

活动一　营业外收支的账务处理

营业外收支包括营业外收入和营业外支出。

一、营业外收入的账务处理

知识准备

营业外收入是指企业发生的与其日常生产经营活动无直接关系的各项利得，主要包括非流动资产处置利得、盘盈利得、罚没利得、捐赠利得、确实无法支付而应按规定程序经批准后转作营业外收入的应付款项、政府补助等。

（1）非流动资产处置利得包括固定资产处置利得和无形资产出售利得。固定资产处置利得是指企业出售固定资产所取得的价款，或报废固定资产的材料价值和变价收入等，扣除被处置固定资产的账面价值、清理费用、与处置相关的税费后的净收益；无形资产出售利得是指企业出售无形资产所取得的价款，扣除被出售无形资产的账面价值与出售相关的税费后的净收益。

（2）政府补助是指企业从政府无偿取得货币性资产或非货币性资产形成的利得，不包括政府作为所有者对企业的资本投入。

（3）盘盈利得是指企业对现金等资产清查盘点时发生盘盈，报经批准后计入营业外收入的金额。

（4）捐赠利得是指企业接受捐赠产生的利得。

名师点拨

营业外收入并不是企业经营资金耗费所产生的，不需要企业付出代价，实际上是经济利益的净流入，不需要也不可能与有关的费用进行配比，但对企业利润总额及净利润会产生较大影响，是直接计入利润的利得。

设置账户

为了核算企业实现的各项营业外收入，企业应设置"营业外收入"账户。

账户性质：属于损益类账户。

账户结构：贷方登记取得的营业外收入，借方登记期末转入"本年利润"科目的营业外收入，结转后无余额。

明细核算：按营业外收入项目设置明细账，进行明细分类核算。

账务处理

营业外收入的账务处理具体如下。

（1）取得营业外收入：企业取得营业外收入时，按其取得的收入数额，借记"银行存款"（或"固定资产清理""待处理财产损溢""无形资产""原材料"）等，贷记"营业外收入"。

（2）结转营业外收入：期末，将"营业外收入"转入"本年利润"，借记"营业外收入"，贷记"本年利润"。

经典实例

【例5-3-1】滨海盛泰公司将固定资产报废清理的净收益2 560元转作营业外收入。

编制会计分录如下。

借：固定资产清理　　　　　　　　　　　　　　　　2 560.00

　　贷：营业外收入——非流动资产处置利得　　　　　　　2 560.00

［所附单据］处置固定资产清单。

【例5-3-2】滨海盛泰公司将确实无法偿还的应付申达公司的账款3 000元转作营业外收入。

编制会计分录如下。

借：应付账款——申达公司　　　　　　　　　　　　3 000.00

　　贷：营业外收入——无法偿还的应付款项　　　　　　　3000.00

［所附单据］人民法院判决书复印件、应付账款处理通知书等。

【例5-3-3】滨海盛泰公司本期"营业外收入"贷方余额为387 501.35元，期末，将"营业外收入"结转到"本年利润"。

编制会计分录如下。

借：营业外收入　　　　　　　　　　　　　　　　387 501.35

　　贷：本年利润　　　　　　　　　　　　　　　　　387 501.35

［所附单据］内部结转单。

二、营业外支出的账务处理

知识准备

营业外支出是指企业非日常活动发生的、应当计入当期损益、会导致所有者权益减少、与向所有者分配利润无关的经济利益的净流出。

营业外支出主要包括：存货的盘亏、毁损、报废损失，非流动资产处置净损失，坏账损失，无法收回的长期债券投资损失，无法收回的长期股权投资损失，自然灾害等不可抗力因素造成的损失，税收滞纳金，罚金，罚款，被没收财物的损失，捐赠支出，赞助支出，等等。

设置账户

为了核算企业营业外支出的发生及结转，应设置"营业外支出"账户。

账户性质：属于损益类账户。

账户结构：借方登记发生的各项营业外支出，贷方登记期末转入"本年利润"科目的营业外支出，结转后无余额。

明细核算：按营业外支出项目设置明细账，进行明细分类核算。

账务处理

（1）发生各项营业外支出：企业发生营业外支出时，按其发生的支出数额，借记"营业外支出"，贷记"银行存款"（或"固定资产清理""待处理财产损溢""库存现金"）等。

（2）结转营业外支出：期末，将"营业外支出"转入"本年利润"账户，借记"本年利润"，贷记"营业外支出"。

经典实例

【例5-3-4】滨海盛泰公司因延期纳税，以银行存款支付税款滞纳金2 530.08元。

编制会计分录如下。

借：营业外支出——税收滞纳金　　　　　　　　　　　2 530.08

　　贷：银行存款　　　　　　　　　　　　　　　　　　2 530.08

［所附单据］加收滞纳金通知单、银行付款通知。

【例5-3-5】滨海盛泰公司向受灾地区捐款50 000元，款已转账支付。

编制会计分录如下。

借：营业外支出——对外捐赠　　　　　　　　　　　　50 000.00

　　贷：银行存款　　　　　　　　　　　　　　　　　　50 000.00

［所附单据］收款收据、银行付款通知。

【例5-3-6】滨海盛泰公司本期"营业外支出"账户借方余额为238 102.06元，期末结转本年利润。

编制会计分录如下。

借：营业外支出　　　　　　　　　　　　　　　　　　238 102.06

　　贷：本年利润　　　　　　　　　　　　　　　　　　238 102.06

［所附单据］内部结转单。

活动二 利润形成及分配的账务处理

一、利润形成的账务处理

知识准备

利润是指企业在一定会计期间的经营成果，是综合反映企业经营成果的一项重要指标。

利润包括收入减去费用后的净额、直接计入当期利润的利得和损失。其中直接计入当期利润的利得和损失，是指应当计入当期损益、最终会引起所有者权益发生增减变动的、与所有者投入资本或向所有者分配利润无关的利得或损失，反映企业非日常活动的业绩。

利润分为三个层次，即营业利润、利润总额和净利润。

（1）营业利润是指企业在一定会计期间从事生产经营活动取得的利润，是企业利润总额的重要组成部分。其计算公式如下：

营业利润＝营业收入－营业成本－税金及附加－销售费用－管理费用－财务费用－资产减值损失＋投资收益

其中：营业收入＝主营业务收入＋其他业务收入

营业成本＝主营业务成本＋其他业务成本。

（2）利润总额为营业利润与营业外收支净额的合计。其计算公式如下：

利润总额＝营业利润＋营业外收入－营业外支出

其中：

营业外收入是指与企业日常生产经营活动无直接关系的各种收入。

营业外支出是指不属于企业日常生产经营费用，与企业生产经营活动无直接关系的各种支出。

（3）净利润是利润总额减所得税准则确认的应从当期利润总额中扣除所得税费用后的净额。其计算公式如下：

净利润＝利润总额－所得税费用

为了计算企业利润，会计期末，应将各损益类账户余额转入"本年利润"账户，进行利润结转。

设置账户

为反映企业利润的形成或亏损的发生，应设置"本年利润"账户。

账户性质：属于所有者权益类账户。

账户结构：该账户借方反映期末转入的各项成本、费用，贷方反映期末转入的各项收入。期末，如为借方余额表示企业本期发生的亏损数额，如为贷方余额则表示企业本期实现的利润数额；年度终了，应将该账户的余额转入"利润分配——未分配利润"账户，结转后该账户无余额。

账务处理

为了计算、结转本年利润，期末，企业应将"主营业务收入""其他业务收入""营业外收入""投资收益"等科目的余额转入"本年利润"科目的贷方，将"主营业务成本""其他业务成本""税金及附加""销售费用""管理费用""财务费用""资产减值损失""营业外支出""所得税费用"等科目的余额转入"本年利润"的借方。

（1）结转各项收入、利得：月末，企业结转各项收入、利得时，借记"主营业务收入""其他业务收入""营业外收入""投资收益"等，贷记"本年利润"。

（2）结转各项费用、损失：企业月末结转各项费用、损失时，借记"本年利润"，贷记"主营业务成本""税金及附加""其他业务成本""销售费用""管理费用""财务费用""营业外支出"等。

经典实例

【例5-3-7】滨海盛泰公司2023年7月有关损益类账户余额如表5-3-1所示。

表5-3-1

损益类账户余额表

2023 年 7 月 31 日　　　　　　　　　　　　　　　单位：元

账户名称	结账前余额	
	借　方	贷　方
主营业务收入		5 301 350.25
其他业务收入		135 058.75
投资收益		530 000.00
营业外收入		99 408.10
主营业务成本	1 833 113.83	
税金及附加	275 043.60	
其他业务成本	102 045.23	
销售费用	240 000.00	
管理费用	103 025.46	
财务费用	32 851.06	
营业外支出	13 071.25	

编制会计分录如下。

（1）结转各项费用、损失：

借：本年利润	2 599 150.43
贷：主营业务成本	1 833 113.83
税金及附加	275 043.60
其他业务成本	102 045.23
销售费用	240 000.00
管理费用	103 025.46
财务费用	32 851.06
营业外支出	13 071.25

（2）结转各项收入、利得：

借：主营业务收入	5 301 350.25

其他业务收入	135 058.75
投资收益	530 000.00
营业外收入	99 408.10
贷：本年利润	6 065 817.10

［所附单据］内部转账单。

通过上述所有损益类账户的结转，"本年利润"账户余额3 466 666.67元，即为本期实现的利润总额。

［该公司本期利润总额＝"本年利润"贷方发生额－"本年利润"借方发生额＝6 065 817.10－2 599 150.43＝3 466 666.67（元）］

二、所得税费用的账务处理

依据国家税法规定，任何企业的生产经营所得，都必须计算、缴纳企业所得税。

应交企业所得税＝应纳税所得额×所得税税率

企业计算所得税的计税依据是应纳税所得额（应税利润），这与企业依照会计准则确认的会计利润（税前利润或利润总额）产生差异。

应纳税所得额＝税前会计利润＋纳税调整增加额－纳税调整减少额

纳税调整增加额，主要包括税法规定允许扣除项目中，企业已计入当期费用但超过税法规定扣除标准的金额（如超过税法规定标准的职工福利、业务招待费、公益性捐赠支出、广告费等），以及企业已计入当期损失但税费规定不允许扣除项目的金额（如税收滞纳金、罚款、罚金、直接捐赠等）。

纳税调整减少额，主要包括按税法规定允许弥补的亏损和准予免税的项目，如前5年内未弥补亏损和国债利息收入等。

企业应当按照企业所得税法规，计算、缴纳当期的应纳税额，确认所得税费用。

设置账户

为了核算企业确认的应从当期利润总额中扣除的所得税费用，需要设置"所得税费用"账户。

账户性质：属于损益类账户。

账户结构：借方登记企业应计入当期损益的所得税，贷方登记企业期末转入"本年利润"账户的所得税。期末结转后该账户无余额。

明细核算：按"当期所得税费用""递延所得税费用"设置明细账，进行明细分类核算。

账务处理

所得税费用的账务处理具体如下。

（1）计算应交所得税：根据企业所得税计算表，按应交所得税金额，借记"所得税费用——当期所得税费用"，贷记"应交税费——应交所得税"。结转时，借记"本年利润"，贷记"所得税费用"。

（2）缴纳税款：企业根据税法的规定，按时缴纳所得税税款时，借记"应交税费——应交所得税"，贷记"银行存款"。

（3）结转所得税费用：期末，企业结转企业所得税费用时，借记"本年利润"，贷记"所得税费用——当期所得税费用"。

【例5-3-8】滨海盛泰公司计算并结转当期所得税费用866 666.67元。

编制会计分录如下。

（1）计算应交所得税时：

借：所得税费用——当期所得税费用 866 666.67

　　贷：应交税费——应交所得税 866 666.67

［所附单据］企业所得税计算表（见图5-3-1）、企业所得税纳税申报表。

应交企业所得税计算表

单位名称：滨海市盛泰实业有限责任公司　　　2023 年 7 月 31 日　　　单位：元

税种	应纳税所得额	税率	应纳所得额	备注
企业所得税	3 466 666.67	25%	866 666.67	
—	—	—	—	

会计主管：张　洋　　　复核：李　峰　　　制表：徐成龙

图 5-3-1

（2）结转企业所得税费用时：

借：本年利润 866 666.67

　　贷：所得税费用 866 666.67

［所附单据］内部转账单。

公司本期实现的净利润＝利润总额－所得税费用

$$＝3\ 466\ 666.67－866\ 666.67＝2\ 600\ 000（元）$$

通过上述"所得税费用"账户结转后，"本年利润"账户余额即为本期实现的净利润。

三、利润分配的账务处理

利润分配是指企业根据国家有关规定和企业章程、投资者协议等，对企业当年可供分配的利润所进行的分配。

可供分配的利润＝当年实现的净利润（或净亏损）＋年初未分配利润（或－年初未弥补亏损）＋其他转入利润

企业净利润分配的内容主要包括：①弥补以前年度亏损；②提取法定盈余公积；③提取任意盈余公积；④向投资者分配利润。

设置账户

为了反映企业利润的分配或亏损的弥补情况，需要设置"利润分配"账户。

账户性质：属于所有者权益类账户。

账户结构：借方登记已分配的利润及年度亏损的转入数，贷方登记已取得的亏损弥补数及年终利润的转入数。借方余额表示未弥补亏损；贷方余额表示未分配的利润。

明细核算：按"提取法定盈余公积""提取任意盈余公积""应付利润""盈余公积补亏""未分配利润"设置明细账，进行明细分类核算。

账务处理

利润分配的账务处理具体如下。

（1）提取盈余公积：企业按规定提取法定盈余公积、任意盈余公积时，借记"利润分配——提取法定盈余公积（或任意盈余公积）"，贷记"盈余公积"。

（2）分配利润：企业按照公司章程，经过股东大会决议批准，向投资者分配利润时，借记"利润分配——应付利润"，贷记"应付利润——应付投资者利润"。

经典实例

【例5-3-9】接【例5-3-8】资料，滨海盛泰公司年初未分配利润为600 000元，本年实现净利润2 600 000元，本年按10%提取法定盈余公积260 000元，按8%提取任意盈余公积208 000元，宣告分配利润1 000 000元，假定不考虑其他因素。

提取的法定盈余公积＝2 600 000×10%＝260 000（元）

提取的任意盈余公积＝2 600 000×8%＝208 000（元）

根据计算结果，编制会计分录如下。

借：利润分配——提取法定盈余公积 260 000.00
　　　　　——提取法定盈余公积 208 000.00
　　　　　——应付利润 1 000 000.00
　　贷：盈余公积——法定盈余公积 260 000.00
　　　　　　——任意盈余公积 208 000.00
　　应付利润——应付投资者利润 1 000 000.00

［所附单据］股东会议决议复印件、利润分配计算表。

四、未分配利润的账务处理

知识准备

未分配利润是指企业实现的净利润经过弥补亏损、提取法定盈余公积、任意盈余公积和向投资者分配利润之后剩余的利润。

未分配利润有两层含义：①留待以后年度处理的利润；②未指定特定用途的利润。

未分配利润是企业留待以后年度进行分配的历年结存利润，它是所有者权益的组成部分。未分配利润的计算公式如下：

未分配利润＝期初未分配利润＋（本期净利润－本期已分配利润）

设置账户

为了反映未分配利润的结余情况，企业通过设置"利润分配——未分配利润"明细科目进行核算。

账户性质：属于所有者权益类账户。

账户结构：借方登记期末自"本年利润"科目借方转入的净亏损和年终利润分配各事项（提取的盈余

公积金、分配投资者的利润）的转入，表示未分配利润的金额减少；贷方登记期末"本年利润"科目贷方转入的净利润和年终盈余公积弥补亏损等的转入，表示未分配利润的金额增加。

账务处理

未分配利润的账务处理具体如下。

（1）结转实现的净利润：年度终了，企业应将实现的净利润或发生的净亏损，自"本年利润"科目转入"利润分配——未分配利润"科目。

企业结转实现的净利润时，借记"本年利润"，贷记"利润分配——未分配利润"。

若结转全年发生的亏损，作相反的账务处理，借记"利润分配——未分配利润"，贷记"本年利润"。

（2）结转"分配利润"明细科目：期末，将"利润分配"所属其他明细科目（利润分配——提取法定盈余公积、利润分配——提取任意盈余公积、利润分配——应付投资者利润）的余额，转入"利润分配——未分配利润"科目。

结转后，"利润分配——未分配利润"科目如为贷方余额，表示累计未分配的利润数额；如为借方余额，则表示累计未弥补的亏损数额。

经典实例

【例5-3-10】根据【例5-3-9】资料，计算结转滨海盛泰公司本年年末的累计未分配利润。

（1）结转实现的净利润：

借：本年利润 2 600 000.00

　　贷：利润分配——未分配利润 2 600 000.00

［所附单据］内部结转单。

（2）将"利润分配"科目所属其他明细科目的余额结转至"利润分配——未分配利润"明细科目：

借：利润分配——未分配利润 1 468 000.00

　　贷：利润分配——提取法定盈余公积 260 000.00

　　　　　　——提取任意盈余公积 208 000.00

　　　　　　——应付利润 1 000 000.00

［所附单据］内部结转单。

结转后，"利润分配——未分配利润"明细科目的贷方余额为1 732 000元，即为该公司本年年末的累计未分配利润。

［本年年末的累计未分配利润1 732 000＝年初未分配利润600 000＋（本年净利润2 600 000－提取法定盈余公积260 000－提取任意盈余公积208 000－应付利润1 000 000）］

📖 知识巩固

一、单项选择题

1. 企业收到的罚款收入应计入（　　　）。

A. 主营业务收入　　　　B. 营业外收入　　　　C. 其他业务收入　　　　D. 投资收益

2. 下列各项中，不应计入营业外收入的是（　　　　）。

A. 捐赠利得

B. 处置固定资产净收益

C. 收发差错造成存货盘盈

D. 确实无法支付的应付账款

3. 年终利润结转后，可能有余额的账户是（　　　　）。

A. 本年利润

B. 利润分配——未分配利润

C. 利润分配——应付利润

D. 利润分配——提取法定盈余公积

二、多项选择题

1. 下列账户中，应于期末将余额结转"本年利润"账户的有（　　　　）。

A. 所得税费用

B. 税金及附加

C. 营业外支出

D. 制造费用

2. 下列构成并影响营业利润的项目有（　　　　）。

A. 主营业务成本

B. 税金及附加

C. 制造费用

D. 管理费用

3. 下列各项中，影响当期利润表中净利润的有（　　　　）。

A. 固定资产盘亏净损失

B. 所得税费用

C. 对外捐赠固定资产

D. 无形资产出售利得

三、判断题

1. 年终结转后"本年利润"账户应无余额；"利润分配——未分配利润"账户贷方余额表示历年积存的未弥补亏损。（　　　　）

2. 税金及附加、投资损益、期间费用都会影响企业的营业利润。（　　　　）

3. 企业的所得税费用一定等于企业的利润总额乘以所得税税率。（　　　　）

任务小结

利润反映企业在一定会计期间的经营成果。利润包括收入减去费用后的净额、直接计入当期利润的利得和损失等。

利得是由企业非日常活动所形成的，会导致所有者权益增加的，与所有者投入资本无关的经济利益的流入。

损失是由企业非日常活动所发生的，会导致所有者权益减少的，与向所有者分配利润无关的经济利益的流出。

利润计算公式如下：

利润总额＝营业利润＋营业外收入－营业外支出

净利润＝利润总额－所得税费用

利润的核算内容包括营业外收支核算和利润形成及分配核算。企业一般通过设置"营业外收入""营业外支出""本年利润""利润分配"等账户对营业外收支、利润形成、利润分配进行账务处理。

	核算内容	设置账户	账务处理内容	重点、难点
利润	营业外收支	营业外收入	1. 发生营业外收入	★
		营业外支出	2. 发生营业外支出	★
	利润形成及分配	本年利润	1. 利润形成	
			（1）结转各项收入、利得	★★
			（2）结转各项费用、损失	★★
		所得税费用	2. 所得税费用	
			（1）计算应交所得税	★
			（2）结转所得税费用	★
		利润分配	3. 利润分配	
			（1）提取盈余公积	★
			（2）分配利润	★
			4. 未分配利润	
			（1）结转实现的净利润	★★
			（2）结转“分配利润”明细科目	★★

技能训练

练习利润的账务处理

1. 实训资料

滨海致远公司为增值税一般纳税人，适用的所得税税率为25%，2022年、2023年的有关资料如下：

（1）2022年年初未分配利润为贷方余额1 800 000元，2022年利润总额为12 000 000元，经纳税调整后应纳税所得额为11 500 000元。

（2）2023年2月10日，根据公司有关分配决议方案：按2022年税后利润的10%提取法定盈余公积；按5%提取任意盈余公积，向投资者宣告分配利润1 000 000元。

（3）2023年实现利润总额13 000 000元，当年支付税收滞纳金280 000元，实际发生业务招待费160 000元，业务宣传费320 000元，当年实现的收入30 000 000元。通过政府相关部门进行公益捐赠800 000元，国债利息收入300 000元。除此之外无其他纳税调整事项。2023年的利润尚未进行分配。

2. 实训要求

（1）计算2022年应交所得税，并进行账务处理。

（2）计算2022年的净利润，并转入“利润分配——未分配利润”科目。

（3）对2022年的利润分配事项进行账务处理，并计算“利润分配——未分配利润”的年末余额。

（4）计算2023年应交所得税，并进行账务处理。

（5）假定2023年不进行利润分配，确定2023年“利润分配——未分配利润”的年末余额。

项目六　编制财务会计报表

项目介绍

　　财务会计报表是财务报告的核心，是对企业财务状况、经营成果和现金流量的结构性表述。它以表格的形式向企业及企业外部传递会计信息，主要有资产负债表、利润表、现金流量表和所有者权益变动表。如果说资产负债表是家底，是企业的底子，利润表则是成绩单，是企业的面子，那么现金流量表就是企业的血液系统。资产负债表、利润表和现金流量表分别从不同角度反映企业的财务状况、经营成果和现金流量。

　　通过编制财务会计报表，能够满足使用者对会计信息的需求，为投资者和债权人进行合理的投资决策提供依据；为企业加强和改善经营管理提供信息资料；有助于国家经济管理部门进行宏观调控和管理。

　　编制财务会计报表是会计工作的一项重要内容。财务报表主要是根据账簿记录，按照会计报表的固定格式和项目口径编制。在编制财务报表时应遵守一些基本原则，做到内容完整、数字真实、编报及时。

　　为了帮助学生熟练掌握财务会计报表的编制方法和技巧，本项目以滨海盛泰公司2023年7月的经济业务资料为案例，结合相关会计工作岗位核算的内容与要求，提炼出三个学习任务：①编制资产负债表；②编制利润表；③编制现金流量表。

任务一　编制资产负债表

任务目标

【知识目标】

1. 了解编制资产负债表的意义及理论依据。

2. 熟悉资产负债表的结构。

3. 掌握资产负债表的编制方法。

【技能目标】

1. 能够独立编制资产负债表。

2. 能够计算、分析资产负债表的相关指标，预测企业未来财务状况的发展趋势。

【素养目标】

1. 把握会计报表蕴含的哲学思想精髓，深化求真务实、与时俱进和服务大局的思想认识。

2. 提升对理论的分析理解和解决实际问题的能力。

3. 具有严谨、细致的工作作风。

任务描述

财务报表就是一家公司的晴雨表，读懂财务报表是会计人员最基本的要求。滨海市东升机械制造有限责任公司的会计人员杨亚男，从当月的利润表中看到了三组数据：资产总计650 890 000元，其中流动资产合计448 200 000元，非流动资产合计202 690 000元。通过对公司资产结构分析发现，公司流动资产占总资产的比例为68.86%，非流动资产占总资产的比例为31.14%。于是便对企业的管理提出如下建议：公司流动资产比重较高，非流动资产比重较低。流动资产比重较高会占用大量资金，降低流动资产周转率，从而影响企业的资金利用效率。非流动资产比例过低会影响企业的获利能力，从而影响企业未来的发展。

思考与讨论：杨亚男的做法对你有何启示？你能从资产负债表中获取哪些信息？编制资产负债表的数据如何取得？

提出任务：如何编制资产负债表？

任务分解

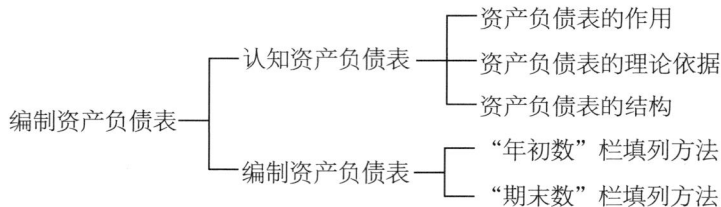

任务实施

活动一　认知资产负债表

资产负债表是反映企业在某一特定日期财务状况的财务报表。由于它反映的是某一时点的财务状况，所以又被称为"静态报表"。

一、资产负债表的作用

资产负债表具有以下作用。

（1）可以提供某一日期资产总额及其结构，表明企业拥有的资源及其分布情况，是分析企业生产经营能力的重要资料。

（2）可以提供某一日期的负债总额及其结构，表明企业未来需要用多少资产或劳务清偿债务及清偿时间。

（3）可以反映所有者拥有的权益情况，表明投资者在企业资产中所占的份额，了解权益的结构情况，并据以判断资本保值、增值的情况及对负债的保障程度。

此外，还可以提供进行财务分析的基本资料，如计算流动比率、速动比率等指标，以便了解企业的变现能力、偿债能力和资金周转能力等，从而有助于报表使用者作出正确决策。

二、资产负债表的理论依据

资产负债表是根据"资产＝负债＋所有者权益"这一会计等式，按照一定的分类标准和顺序，把企业在一定日期的资产、负债、所有者权益等项目予以适当排列，集中反映企业在特定日期所拥有或控制的经济资源及其分布情况，以及所承担的经济义务和所有者权益总额及其结构。

资产负债表是企业的主要财务报表之一。

三、资产负债表的结构

资产负债表的格式有账户式和报告式两种，我国企业的资产负债表采用账户式结构。

资产负债表由表首、正表和补充资料三部分组成。

正表是资产负债表的主体，反映企业财务状况的各个项目和计算。采用账户式结构，分为左右两方：左方列示企业拥有的全部资产项目，各资产项目的前后顺序是按其流动性排列的；右方列示企业的负债和所有者权益项目，各负债项目按其到期日的远近顺序排列，各所有者权益项目按照永续性递减顺序排列。根据会计等式的基本原理，左方的资产总额等于右方的负债加所有者权益总额。

资产负债表的基本结构如表6-1-1所示。

表6-1-1

资产负债表

编制单位：　　　　　　　　　　　年　　月　　日　　　　　　　　　　　单位：元

资产	行次	期末余额	年初余额	负债和所有者权益	行次	期末余额	年初余额
流动资产：				流动负债：			
货币资金	1			短期借款	34		
交易性金融资产	2			交易性金融负债	35		
应收票据	3			应付票据	36		
应收账款	4			应付账款	37		
预付账款	5			预收账款	38		
应收利息	6			应付职工薪酬	39		
应收股利	7			应交税费	40		
其他应收款	8			应付利息	41		

资产	行次	期末余额	年初余额	负债和所有者权益	行次	期末余额	年初余额
存货	9			应付股利	42		
一年内到期的非流动资产	10			其他应付款	43		
其他流动资产	11			一年内到期的非流动负债	44		
				其他流动负债	45		
流动资产合计	12			流动负债合计	46		
非流动资产：				非流动负债：			
可供出售金融资产	13			长期借款	47		
持有至到期投资	14			应付债券	48		
投资性房地产	15			长期应付款	49		
长期股权投资	16			专项应付款	50		
长期应收款	17			预计负债	51		
固定资产	18			递延所得税负债	52		
减：累计折旧	19			其他非流动负债	53		
固定资产净值	20			非流动负债合计	54		
减：固定资产减值准备	21			负债合计	55		
固定资产净额	22						
生产性生物资产	23			所有者权益：			
工程物资	24			实收资本	56		
在建工程	25			资本公积	57		
固定资产清理	26			减：库存股	58		
无形资产	27			盈余公积	59		
商誉	28			未分配利润	60		
长期待摊费用	29			所有者权益合计	61		
递延所得税资产	30						
其他非流动资产	31						
非流动资产合计	32						
资产总计	33			负债和所有者权益合计	62		

活动二　编制资产负债表

资产负债表各项目均应分别填列"年初数"和"期末数"两栏。

一、"年初数"栏填列方法

"年初数"栏内各项数据，应根据上年末资产负债"期末数"栏内所列数据填列。

二、"期末数"栏填列方法

"期末数"栏内各项目的编制方法如下。

（一）根据总分类账户期末余额直接填列

资产方的有"交易性金融资产""应收票据""应收股利"（或"应收利润"）、"应收利息""固定资产清理""工程物资"等项目。

负债方的有"短期借款""交易性金融负债""应付票据""应付职工薪酬""应付股利"（或"应付利润"）、"应付利息""应交税费""其他应付款"等项目。

所有者权益方的有"实收资本""资本公积""盈余公积"等项目。

（二）根据总分类账户期末余额分析计算填列

"货币资金"项目＝"库存现金"账户期末借方余额＋"银行存款"账户期末借方余额＋"其他货币资金"账户期末借方余额

"未分配利润"项目＝"本年利润"期末贷方余额（或借方余额）＋"利润分配"期末贷方余额（或－"利润分配"期末借方余额）

经典实例

某公司2023年12月31日，"库存现金"账户余额为借方5 000元，"银行存款"账户余额为借方1 850 000元，"其他货币资金"账户余额为借方120 000元，则2023年年末公司资产负债表中"货币资金"项目的年末余额应为多少？

计算过程如下：

"货币资金"项目的期末余额＝5 000＋1 850 000＋120 000＝1 975 000（元）

（三）根据明细账户期末余额计算填列

"应收账款"项目＝"应收账款"所属明细账户的期末借方余额合计＋"预收账款"所属明细账户的期末借方余额合计－已计提的"坏账准备"

"预付账款"项目＝"预付账款"所属明细账户的期末借方余额合计＋"应付账款"所属明细账户的期末借方余额合计

"应付账款"项目＝"应付账款"所属明细账户的期末贷方余额合计＋"预付账款"所属明细账户的期末贷方余额合计

"预收账款"项目＝"预收账款"所属明细账户的期末贷方余额合计＋"应收账款"所属明细账户的期末贷方余额合计

经典实例

某公司2023年12月31日，结账后的有关账户余额如表6-1-2所示。

表6-1-2

应收及预付相关账户余额表

单位：元

总分类账户	所属明细分类账户	借方余额	贷方余额
应收账款		93 000.00	
	A公司	125 000.00	
	B公司		32 000.00
预付账款		68 000.00	
	C公司	100 000.00	
	D公司		32 000.00
应付账款			95 000.00
	E公司		135 000.00
	F公司	40 000.00	
预收账款			32 000.00
	G公司		57 000.00
	H公司	25 000.00	
坏账准备			25 000.00
	应收账款		15 000.00
	其他应收款		10 000.00

要求：根据上述资料，填制资产负债表中的"应收账款""预收账款""应付账款""预付账款"项目的金额。

计算过程：

（1）"应收账款"项目＝"应收账款——A公司"借方余额＋"预收账款——H公司"借方余额－"坏账准备——应收账款"贷方余额＝125 000＋25 000－15 000＝135 000（元）

（2）"预付账款"项目＝"预付账款——C公司"借方余额＋"应付账款——F公司"借方余额
$$＝100\ 000＋40\ 000＝140\ 000（元）$$

（3）"应付账款"项目＝"应付账款——E公司"贷方余额＋"预付账款——D公司"贷方余额
$$＝135\ 000＋32\ 000＝167\ 000（元）$$

（4）"预收账款"项目＝"预收账款——G公司"贷方余额＋"应收账款——B公司"贷方余额
$$＝57\ 000＋32\ 000＝89\ 000（元）$$

（四）根据总分类账户期末余额和明细分类账户期末余额分析计算填列

"长期借款"项目＝"长期借款"总账户期末贷方余额—"长期借款"账户所属的明细账户中将在1年内到期且企业不能自主地将清偿义务展期的长期借款后的金额

另外，"长期应收款""长期应付款""长期待摊费用"等长期项目期末数，也应扣除将于1年内到期的金额。

（五）根据有关资产账户期末余额减去其备抵账户期末余额后的净额填列

"固定资产"项目＝"固定资产"期末借方余额—"累计折旧"期末贷方余额—"固定资产减值准备"期末贷方余额

"无形资产"项目＝"无形资产"期末借方余额—"累计摊销"期末贷方余额—"无形资产减值准备"期末贷方余额

"长期股权投资"项目＝"长期股权投资"期末借方余额—"长期股权投资减值准备"期末贷方余额

"在建工程"项目＝"在建工程"借方余额—"在建工程减值准备"期末贷方余额

"其他应收款"项目＝"其他应收款"期末借方余额—已计提的"坏账准备——其他应收款"

（六）综合运用上述填列方法分析填列

"存货"项目＝"原材料"＋"委托加工物资"＋"周转材料"＋"材料采购"＋"生产成本"＋"在途物资"＋"发出商品"＋"材料成本差异"（借方）—"材料成本差异"（贷方）—"存货跌价准备"

经典实例

滨海盛泰公司2023年12月31日，结账后的"原材料"科目余额为1 280 000元，"生产成本"科目余额为450 000元，"材料成本差异"科目借方余额为60 000元，"库存商品"科目余额为1 800 000元，"存货跌价准备"科目贷方余额为120 000元，"周转材料"科目余额为2 000 000元，"工程物资"科目余额为3 200 000元。则该公司2023年年末资产负债表中"存货"项目的金额为多少？

计算过程如下：

"存货"项目的金额＝1 280 000＋450 000＋60 000＋1 800 000—120 000＋2 000 000＝5 470 000（元）

知识巩固

一、单项选择题

1. 下列报表中，能够反映企业会计期末财务状况的是（　　　）。

A. 资产负债表

B. 利润表

C. 现金流量表

D. 所有者权益变动表

2. 资产负债表中资产的排列依据是（　　　）。

A. 项目重要性　　　　B. 项目流动性　　　　C. 项目时间性　　　　D. 项目收益性

3. 下列账户的期末余额，不应在资产负债表"存货"中列示的是（　　　）。

A. 库存商品　　　　B. 生产成本　　　　C. 工程物资　　　　D. 发出商品

4. 下列资产负债表项目中，应根据多个总账科目余额计算填列的是（   ）。

A. 应付账款   B. 盈余公积   C. 未分配利润   D. 长期借款

5. 下列各项中，应在资产负债表中作为非流动负债列示的是（   ）。

A. 应付账款   B. 应付票据   C. 应付债券   D. 应付利息

二、多项选择题

1. 在资产负债表中，下列各项目可以按总账科目余额直接填列的有（   ）。

A. 短期借款   B. 货币资金   C. 固定资产   D. 其他应付款

2. 下列各项中，应根据总账科目期末余额直接填列的资产负债表项目有（   ）。

A. 应付票据   B. 应付职工薪酬   C. 短期借款   D. 长期借款

3. 企业在编制资产负债表时，"未分配利润"项目应当根据（   ）科目计算填列。

A. 本年利润   B. 利润分配   C. 盈余公积   D. 资本公积

4. 下列各项中，应在资产负债表"应收账款"项目列示的有（   ）。

A. "预付账款"科目所属明细科目的贷方余额

B. "应收账款"科目所属明细科目的借方余额

C. "应付账款"科目所属明细科目的贷方余额

D. "预收账款"科目所属明细科目的借方余额

5. 下列各项中，应在资产负债表"存货"项目列示的有（   ）。

A. "生产成本"科目的借方余额   B. "周转材料"科目的借方余额

C. "委托加工物资"科目的借方余额   D. "在途物资"科目的借方余额

三、判断题

1. 资产负债表是反映企业一定会计期间财务状况的报表。（   ）

2. 资产负债表中各项目是根据有关账户的本期发生额填列的。（   ）

3. 企业期末各项库存商品、原材料、在途物资、周转材料、工程物资都需要计入"存货"项目。（   ）

4. 资产负债表中"应收账款"项目，应根据"应收账款"账户所属各明细账户的期末借方余额合计填列。（   ）

5. 我国规定企业的资产负债表采用报告式结构。（   ）

任务小结

资产负债表是反映企业在某一特定日期财务状况的报表。资产负债表采用账户式结构，左方列示资产各项目，右方列示负债和所有者权益各项目，满足"资产＝负债＋所有者权益"平衡等式。企业的资产和负债按其流动性列报，一般分为流动资产和非流动资产、流动负债和非流动负债。年初余额根据上年年末资产负债表"期末余额"栏内的数字填列，期末余额各项目的填列使用不同的填列方法。

资产负债表的编制方法和资产负债表编制中的分析填列是学习编制资产负债表的重点与难点。

技能训练

练习编制资产负债表

1. 实训资料

滨海致远公司12月31日编制资产负债表的有关资料如下。

（1）总分类账户的期末余额如表6-1-3所示。

表6-1-3

滨海致远公司 2023 年 12 月 31 日总分类账户期末余额表

单位：元

账户名称	期末余额		账户名称	期末余额	
	借方	贷方		借方	贷方
库存现金	5 000.00		短期借款		225 000.00
银行存款	850 000.00		应付票据		100 000.00
其他货币资金	250 000.00		应付账款		360 500.00
交易性金融资产	50 000.00		预收账款		50 000.00
应收票据	94 000.00		其他应付款		8 000.00
应收账款	705 000.00		应付职工薪酬		12 000.00
坏账准备		3 500.00	应交税费		104 000.00
预付账款	150 000.00		应付利润		20 800.00
其他应收款	5 000.00		长期借款		1 920 000.00
材料采购	400 000.00				
原材料	550 000.00		长期应付款		604 500.00
周转材料	200 000.00				
库存商品	270 000.00		实收资本		5 400 000.00
发出商品	30 000.00		资本公积		151 200.00
生产成本	70 000.00		盈余公积		290 500.00
长期股权投资	348 000.00		利润分配		206 000.00
持有至到期投资	160 000.00				
长期应收款	50 000.00				

账户名称	期末余额		账户名称	期末余额	
	借方	贷方		借方	贷方
固定资产	5 800 000.00				
累计折旧		1 261 000.00			
工程物资	100 000.00				
在建工程	310 000.00				
无形资产	450 000.00				
累计摊销		190 000.00			
长期待摊费用	65 000.00				
合计	11 400 000.00	1 454 500.00			9 452 500.00

（2）有关明细账户的期末余额见表6-1-4所示。

表6-1-4

滨海致远公司 2023 年 12 月 31 日明细账户的期末余额表

单位：元

总分类账户	明细分类账户	期末余额	
		借方	贷方
应收账款	A 公司	875 000.00	
	B 公司		175 000.00
应付账款	A 公司		
	B 公司	50 000.00	
预付账款	C 公司	120 000.00	
	D 公司		20 000.00
预收账款	E 公司		40 000.00
	F公司		20 000.00

（3）其他有关资料如下：

①持有至到期投资中1年内到期债券投资为60 000元；

②1年内到期归还的长期借款920 000元；

2. 实训要求

根据上述资料，编制滨海致远公司本年末资产负债表。

任务二　编制利润表

任务目标

【知识目标】

1. 了解编制利润表的意义及理论依据。

2. 熟悉利润表的结构。

3. 掌握利润表的编制方法。

【技能目标】

1. 能够独立编制利润表。

2. 能够计算、分析利润表的相关指标，预测企业未来经营成果的发展趋势。

3. 加深对收入、费用的理解，提升会计报表编制技巧。

【素养目标】

1. 增强自主学习的能力及分析问题、解决问题的能力。

2. 培养严谨、细致的工作作风，增强自信与合作意识。

任务描述

小何想投资股市，他在证券公司的大户室看见一位李先生在仔细查阅"深发展"等公司的中期财务报告。小何问他为何对财务报告感兴趣，李先生告诉他：研究上市公司的财务会计报告，对选股很有帮助。如通过利润表，可以了解企业净利润、营业利润、每股收益等。净利润是判断企业营利空间的常用指标，但营业利润更能显示企业日常活动的盈利能力。每股收益高的同时还要看现金流量情况，才能判断是否有派发现金股利的可能；资本公积占股本权益比例大有送股的可能；利用前后期报表比较，可以分析公司发展趋势……小何听了，便去书店买了不少财务会计报告编制和分析方面的书籍，又去夜校上了补习班，掌握了财务会计报告中各种指标的相关知识。

思考与讨论：你知道一个公司的老总最关心的是什么吗？有什么途径或方式能让公司老总最方便有效地了解企业经营成果？编制利润表的数据如何取得？

提出任务：怎样编制利润表？

任务分解

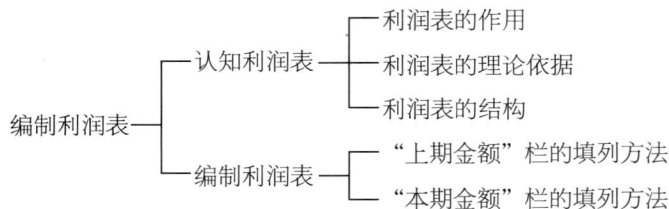

任务实施

活动一　认知利润表

利润表是反映企业在一定时期经营成果的财务报表。它是一张动态报表。

一、利润表的作用

利润表具有以下作用。

（1）可以据以评价和考核企业的经营业绩。

（2）可以据以分析和评价企业的经营成果和获利能力。

（3）可以据以分析和预测企业未来的现金流量。

（4）可以有助于企业管理者进行经营决策。

二、利润表的理论依据

利润表是依据"收入－费用＝利润"这个会计等式，把一定时期的营业收入与同一会计期间的相关成本、费用进行配比，以计算确定企业一定时期实现的净利润或发生的亏损。

三、利润表的结构

利润表的格式有单步式和多步式两种，我国企业的利润表采用多步式。

利润负债表包括表首（包括报表名称、编制单位、编制日期、报表编号、计量单位等）、正表和补充资料（对正表有关项目的解释或说明）三个部分。

正表是利润表的主体，反映形成经营成果的各个项目和计算。正表采用多步式，即通过对当期的收入、费用、支出项目按性质加以归类，按利润形成的主要环节列示一些中间性利润指标（如营业利润、利润总额、净利润），分步计算当期净损益。

利润表的项目排列顺序实际上反映了净利润形成的过程。利润表的基本结构如表6-2-1所示。

表6-2-1

利润表

编制单位： 年 月 单位：元

项目	行次	本期金额	上期金额
一、营业收入			
减：营业成本			
税金及附加			
销售费用			
管理费用			
财务费用			
资产减值损失（收益以"－"号填列）			
加：公允价值变动净收益（净损失以"－"号填列）			
投资收益（净损失以"－"号填列）			
其中：对联营企业与合营企业的投资收益			
二、营业利润（亏损以"－"号填列）			
加：营业外收入			
减：营业外支出			
其中：非流动资产处置净损失（净收益以"－"号填列）			
三、利润总额（亏损以"－"号填列）			
减：所得税（税率25%）			
四、净利润（净亏损以"－"号填列）			
五、每股收益			
基本每股收益			
稀释每股收益			
补充资料：			
项目：		本年累计数	上年实际数
1. 出售、处置部门或被投资单位所得收益			
2. 自然灾害发生的损失			
3. 会计政策变更增加（或减少）利润总额			
4. 会计估计变更增加（或减少）利润总额			
5. 债务重组损失			
6. 其他			

活动二　编制利润表

企业利润表的编制步骤和内容如下。

第一步，计算营业利润：以营业收入（主营业务收入、其他业务收入）为基础，减去营业成本（主营业务成本、其他业务成本）、税金及附加、销售费用、管理费用、财务费用、资产减值损失，加上公允价值变动收益（减去公允价值变动损失）和投资收益（减去投资损失），计算出营业利润。

营业利润＝营业收入—营业成本—税金及附加—销售费用—管理费用—财务费用—资产减值损失＋公允价值变动收益（减去公允价值变动损失）＋投资收益（减去投资损失）

第二步，计算利润总额：以营业利润为基础，加上营业外收入，减去营业外支出，计算出利润总额。

利润总额＝营业利润＋营业外收入—营业外支出

第三步，计算净利润（或亏损）：以利润总额为基础，减去所得税费用，计算出净利润（或净亏损）。

净利润＝利润总额—所得税费用

第四步，计算每股收益：以净利润（或亏损）为基础，计算每股收益。

第五步，计算综合收益总额：以净利润（或亏损）和其他综合收益为基础，计算综合收益总额。

利润表各项目均应分别填列"本期金额"和"上期金额"两栏。

一、"上期金额"栏的填列方法

利润表"上期金额"栏内各项数字，应根据上年该期利润表"本期金额"栏内所列数字填列。

二、"本期金额"栏的填列方法

利润表"本期金额"栏内各项数字，除"基本每股收益"和"稀释每股收益"项目外，应依据各损益类账户的本期发生额分析填列。

（1）各收入类项目应根据相应的收入类账户的本期贷方发生额分析计算填列。

如："营业收入"项目＝"主营业务收入"账户的发生额＋"其他业务收入"账户的发生额

（2）各费用类项目则应根据相应的费用类账户的本期借方发生额分析计算填列。

如："营业成本"项目＝"主营业务成本"账户的发生额＋"其他业务成本"账户的发生额

经典实例

滨海致远公司2023年12月31日，有关损益类账户的累计发生额资料如表6-2-2所示。

表6-2-2

损益类账户发生额

单位：元

账户名称	借方发生额	贷方发生额
主营业务收入		13 800 000.00
其他业务收入		560 000.00
投资收益		550 000.00

账户名称	借方发生额	贷方发生额
营业外收入		30 000.00
主营业务成本	8 255 000.00	
其他业务成本	320 000.00	
税金及附加	300 000.00	
销售费用	530 000.00	
管理费用	450 000.00	
财务费用	50 000.00	
营业外支出	155 000.00	

滨海致远公司根据上述资料编制2023年年末的利润表如表6-2-3所示。

表6-2-3

利润表

编制单位：滨海致远公司　　　　　　　　　　2023 年 12 月　　　　　　　　　　单位：元

项目	行次	本期金额	上期金额
一、营业收入	1	14 360 000.00	
减：营业成本	2	8 575 000.00	
税金及附加	3	300 000.00	
销售费用	4	530 000.00	
管理费用	5	450 000.00	
财务费用	6	50 000.00	
资产减值损失（收益以"－"号填列）	7		
加：公允价值变动净收益（净损失以"－"号填列）	8		
投资收益（净损失以"－"号填列）	9	550 000.00	
其中：对联营企业与合营企业的投资收益	10		
二、营业利润（亏损以"－"号填列）	11	5 005 000.00	
加：营业外收入	12	30 000.00	
减：营业外支出	13	155 000.00	
其中：非流动资产处置净损失（净收益以"－"号填列）	14		
三、利润总额（亏损以"－"号填列）	15	4 880 000.00	
减：所得税（税率25%）	16	1 219 500.00	
四、净利润（净亏损以"－"号填列）	17	3 660 500.00	

其中：

（1）"营业收入" ＝13 800 000（主营业务收入）＋560 000（其他业务收入）＝14 360 000（元）

（2）"营业成本" ＝8 255 000（主营业务成本）＋320 000（其他业务成本）＝8 575 000（元）

知识巩固

一、单项选择题

1. 下列报表中，能够反映企业一定会计期间经营成果的是（   ）。

A. 资产负债表

B. 利润表

C. 现金流量表

D. 所有者权益变动表

2. 下列各项中，不会影响营业利润金额的是（   ）。

A. 资产减值损失

B. 财务费用

C. 投资收益

D. 营业外收入

3. 编制利润表的主要依据是（   ）。

A. 损益类账户的本期发生额

B. 损益账户的期末余额

C. 所有者权益类账户本期发生额

D. 所有者权益类账户期末余额

二、多项选择题

1. 下列各项中，属于在利润表中反映的项目有（   ）。

A. 营业利润

B. 财务费用

C. 所得税费用

D. 应交税费

2. 应在利润表中单独列示的项目包括（   ）。

A. 长期借款

B. 公允价值变动损益

C. 所得税费用

D. 净利润

3. 下列关于利润表的表述正确的是（   ）。

A. 利润表是一种静态报表

B. 利润表是一种动态报表

C. 是反映企业在一定会计期间经营成果的报表

D. 是反映企业在某一特定日期经营成果的报表

三、判断题

1. 利润表是反映企业一定报告期间财务状况的报表。（   ）

2. 利润表中各项目是根据有关账户的期末余额填列的。（   ）

3. 我国规定企业的利润表采用单步式的结构。（   ）

任务小结

利润表是反映企业在一定会计期间经营成果的报表。它反映企业在一定会计期间的收入实现情况、费用耗费情况、生产经营活动成果等信息，提供财务分析的基本资料。我国企业利润表采用多步式结构，主要反映营业收入、营业利润、利润总额、净利润和每股收益。"上期金额"根据上年该期利润表的"本期金额"栏内所列数字填列。"本期金额"根据损益类账户的发生额分析填列。

利润表的编制方法和利润表编制中的分析计算填列是学习编制利润表的重点与难点。

技能训练

练习编制滨海致远公司的利润表

1. 实训资料

滨海致远公司2023年12月有关损益类账户本月发生额如表6-2-4所示。

表6-2-4

滨海致远公司12月损益类账户发生额情况表

单位：元

账户名称	借方发生额	贷方发生额
主营业务收入	1 200 000.00	5 120 000.00
其他业务收入		9 000 000.00
投资收益	3 150 000.00	18 370 000.00
营业外收入		3 000 000.00
主营业务成本	30 500 000.00	800 000.00
其他业务成本	4 000 000.00	
税金及附加	7 500 000.00	
销售费用	5 500 000.00	
管理费用	4 500 000.00	
财务费用	1 000 000.00	
营业外支出	750 000.00	
所得税费用	7 646 100.00	

说明："营业外支出"750 000元中，"非流动资产处置损失"为450 000元。

2. 实训要求

根据上述资料，编制滨海致远公司的利润表（假定无纳税调整事项）。

任务三　编制现金流量表

任务目标

【知识目标】

1. 了解编制现金流量表的意义。
2. 熟悉现金流量表的结构。
3. 掌握现金流量表的编制方法。

【技能目标】

1. 能够独立编制一般企业的现金流量表。
2. 能够通过对现金流量表的分析，预测企业未来产生现金流量的能力。

【素养目标】

1. 形成"现金流是企业的血液"的理念，激发创业热情。
2. 增强分析问题、解决问题的能力，养成严谨、细致的工作作风。

任务描述

有一家公司出现了一件奇怪的事情：公司每月的利润表里都显示有较高的利润，但在对外支付方面却经常捉襟见肘，200多人的员工竟然3个多月未拿到工资，这是什么原因？

调查发现，公司销售收入虽然有较大程度的增长，取得了不错的利润，但因采取赊销方式，产生了大量的应收款项，不能及时回笼货款，导致了公司"有利润没有钱"的窘相。这实际上涉及的是企业利润的质量问题。它提醒人们，不能只简单地分析利润表，还要关注企业的现金流健康。

思考与讨论：企业有利润与有钱之间是什么关系？为什么编制了资产负债表和利润表，还需要编制现金流量表？

提出任务：怎样编制现金流量表？

任务分解

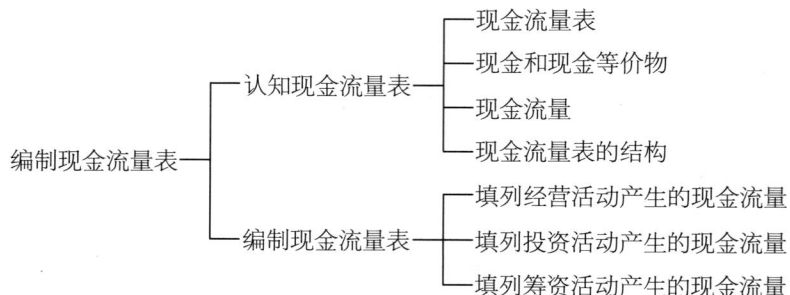

活动一　认知现金流量表

一、现金流量表

现金流量表是指反映企业一定会计期间内现金和现金等价物流入和流出情况的报表。现金流量表是一种动态报表。

现金流量表是按照收付实现制原则编制的，将权责发生制下的盈利信息调整为收付实现制下的现金流量信息。它是在资产负债表和利润表已经反映了企业财务状况和经营成果信息的基础上，进一步提供企业现金流量信息，即财务状况变动信息。资产负债表能够反映企业在某一特定日期财务状况，但它没有说明企业的资产、负债和所有者权益为什么会从期初的总量和结构变化到期末的总量和结构；利润表能够反映企业一定时期的经营成果，但利润表是按权责发生制原则确认收入和费用的，无法提供现金实际流入和流出的信息。为了全面反映企业财务状况变动的原因及企业现金流入、流出等企业现金流量变化的真实状况，企业需要编制现金流量表。

名师点拨

现金流量表编制的基本思路是：虽然会计核算所遵循的是权责发生制原则，但编制现金流量表时须遵循现金收付实现制。

现金流量表从不同角度反映企业业务活动的现金流入与流出，弥补了资产负债表和利润表提供信息的不足。通过现金流量表，报表使用者能够了解现金流量的影响因素，评价企业的支付能力、偿债能力和周转能力，预测企业未来现金流量，为其决策提供有力依据。其具体作用表现在以下四个方面。

（1）有助于分析企业财务状况及其变动的原因。

（2）有助于预测企业未来现金流量。

（3）有助于评价企业支付能力、偿债能力和周转能力。

（4）有助于分析企业净利润与经营活动产生净现金流量之间差异的原因。

二、现金和现金等价物

"现金"是指企业的库存现金及可以随时支付的存款。包括库存现金、银行存款和其他货币资金（如外埠存款、银行本票存款、银行汇票存款、信用证保证金存款、信用卡存款等）。不能随时支付的存款（如定期存款）不能作为现金流量表中的现金。

"现金等价物"是指企业持有的期限短、流动性强、易于转换为已知金额的现金及价值变动风险很小的投资。"期限短"一般是指从购买日起3个月内期。现金等价物通常包括3个月内到期的债券投资。权益性投资变现的金额通常不确定，不属于现金等价物。

名师点拨

在现金流量表中，现金及现金等价物被视为一个整体，企业现金形式的转换不会产生现金的流入和流出。例如，企业从银行提取现金，是企业现金存放形式的转换，并未流出企业，不构成现金流量。同样，现金与现金等价物之间的转换也不属于现金流量。

三、现金流量

现金流量是指一定会计期间企业现金及现金等价物流入和流出的数量。反映现金流量的指标有现金流入量、现金流出量及现金净流量。

现金净流量是指一定会计期间现金流入量减现金流出量的差额。

会计准则将现金流量分为三类：经营活动产生的现金流量；投资活动产生的现金流量；筹资活动产生的现金流量。

（一）经营活动产生的现金流量

经营活动是指企业投资活动和筹资活动以外的所有交易和事项。它是企业运用所拥有或控制的经济资源从事生产经营活动所形成的，主要是与企业营业利润有关的交易和事项所产生的现金流量。通过它可以判断企业在不运用外来筹资的前提下，经营活动产生的现金流量能否足以维持生产经营、偿还债务及支付股利和对外投资等。

（二）投资活动产生的现金流量

投资活动是指企业长期资产的购建和不包括在现金等价物范围内的投资及其处置活动。这里的"投资"并不仅仅是指企业的对外投资，它还包括企业的长期资产购建和处置，但不含包括在现金等价物中的短期投资。通过它可以判断企业投资活动对现金流量净额的影响程度。

（三）筹资活动产生的现金流量

筹资活动是指导致企业资本及债务规模和构成发生变化的活动。资本是指企业的权益性资本；债务是指企业对外举债所借入的款项（不含与经营活动相关的应付账款、应付票据、应交税费等流动负债）。通过它可以判断企业筹资活动对现金流量的影响程度。

四、现金流量表的结构

我国现金流量表采用报告式结构。现金流量表包括正表和补充资料两部分。

正表是以利润表中的营业收入为起算点，按直接法编制；补充资料则是以净利润为起算点，对不涉及现金收付的业务进行剔除，按间接法编制的。现金流量表格式如表6-3-1所示。

表6-3-1

现金流量表

编制单位：　　　　　　　　　　　　　　　　年　月　　　　　　　　　　　　　　　　单位：元

项目	本年累计金额	本月金额
一、经营活动产生的现金流量：		
销售商品、提供劳务收到的现金		
收到的税费返还		
收到其他与经营活动有关的现金		
经营活动现金流入小计		
购买商品、接受劳务支付的现金		
支付给职工及为职工支付的现金		
支付的各项税费		
支付其他与经营活动有关的现金		
经营活动现金流出小计		
经营活动产生的现金流量净额		
二、投资活动产生的现金流量		
收回投资收到的现金		
取得投资收益收到的现金		
处置固定资产、无形资产和其他长期资产收回的现金		
处置子公司及其他营业单位收回的现金净额		
收到其他与投资活动有关的现金		
投资活动现金流入小计		
购置固定资产、无形资产和其他长期资产支付的现金		
投资支付的现金		
取得子公司及其他营业单位支付的现金净额		
支付其他与投资活动有关的现金		
投资活动现金流出小计		
投资活动产生的现金流量净额		
三、筹资活动产生的现金流量		
吸收投资者投资收到的现金		
取得借款收到的现金		
收到其他与筹资活动有关的现金		
筹资活动现金流入小计		

项目	本年累计金额	本月金额
偿还债务支付的现金		
分配股利、利润或偿付利息支付的现金		
支付其他与筹资活动有关的现金		
筹资活动现金流出小计		
投资活动产生的现金流量净额		
四、汇率变动对现金及现金等价物的影响		
五、现金及现金等价物净增加额		
加：期初现金及现金等价物余额		
六、期末现金及现金等价物余额		

活动二　编制现金流量表

现金流量表中需要填列"本年累计金额"栏和"本月金额"栏。"本年累计金额"栏，反映年初起至报告期末止的累计实际发生额。"本月金额"栏，反映各项目的实际发生额；在编报年度财务报表时，应将"本月金额"栏改为"上年金额"栏，填列上年全年实际发生额。

一、填列经营活动产生的现金流量

经营活动是指企业投资活动和筹资活动以外的所有交易或事项。现金流量表各项目的内容及填列方法如下。

（一）"销售商品、提供劳务收到的现金"项目

反映企业本期销售商品、提供劳务收到的现金，以及前期销售商品、提供劳务本期收到的现金（包括应向购买者收取的增值税销项税额）和本期预收的款项，减去本期销售本期退回商品和前期销售本期退回商品支付的现金。企业销售材料和代购代销业务收到的现金，也在本项目反映。

本项目可以根据"库存现金""银行存款""主营业务收入""应收账款""应收票据""其他业务收入"等账户的本期发生额分析填列。即：

销售商品、提供劳务收到的现金＝营业收入＋增值税的销项税额＋（应收票据年初余额－应收票据年末余额）＋（应收账款年初余额－应收账款年末余额）＋（预收账款年末余额－预收账款年初余额）－当期计提的坏账准备

经典实例

【例6-3-1】某公司2023年有关资料如下。

（1）"主营业务收入"：55 000 000元。

（2）"其他业务收入"：250 000元。

（3）"应交税费——应交增值税（销项税额）"：3 200 000元。

（4）"应收账款"项目：年初数1 000 000元，年末数1 200 000元。

（5）"应收票据"项目：年初数560 000元，年末数300 000元。

（6）"预收账款"项目：年初数16 000 000元，年末数15 000 000元。

（7）本期计提"坏账准备"：130 000元。

要求：根据上述资料，计算销售商品、提供劳务收到的现金。

销售商品、提供劳务收到的现金＝（55 000 000＋250 000＋3 200 000）＋（1 000 000－1 200 000）＋（560 000－300 000）＋（16 000 000－15 000 000）－130 000＝58 480 000（元）

（二）"收到其他与经营活动有关的现金"项目

反映企业经营租赁收到的租金等其他与经营活动有关的现金流入。

本项目可以根据"库存现金"和"银行存款"等账户的本期发生额分析填列。

（三）"购买商品、接受劳务支付的现金"项目

反映企业本期购买材料、商品，接受劳务支付的现金（包括增值税进项税额），以及本期支付前期购买商品、接受劳务的未付款项和本期预付款项，减本期发生的购货退回收到的现金。企业购买材料和代购代销业务支付的现金，也在本项目反映。

本项目可以根据"库存现金""银行存款""其他货币资金""原材料""库存商品"等账户的本期发生额分析填列。

购买商品、接受劳务支付的现金＝营业成本＋增值税的进项税额＋（存货年末余额－存货年初余额）＋（应付账款年初余额－应付账款年末余额）＋（应付票据年初余额－应付票据年末余额）＋（预付账款年末余额－预付账款年初余额）－当期列入生产成本、制造费用的职工薪酬－当期列入生产成本、制造费用的折旧费

经典实例

【例6-3-2】某企业2023年有关资料如下。

（1）"主营业务成本"：38 000 000元。

（2）"其他业务成本"：180 000元。

（3）"应交税费——应交增值税（进项税额）"：4 500 000元。

（4）"应付账款"项目：年初数1 600 000元，年末数1 800 000元。

（5）"应付票据"项目：年初数700 000元，年末数400 000元。

（6）"预付账款"项目：年初数1 100 000元，年末数900 000元。

（7）"存货"项目：年初数1 500 000元，年末数1 200 000元。

根据上述资料，计算购买商品、接受劳务支付的现金。

计算过程如下：

购买商品、接受劳务支付的现金＝（38 000 000＋180 000＋4 500 000）＋（1 600 000－1 800 000）＋（700 000－400 000）＋（1 100 000－900 000）＋（1 500 000－1 200 000）＝43 280 000（元）

（四）"支付给职工及为职工支付的现金"项目

反映企业本期向职工支付的薪酬（包括代扣代缴的职工个人所得税）。

本项目可以根据"库存现金""银行存款""应付职工薪酬"账户的本期发生额填列。

支付给职工及为职工支付的现金＝应付职工薪酬年初余额＋生产成本、制造费用、管理费用中职工薪酬－应付职工薪酬期末余额

（五）"支付的各项税费"项目

反映企业发生并支付、前期发生本期支付及预交的各项税费，包括所得税、增值税、消费税、印花税、房产税、土地增值税、车船税、教育费附加等。本项目可以根据"库存现金""银行存款""应交税费"等账户的本期发生额填列。

支付的各项税费＝（应交所得税期初余额＋当期所得税费用－应交所得税期末余额）＋支付的税金及附加＋应交增值税（已交税金）

（六）"支付其他与经营活动有关的现金"项目

反映企业经营租赁支付的租金、支付的差旅费、业务招待费、保险费、罚款支出等其他与经营活动有关的现金流出，金额较大的应当单独列示。

本项目可以根据"库存现金""银行存款"等账户的本期发生额分析填列。

二、填列投资活动产生的现金流量

（一）"收回投资收到的现金"

反映企业出售、转让或到期收回除现金等价物以外的对其他企业的交易性金融资产、长期股权投资收到的现金。

本项目可根据"交易性金融资产""长期股权投资"等科目的记录分析填列。

（二）"取得投资收益收到的现金"项目

反映企业因权益性投资和债权性投资取得的现金股利或利润和利息收入。

本项目可以根据"库存现金""银行存款""投资收益"等账户的本期发生额分析填列。

（三）"处置固定资产、无形资产和其他长期资产收回的现金净额"项目

反映企业处置固定资产、无形资产和其他长期资产取得的现金，减去为处置这些资产而支付的有关税费等后的净额。

本项目可以根据"库存现金""银行存款""固定资产清理""无形资产""生产性生物资产"等账户的本期发生额填列。

（四）"购建固定资产、无形资产和其他长期资产支付的现金"项目

反映企业购建固定资产、无形资产和其他长期资产支付的现金，包括购买机器设备、无形资产、生产性生物资产支付的现金及建造工程支付的现金等现金支出，不包括为购建固定资产、无形资产而发生的借款费用资本化部分和支付给在建工程和无形资产开发项目人员的薪酬。

本项目可以根据"库存现金""银行存款""固定资产""在建工程""无形资产""研发支出""生产性生物资产""应付职工薪酬"等账户的发生额分析填列。

三、填列筹资活动产生的现金流量

（一）"取得借款收到的现金"项目

反映企业举借各种短期、长期借款收到的现金。

本项目可以根据"库存现金""银行存款""短期借款""长期借款"等账户的本期发生额分析填列。

（二）"吸收投资者投资收到的现金"项目

应反映企业收到的投资者作为资本投入的现金。

本项目可以根据"库存现金""银行存款""实收资本""资本公积"等账户的本期发生额分析填列。

（三）"偿还债务支付的现金"项目

反映企业及现金偿还各种短期、长期借款本金和债务本金支付的现金。本项目可以根据"库存现金""银行存款""短期借款""长期借款"等账户本期发生额分析填列。

知识巩固

一、单项选择题

1. 编制现金流量表时，企业的罚款收入应在（　　）项目反映。

A. 销售商品、提供劳务收到的现金　　B. 收到的其他与经营活动有关的现金

C. 支付的其他与经营活动有关的现金　　D. 购买商品、接受劳务支付的现金

2. 下列各项中属于经营活动产生的现金流量的是（　　）。

A. 销售商品收到的现金　　B. 发行债券收到的现金

C. 发生筹资费用所支付的现金　　D. 分得股利取得的现金

3. 下列各项中，会影响现金流量净额变动的是（　　）。

A. 用原材料对外投资　　B. 从银行提取现金

C. 用现金支付购买材料款　　D. 用固定资产清偿债务

二、多项选择题

1. 属于筹资活动产生的现金流量的有（　　）。

A. 借款收到的现金　　B. 用固定资产清偿债务

C. 偿付利息所支付的现金　　D. 取得债券利息收入的现金

2. 下列各项属于现金流量表内容的有（　　）。

A. 经营活动产生的现金流量　　B. 投资活动产生的现金流量

C. 筹资活动产生的现金流量　　D. 现金及现金等价物净增加额

3. 不会影响现金流量净额变动的是（　　）。

A. 将现金存入银行　　B. 用现金对外投资

C. 用存货清偿债务　　D. 用原材料对外投资

三、判断题

1. 企业销售商品，预收的账款不在"销售商品、提供劳务收到的现金"项目反映。（　　）

2. 作为现金流量表编制基础的"现金"是指现金及现金等价物。（　　）

3. 企业一定期间的现金流量可分为经营活动的现金流量、投资活动的现金流量和筹资活动的现金流量。（　　）

任务小结

现金流量表是反映企业在一定会计期间现金流量的报表。它反映企业在一定会计期间的现金和现金等价物流入和流出等方面的信息。现金流量表采用报告式结构，分类反映经营活动产生的现金流量、投资活动产生的现金流量和筹资活动产生的现金流量，最后汇总反映企业现金及现金等价物净增加额。现金流量的列报方法有直接法和间接法。

现金流量表的结构和现金流量表的编制方法是学习编制现金流量表的重点与难点。